I CONGRESSO DE DIREITO DO DESPORTO

Memórias

I CONGRESSO DE DIREITO DO DESPORTO

Centro de Congressos do Estoril
21 e 22 de Outubro de 2004

Coordenação

RICARDO COSTA

NUNO BARBOSA

I CONGRESSO DE DIREITO DO DESPORTO

COORDENAÇÃO
RICARDO COSTA, NUNO BARBOSA

EDITOR
EDIÇÕES ALMEDINA, SA
Rua da Estrela, n.º 6
3000-161 Coimbra
Tel: 239 851 904
Fax: 239 851 901
www.almedina.net
editora@almedina.net

EXECUÇÃO GRÁFICA
G.C. GRÁFICA DE COIMBRA, LDA.
Palheira – Assafarge
3001-453 Coimbra
producao@graficadecoimbra.pt

Setembro, 2005

DEPÓSITO LEGAL
232745/05

Toda a reprodução desta obra, por fotocópia ou outro qualquer processo,
sem prévia autorização escrita do Editor,
é ilícita e passível de procedimento judicial contra o infractor.

ÍNDICE

APRESENTAÇÃO	7
PROGRAMA DO CONGRESSO	9

SESSÃO SOLENE DE ABERTURA

Ricardo Costa
– Coordenação Científica 15

José Manuel Constantino
– Instituto de Desporto de Portugal 17

José Vicente de Moura
– Comité Olímpico de Portugal 21

Nuno Líbano Monteiro
– Ordem dos Advogados 23

CONFERÊNCIA DE ABERTURA

José Manuel Meirim
– O Direito do Desporto em Portugal: Uma Realidade com História 29

PAINEL I. JUSTIÇA DESPORTIVA

José Luis Carretero Lestón
– Arbitraje Deportivo 69

João Correia
– Princípios para um Novo Contencioso Administrativo 77

PAINEL II. DESPORTO E ÉTICA

Maria José Morgado
– Corrupção e Desporto 87

Jorge Baptista Gonçalves
– Os Crimes na Lei sobre Prevenção e Punição da Violência no Desporto (Algumas Considerações) 97

PAINEL III. SOCIEDADES DESPORTIVAS

Massimo Coccia
– Multi-ownership of Professional Sports Clubs 125

Ricardo Costa
– A Posição Privilegiada do Clube Fundador na Sociedade Anónima Desportiva 133

PAINEL IV. EMPRESÁRIO DESPORTIVO

Nuno Barbosa
– Uma Deontologia para o Agente de Jogadores 179

André Dinis de Carvalho
– Relações Contratuais Estabelecidas entre o Desportista Profissional e o Empresário Desportivo 193

PAINEL V. RELAÇÃO LABORAL DESPORTIVA

João Leal Amado
– As Condutas Extra-Laborais do Praticante Desportivo Profissional (Alguns Tópicos sobre as Chamadas «Saídas Nocturnas» dos Praticantes) 213

Albino Mendes Baptista
– Equipas "B", Cedência Temporária e Dever de Ocupação Efectiva do Praticante Desportivo 219

Miguel Cardenal Carro
– Contrato de Trabajo Deportivo y Derechos de Imagen (Notas para una Aproximación a la Evolución del Fenómeno en el Caso Español) 231

CONFERÊNCIA DE ENCERRAMENTO

José Manuel Cardoso da Costa
– As Relações entre Federações e Ligas no Desporto Profissional (Roteiro da Conferência de Encerramento do *I Congresso de Direito do Desporto*) 257

SESSÃO SOLENE DE ENCERRAMENTO

Hermínio Loureiro
– Secretário de Estado do Desporto 265

APRESENTAÇÃO

    Em Outubro de 2004 o Estoril recebeu o I Congresso de Direito do Desporto. Tinha sido um desafio indeclinável, um derby *de emoção alta, não havia como evitá-lo! Da ideia do Eng.º Carlos Pinto da Livraria Almedina às primeiras pinceladas da tela final o frenesim era óbvio. E o entusiasmo de uma "modalidade nova" de difusão deste ramo jurídico era irrecusável.*
    Chegado o dia, o "espírito de grupo", essência do desporto colectivo, esteve ao rubro, na audição atenta, no debate interessado e prolongado, na discussão com novos actores e novos cenários. Valeu a pena e valerá a pena!
    Jornada tão intensa não dispensaria uma boa crónica no dia seguinte. Os textos que agora se publicam são essa crónica, narrativas que testemunham as sessões de abertura e de encerramento e (quase todas) as conferências integradas nos diversos painéis temáticos. Sem registo para a posteridade não se saberia tanto do evento (aos "almocreves" presentes não pedimos tanto) nem se saberia que o tempo tinha sido inexoravelmente pouco para tantos e variados assuntos. Fica sem arquivo, no entanto, a pergunta acalorada, a discórdia oportuna, em suma, o melhor do cruzamento das opiniões.
    Este livro é uma pedra mais para um edifício cada vez mais sólido. Os chamados (sem favor) juristas do desporto saberão agradecer a contribuição e incutirão noutros o gosto de saber mais.

A Coordenação Científica do Congresso

Setembro de 2005

PROGRAMA DO CONGRESSO

21 de Outubro de 2004

09.30 **SESSÃO SOLENE DE ABERTURA**

José Manuel Constantino, Instituto de Desporto de Portugal
Vicente de Moura, Comité Olímpico de Portugal
Nuno Líbano Monteiro, Ordem dos Advogados
Ricardo Costa e Nuno Barbosa, Coordenação Científica do Congresso

10.00 **CONFERÊNCIA DE ABERTURA**

O Direito do Desporto em Portugal: uma realidade com história
José Manuel Meirim, Professor da Faculdade de Motricidade Humana, Assessor no Tribunal Constitucional

11.00 **PAINEL I. JUSTIÇA DESPORTIVA**

Presidência:

António Madureira, Juiz Conselheiro (Supremo Tribunal Administrativo)

Conferencistas:

A arbitragem no conflito desportivo
José Luís Carretero Léston, Professor da Faculdade de Direito da Universidade de Málaga (Espanha)

A sindicância das decisões dos órgãos desportivos
Mário Esteves de Oliveira, Jurisconsulto

Princípios para um novo contencioso desportivo
João Correia, Advogado

Comentador:

José Carlos Freitas, Jornal «Record»

12.30 **DEBATE**

15.30 **PAINEL II. DESPORTO E ÉTICA**

Presidência:

João Rodrigues, Advogado, Comissão do Estatuto do Jogador da FIFA

Conferencistas:

Limites da intervenção penal no âmbito desportivo
Cláudia Santos, Assistente da Faculdade de Direito da Universidade de Coimbra

Corrupção e Desporto
Maria José Morgado, Procuradora-Geral Adjunta

Os crimes na lei sobre prevenção e punição da violência no desporto
Jorge Baptista Gonçalves, Juiz de Direito, Docente do CEJ

Comentador:

Carlos Alberto Fernandes, Jornal «O Jogo»

17.30 **DEBATE**

22 de Outubro de 2004

9.30 **PAINEL III. SOCIEDADES DESPORTIVAS**

Presidência:

José Manuel Meirim, Professor da Faculdade de Motricidade Humana, Assessor no Tribunal Constitucional

dramento legal ajustado às novas tendências e disposições do Direito Desportivo na Europa (e, em particular, na União Europeia), todo o tecido desportivo foi sujeito a um reordenamento jurídico radical, para cujas consequências pouquíssimas vozes dissonantes então se levantaram.

Assistiu-se a um esforço colossal de crítica e elaboração legislativas em que se ocuparam, durante anos, governos, movimento associativo, entidades e individualidades, parte das quais, hoje, criticam o que os próprios ajudaram a criar. O que em si mesmo não é grave, porque a realidade se altera e o nosso próprio entendimento se modifica. Mas esteve sempre presente, de maneira implícita ou explícita, a ideia de que a lei seria o motor do desejado desenvolvimento desportivo do País – o que, em suma, valia por dizer que, neste domínio, o Direito não só precedia a Realidade como era capaz de conduzi-la e incutir-lhe a qualidade pretendida.

Muita da produção legislativa obedeceu a uma obsessão hiper-reguladora que criou um regime legal impossível de fiscalizar. O resultado está à vista. O frenesim normativo criou um conjunto de disposições que não apenas não regulam as matérias que eram suposto regular, como estão desadequadas à realidade que deveriam normativizar. Nuns casos por deficiente técnica legislativa; em outros por clara precipitação política.

Por isso, é sempre bem-vinda uma reflexão sobre o direito existente, a qual, por natureza, há-de ser – e só pode sê-lo – uma reflexão crítica.

Mas a tarefa não deve terminar aqui.

Por isso, atrevo-me a esperar que deste Congresso – no qual participam consagrados juristas e jurisconsultos, nacionais e estrangeiros – também saiam pistas para o aperfeiçoamento legislativo, propostas para uma renovação do nosso quadro normativo, na certeza em que estamos que esta é uma tarefa nunca acabada e que a procura das melhores soluções deve ser sempre um propósito indeclinável dos Poderes Públicos.

Uma tal renovação impõe-se não apenas por razões de eficácia jurídica, mas também porque a realidade desportiva está – também ela – em constante mutação.

E porque assim é, importa ter também presente que os normativos a produzir não devem nunca constituir um entrave ao dinamismo das organizações desportivas, de raiz eminentemente privada. O enquadramento normativo do desporto deve constituir sempre um importante factor de desenvolvimento desportivo e não o seu contrário.

Neste Congresso não se debaterá certamente *todo* o Direito do Desporto. Mas os grandes temas que foram seleccionados abarcam alguns dos mais relevantes aspectos da problemática jurídico-desportiva: as questões ligadas ao funcionamento da justiça desportiva, aos valores éticos a salvaguardar na actividade desportiva, às sociedades desportivas, ao enquadramento normativo dos denominados empresários desportivos, às questões do direito do trabalho no desporto ou às relações entre as ligas profissionais de clubes e as federações desportivas, são – sem dúvida – áreas que carecem de aprofundamento e debate, porque por aqui passam muitas das dificuldades com que se confronta actualmente o sistema desportivo, globalmente considerado.

O aperfeiçoamento do enquadramento normativo atrás referido, não deve ter em vista assegurar o primado do direito *sobre* o desporto. Deve ter em vista, sobretudo, a defesa do desporto, no que ele tem de escola de valores, de formação da pessoa, de importante instrumento de aperfeiçoamento individual e de desenvolvimento social. Nesta medida, o Direito é um factor indispensável de correcção de comportamentos e de preservação do desporto em relação a condutas que, se não forem combatidas, constituirão, a prazo, o fim do próprio desporto. E, neste propósito, todos devemos comungar: praticantes, clubes, federações, Administração Pública, sociedade em geral.

A realização deste Congresso é a prova de que esta nova "disciplina" do Direito – seja-me permitido referi-la assim – ganhou definitivamente, no nosso País, o direito de cidadania.

A todos os que vão participar desejo um bom trabalho, na certeza de que a qualidade e a diversidade dos oradores convidados são garantia segura do alto nível científico deste Congresso.

JOSÉ MANUEL CONSTANTINO

Cientes da importância e dimensão estruturante que o direito desportivo assume na organização e regulação do sector, o Comité Olímpico de Portugal acolheu desde a primeira hora, no seio da sua Assembleia Plenária, a respectiva associação de classe. Também a constituição e funcionamento da Comissão Jurídica deste Comité tem merecido um enfoque privilegiado no quadro da acção desta instituição, em prol duma racional evolução do ordenamento jurídico-desportivo e na defesa dos valores essenciais do associativismo e da verdade desportiva.

Tendo, porventura, sido uma das raras excepções ao unanimismo redutor que rodeou a feitura e o resultado da lei-quadro do desporto de 1990, e que, mais recentemente, contestou o processo e o sentido da proposta da Lei de Bases do Desporto agora em vigor, é impossível ignorar que o relacionamento no seio do tecido desportivo atravessa uma fase de degradação e conflitualidade que urge ultrapassar, com ênfase no domínio do designado desporto profissional.

Contudo, a legislação desportiva não deve configurar um sistema demasiado complexo e invariavelmente inexequível ou ignorado pelos destinatários. Por isso, é imperativo que o legislador inflicta a sua propensão tecnocrata e marcadamente plagiante de modelos comparados concebidos para realidades diversas da nossa. É preciso alargar o diálogo permanente aos actores desportivos, para além dos técnicos do direito.

Pela ordem de motivos que sucintamente antecede, constitui um motivo de regozijo a realização deste Congresso, que reúne um painel de palestrantes e um conjunto de destinatários que representam indiscutivelmente o melhor da massa crítica do País.

Saudando esta organização, expressamos votos para que este evento contribua indelevelmente para elevar esta área do conhecimento ao serviço do desenvolvimento desportivo do Portugal moderno que todos ambicionamos.

José Vicente de Moura

Exmo. Senhor Presidente do Instituto de Desporto de Portugal
Exmo. Senhor Presidente do Comité Olímpico de Portugal
Senhoras e Senhores

Devo antes de mais agradecer aos Coordenadores da Comissão Científica do Congresso, em meu nome pessoal e da Ordem dos Advogados, o convite que me formularam para estar presente neste Congresso e, em particular, como orador na Sessão Solene de abertura.

Creio ser de realçar o heroísmo de organizar um Congresso dedicado ao Direito do Desporto, quando não raras vezes o ruído ambiente não é propício a que o meio desportivo se rodeie de uma lógica organizacional que se funde no respeito pelas normas jurídicas e pela deontologia das relações profissionais, preocupação que, como sabem, impera no seio da Ordem dos Advogados.

Recordo-me ainda da primeira vez (entre muitas outras posteriores) que me aventurei no âmbito do direito do desporto. Logrei arrestar os "passes" de três jogadores de uma equipa da 1.ª divisão nacional, numa decisão que, após percorrer o calvário jurídico da nossa organização judiciária, foi confirmada pelo Supremo Tribunal de Justiça.

Tratei então o Direito do Desporto como um conjunto de normas jurídicas, mas notei o ostracismo com que a corajosa decisão da 1.ª instância foi tratada, quer pelos responsáveis que no âmbito da inquirição de testemunhas fizeram questão de emitir opiniões fundadas em profundas convicções de desorganização desportiva, quer pelos artigos de opinião contemporaneamente escritos.

Senti, na época, e sinto hoje, que existe alguma conveniência no divórcio entre o Direito e o Desporto.

É tempo de todos contribuirmos para a reconciliação.

E, por isso, é tempo de debatermos o Direito, entendido este como organização sistemática de regras e imposições de conduta, no integral e efectivo respeito das regras deontológicas próprias das profissões jurídicas e das regras de bom senso que estão subjacentes a todos os seres humanos, apenas pelo simples facto de serem pessoas.

É tempo de encarar os bloqueios que se têm colocado nos últimos anos à delimitação efectiva da organização desportiva, com sacrifício das relações pessoais e dos silêncios ensurdecedores traduzidos quase sempre em declarações públicas bombásticas de legalidade duvidosa.

Impõe-se que prevaleça o bom senso que é, tantas e tantas vezes, potenciador de uma sã organização, dentro dos limites competitivos de cada uma das federações desportivas.

É que, se por vezes não conseguimos ganhar tantas vezes quanto decerto todos gostaríamos, certo é que a vitória passa em primeiro lugar pela efectiva aplicação de regras competitivas próprias, no quadro do respeito por todos os participantes, independentemente dos resultados.

Há outras vitórias para além daquelas que se obtêm no campo, na pista ou na estrada. É por essas que o Direito do Desporto tem de se bater.

Estes espaços de debate são, por esse motivo, absolutamente essenciais. Numa sociedade jurídica que caminha a passos largos para a forte especialização das matérias, o Direito do Desporto tem de ser encarado com a seriedade que merece o respeito que cada um de nós tem pelas competições desportivas, quer ao nível amador e quer ao nível profissional.

Cabe também ao poder público um papel moderador fundamental na delimitação das organizações desportivas, potenciador de esquemas de organização cada vez mais profissionalizantes e profissionalizados.

A intervenção dos juristas revela-se, neste particular, como absolutamente fundamental na necessidade da imposição de rigor ao fenómeno desportivo, quer na sua componente organizacional, quer na vivência dos respectivos operadores.

O cumprimento da lei deve atravessar todos os domínios da nossa sociedade, não devendo a organização desportiva eximir-se ou procurar o ostracismo conveniente, polvilhado pelo apoio mediático transfigurado em protagonismo.

Cito, a este propósito, uma recente decisão do Tribunal da Relação de Lisboa a propósito do art. 12º, n.º 2, do DL 67/97, que é bem reveladora do sentimento que começa a dominar as nossas mais altas instâncias jurisdicionais:

"Não se vê, seriamente, por muito que se aprecie o jogo, o espectáculo, a indústria do futebol, que se justifiquem tamanhos atropelos à disciplina da garantia patrimonial, mesmo que seja, como alguns cépticos terão afirmado, para salvar o futebol profissional, liquidando embora o clube desportivo".

Não creio sinceramente que esta seja uma cruzada dos juristas ou do próprio Direito. Ela é, antes de mais, uma batalha pelo próprio Desporto e pela organização e moralização que se impõe.

Numa semana que começou pela troca de insultos fácil reproduzida e potenciada pela generalidade dos órgãos de comunicação social, importa consciencializarmo-nos de que o que ouvimos não é Desporto, mas sobretudo não está de acordo com o Direito.

E, sobretudo, interessa pouco ao Direito e ao Desporto que as súbitas (e intermitentes) vontades de organização profunda sejam confundidas com os puros interesses de cada um na sua valorização pessoal ou na valorização da sua organização.

Sem esta consciencialização e sem, sobretudo, a noção dos limites do bom senso colocados ao serviço da comunidade, seja ela desportiva ou não, não teremos qualquer Direito do Desporto mas, o que talvez seja fundamental, o resultado final pouco ou nada terá a ver com Desporto. É que o Desporto, para além da sua dinâmica própria e diversidade, tem de ter na sua base um conjunto coerente de normas jurídicas que sejam ao mesmo tempo delimitadoras mas que se imponham à respectiva comunidade.

Talvez seja altura de se dar o pontapé de saída, antes que a bola embata com (ainda mais) estrondo na tabela de fundo.

NUNO LÍBANO MONTEIRO

CONFERÊNCIA DE ABERTURA

O DIREITO DO DESPORTO EM PORTUGAL: UMA REALIDADE COM HISTÓRIA

José Manuel Meirim [*]

Súbito arrebatamento – Imputabilidade diminuída – Clubismo doentio

I. *Perante a paixão desconcertante, é de atender à influência do clima ambiencial da competição desportiva, mas não é de colocar a hipótese de súbito arrebatamento provocado por justa causa.*

II. *Tal ambiente de excitação e de emoção forte é susceptível de diminuir e de prejudicar o autodomínio individual dos clubistas, determinando imputabilidade diminuída a incluir no n.º 23 do artigo 39.º do Código Penal.*

Sumário do Acórdão do Supremo Tribunal de Justiça, de 20 de Março de 1957, publicado no *Boletim do Ministério da Justiça*, n.º 65, pp. 358-363.

---

[*] Doutor em Ciências do Desporto. Assessor do Gabinete dos Juízes do Tribunal Constitucional. Professor Auxiliar da Faculdade de Motricidade Humana, da Universidade Técnica de Lisboa, onde lecciona Direito do Desporto. Director da *Desporto & Direito. Revista Jurídica do Desporto*. *Disciplinary Judge* da Euroleague e da Uleb Cup. Membro do *Advisory Board* do *International Sports Law Journal* e International News Correspondent da *International Sports Law Review*.

I

1. Entendeu a organização deste Congresso honrar-me com a incumbência de proferir a conferência de abertura.

Generosidade a mais à qual, estou seguro, responderei com deficiência.

E, sendo isso certo, apelo humildemente à benevolência dos que, a partir deste momento, sentir-se-ão na obrigação de me ouvir, por mais que não seja por não cair bem a qualquer congressista ausentar-se da sala logo à primeira intervenção.

2. Uma intervenção do tipo da que entenderam solicitar-me exige, é bom de ver, algumas palavras de enquadramento.

O tema que me responsabiliza é, sem margem para dúvidas, acrescido de dificuldades.

E estas nascem, desde logo, pelo facto de não contarmos, entre as nossas capacidades, com os conhecimentos científicos exigidos para uma correcta leitura histórica.

Primeira deficiência a registar.

Não teremos, por essa razão, uma história[1], mas antes um *percurso* despretensioso que, esperamos sinceramente, possa ao menos oferecer algumas pistas para uma melhor compreensão do que foi, tem sido, é, e porventura será, o Direito do Desporto no nosso país.

Por outro lado, vivi *intensamente* parte desse percurso – de 1990 até ao presente –, o que me coloca na difícil situação de *objectivar* a leitura que opero.

3. Que devemos nós entender por Direito do Desporto, para que se possam registar os seus passos?

De novo sem grandes pruridos científicos – outra deficiência –, balizámos a nossa aproximação a partir de uma das teses possíveis de sufragar.

Como é de todos sabido, o Direito do Desporto representa, para uns, e em exclusivo, a normação elaborada no interior das organizações desportivas privadas, nacionais e internacionais.

---

[1] Registe-se, todavia, a obra – essa sim, de história jurídica – de UGO GUALAZZINI, *Premesse storiche al Dirirtto Sportivo*, Milão, Guiffrè, 1965, que percorre um período, em Itália, desde Roma até ao movimento codificador normativo italiano.

Para outros, as normas jurídicas, só podendo ter uma origem pública, conduzem a que o Direito do Desporto seja em absoluto composto por expressões e enunciados normativos do Estado.

Finalmente, para um terceiro grupo, no qual me incluo, o Direito do Desporto *bebe* dessas duas fontes – uma privada e outra pública –, configurando-se assim como um dos espaços sociais mais ricos em pluralidade jurídica.

Contudo, se bem que adoptemos esta posição, não nos é possível abarcar na nossa conferência um tal universo.

Sendo assim – afirme-se desde já para valer em toda a nossa intervenção –, há que deixar bem claro que nos moveremos no domínio daquilo que é público, ou seja, das manifestações que podem ser acedidas por qualquer um.

Significa isto, que não nos preocupamos em dar conta de um anónimo, vasto e valorosíssimo trabalho jurídico levado a cabo por dezenas e dezenas de juristas que, no seio das organizações desportivas, foram ao longo de quase um século interpretando e aplicando aquilo que poderíamos designar, por facilidade de expressão, o *direito privado do desporto*.

Para estes, fica desde já a nossa homenagem, só se lamentando que, nos dias que correm e com a presença de novas tecnologias de informação, o seu trabalho continue ainda revestido de inqualificável segredo.

4. Não afastámos ainda todas as nossas dificuldades iniciais.

Que critério eleger para apresentar a nossa leitura diacrónica da realidade Direito do Desporto?

Sem afastar todas as dúvidas, pareceu-nos que o melhor caminho seria o de segmentar esse vasto período – balizado entre o nascer das primeiras associações distritais e federações desportivas nacionais (finais do século XIX e princípios do século XX) e o presente –, tendo como azimute a atitude do Estado perante o Desporto.

Este é, sem afastar outros possíveis, um critério legítimo uma vez que o sistema desportivo nacional se caracteriza por uma boa dose de intervenção pública.

A *marcação do percurso* – estamos quase perante uma prova de orientação –, será ditada, pois, pelos momentos de intervenção do Estado no desporto, mormente mediante a emanação de legislação fundamental.

Socorremo-nos de uma das mais elementares classificações – e de duvidosa valia em termos científicos, mas pragmaticamente apetecível – da História Universal.

Assim temos para o Direito do Desporto: *(II) uma Idade Antiga* – do nascer do associativismo desportivo até ao inicio da década de 40 do século XX –, *(III) uma Idade Medieval* – de 1942/1943 à Lei de Bases do Sistema Desportivo[2] –, *(IV) uma Idade Moderna* – da Lei de Bases do Sistema Desportivo à Lei de Bases do Desporto[3] – e *(V) uma Idade Contemporânea.*

5. Por fim, por tudo o que fui confessando, solicito a vossa compreensão e apresento-vos as minhas desculpas, bem como a terceiros eventualmente interessados, por qualquer omissão que este percurso possa conter.

II

Primeiro período: do nascer do associativismo desportivo até ao início da década de 40 do século XX

6. Deste *período histórico* não foi possível encontrar registos acessíveis a uma pesquisa de um *deficiente historiador.*

Como já adiantámos, estamos em face de cerca de cinquenta anos em que, não havendo uma intervenção normativa pública de relevo, o Direito do Desporto vive dentro do castelo, isto é, nasce, interpreta-se e aplica-se no seio das organizações desportivas privadas.

O levantar do associativismo desportivo português conduziu, inevitavelmente, à edificação de uma burocracia desportiva onde a auto-regulação predominava.

Confessamos, perante este quadro de *interioridade*, a nossa incapacidade para, neste momento, partir em busca desses primeiros registos históricos da leitura jurídica do desporto.

Contudo, estamos certos, haverá interessantes peças jurídicas perdidas nos arquivos mais preservados de algumas dessas organizações desportivas.

---

[2] Lei n.º 1/90, de 13 de Janeiro.
[3] Lei n.º 30/2004, de 21 de Julho.

Por fim, marcando este período, seria de todo injusto não referir – embora não se trate de um trabalho elaborado por um jurista – o estudo de JOÃO CORREIA BOAVENTURA, *Direito Desportivo. Subsídios para um Código Penal Desportivo*, dado à estampa em Lisboa, em 1958.

9. Para além do labor anónimo dos juristas dos órgãos jurisdicionais das federações desportivas e dos funcionários da Administração Pública desportiva, assiste-se a um período bem longo de hibernação da reflexão sobre o binómio Direito/Desporto.

É apenas a partir do momento em que se consolida politicamente a necessidade de dotar o sistema desportivo nacional com uma lei quadro, que se começa a assistir ao lento *acordar* do Direito do Desporto.

A *motivação* localiza-se, afigura-se-nos relativamente seguro afirmar, nos trabalhos preparatórios que conduziram à aprovação da Lei de Bases do Sistema Desportivo (Lei n.º 1/90, de 13 de Janeiro).

Assume nesta altura particular importância os trabalhos oriundos dos técnicos da Administração Pública Desportiva, nomeadamente de JOSÉ MANUEL CHABERT, que publicou alguns textos que reflectem bem o ambiente que então se vivia: *A criação de federações desportivas no direito comparado*[11], *As federações desportivas na legislação francesa*[12] e *A Lei de Bases do Sistema desportivo no contexto europeu e internacional*[13].

Destaque ainda para uma excelente crónica de HEINRICH EWALD HÖRSTER, *A caminho de um direito do desporto europeu?*[14]

10. Sendo um período de tempo bem alargado e que perpassa dois regimes políticos bem distintos, bem como a inevitável fase de transição, os registos legislativos e jurisprudenciais ganham um espaço de muita importância para o desenvolvimento do direito do Desporto pátrio.

---

[11] Lisboa, Direcção-Geral dos Desportos, *Desporto e Sociedade. Antologia de textos*, n.º 53, 1987.

[12] Lisboa, Direcção-Geral dos Desportos, *Desporto e Sociedade. Antologia de textos*, n.º 71, 1987.

[13] Na *Revista do Ministério Público*, Volume 35/36, 1988, pp. 31-54.

[14] Na *Revista de Direito e Economia*, XIV, 1988, pp. 355-371.

São suas estas palavras[8]:

Como todo o fenómeno social, o desporto projecta-se necessariamente no campo jurídico. Esta projecção só de há umas dezenas de anos se tornou formalmente relevante porque, antes, à dispersão das actividades desportivas de cunho pessoalista não se opunha, como depois, o interesse manifesto da colectividade em aproveitar os benefícios da educação física orientada e integrada num sistema cujos resultados sejam de ordem prática no campo social – fazer de cada indivíduo um valor físico e moral, encarecendo um povo, a raça, a nação.
[...]
Todo o poder na vida das sociedades afirma-se no direito e organiza-se em estatuto e o desporto tem por isso a sua organização normativa.

8.3. Embora só publicado em 1985[9], merece também destaque o trabalho de JOÃO PEREIRA BASTOS – *Desporto Profissional (Estudo de Direito Civil)* –, datado de 1950 e constituindo uma dissertação de licenciatura na Faculdade de Direito de Lisboa.

Por outro lado, no âmbito da Administração Pública, é de destacar o nome de FERNANDO DE LACERDA DE MELO.

Em 1944, saiu o primeiro número do *Boletim da Direcção-Geral da Educação Física, Desportos e Saúde Escolar*[10] que no espaço *vária* apresentava uma cónica de legislação.

Esta publicação veio, em 1965, a ser fundida com o *Boletim do Instituto Nacional de Educação Física*, originando a *Educação Física, Desportos, Saúde Escolar*.

Ora, independentemente da vida destas publicações, a *carolice* de FERNANDO DE LACERDA DE MELO, manteve activa, a partir de 1948, uma separata ao *Boletim*, denominada *Legislação e Doutrina*, a qual só veio a desaparecer em 1981.

---

[8] Retiradas do prefácio da obra, datado de 10 de Maio de 1945.

[9] Numa colecção da responsabilidade da então Direcção-Geral dos Desportos, *Desporto e Sociedade. Antologia de textos*, com o n.º 4.

Diga-se, em abono da verdade, que essa colecção, dirigida por JOÃO CORREIA BOAVENTURA, prestou um excelente serviço à causa do Direito do Desporto, não só pela recuperação deste texto, mas também pela presença de outros muito ligados a esta temática.

[10] Publicação bi-mensal.

III

Segundo período: de 1942/1943 à Lei de Bases do Sistema Desportivo

8.1. Parece-nos demonstrativo da razoabilidade da nossa opção inicial quanto ao modo de retratar *o percurso* do Direito do Desporto o facto de, por via de regra, os textos doutrinais ou outros sobre a temática em apreço surgirem muito *sugestionados* pelas intervenções do legislador.

Não é, na verdade, motivo de surpresa, como bem se compreende.

8.2. Assim, a primeira referência que há que fazer é ao labor de ARNALDO CONSTANTINO FERNANDES.

É, com efeito, este advogado e dirigente desportivo que dá a primeira expressão conhecida do relacionamento entre o Direito e o Desporto, nos anos de 1945 e 1946, ou seja, imediatamente a seguir à entrada em vigor da «nova ordem desportiva» – orientada pela ideia de "disciplinar o desporto" – ditada pelo Decreto-Lei n.º 32.241, de 5 de Setembro de 1942, que reorganizou alguns serviços do então Ministério da Educação Nacional, criando a Direcção-Geral da Educação Física, Desportos e Saúde Escolar e pelo Decreto n.º 32.946, de 3 de Agosto, que veio a promulgar o regulamento desse serviço.

Um primeiro texto surge-nos na *Revista da Ordem dos Advogados*[6] intitulado "Responsabilidade civil e criminal em matéria de desporto".

Mas o real "pontapé de saída" verifica-se com a publicação do seu *O Direito e os desportos*. Decorria o ano de 1946[7].

Neste trabalho de referência, CONSTANTINO FERNANDES percorre um alargado conjunto de temas, dos quais destacamos a abordagem aos agentes desportivos, à organização desportiva, ao direito disciplinar, à matéria fiscal e à responsabilidade civil e criminal em matéria de desporto.

---

[6] Ano 5, 1945, 1.º e 2.º trimestres, pp. 197-217.
[7] Lisboa, Procural Editora, 1946.

7. Não obstante esta deficiência, não se deixe o período sem qualquer «sinal de vida».

A *mensagem desportiva*, ao nível legislativo, passa por referências isoladas e nunca por uma intervenção legislativa genérica que enquadrasse a prática desportiva e as suas organizações desportivas no todo do universo desportivo dessa época.

Um dos exemplos dessa legiferação é-nos dado pela Lei n.º 1.728, de 5 de Janeiro de 1925, a qual vem *considerar como de utilidade pública e urgentes as expropriações necessárias para fins de educação e cultura física e prática dos desportos, e bem assim para instalação de agremiações desportivas, construção, melhoramento e ampliação de campos de jogos, estádios, piscinas de natação e quaisquer outras construções que tenham por fim o desenvolvimento físico da população portuguesa* (artigo 1.º).

Por outro lado, ao Comité Olímpico Português, é concedida a faculdade de proceder a expropriações destinadas aos fins consignados na segunda parte desta norma (artigo 2.º).

Mais significativo é o disposto no artigo 3.º, deste mesmo diploma, conforme o qual o Governo é autorizado a ceder gratuita e temporariamente quaisquer propriedades do Estado, a favor dos clubes ou agremiações desportivas reconhecidos e indicados pelo Comité Olímpico Português, para os fins indicados no artigo 1.º da lei[4].

E também há sinais de decisões dos tribunais superiores.

No acórdão de 11 de Junho de 1937[5], o Supremo Tribunal Administrativo, apreciava a legalidade da anulação, pronunciada por um governador civil, de uma deliberação de uma federação desportiva.

---

[4] No uso desta faculdade, o Decreto n.º 12.823, de 15 de Dezembro de 1926, cedeu, a título precário, ao Clube de Foot-Ball «Os Belenenses», um terreno para nele serem instalados a sede e campos de desporto do referido clube.

[5] Publicado na *Colecção de Acórdãos do Supremo Tribunal Administrativo*, Volume III, (1937), pp. 226-230 e na *Jurisprudência Administrativa*, Volume I, Tomo II, organizada por DIOGO FREITAS DO AMARAL, JOÃO RAPOSO e JOÃO CAUPERS, edição da Associação Académica da Faculdade de Direito de Lisboa, 1984/85.

Depois de 25 de Abril de 1974, a «ordem desportiva» do anterior regime viu-se afectada pelas máximas políticas da democracia.

O impacto derivou numa crescente produção legislativa.

Era imperativo dar resposta à consagração no texto constitucional da relevância da actividade desportiva – desde logo no artigo 79.º –, bem como «fazer ruir» um edifício normativo de um regime autoritário.

Por outro lado, havendo espaços de *nebulosidade*, próprios da fase de transição que se atravessou até à consolidação de novos quadros normativos na Lei de Bases do Sistema Desportivo, os tribunais e outras entidades, também jogaram um decisivo papel no desenvolvimento do Direito do Desporto.

11. Quanto à actividade legislativa, realçamos as medidas tomadas no domínio do combate à dopagem [15] e à violência associada ao desporto [16], bem como a instituição de medidas de apoio à prática desportiva de alta competição [17].

Não se negue importância, no entanto, àquele diploma que *encarnou* as vestes de uma primeira lei quadro do desporto do regime democrático.

Referimo-nos ao Decreto-Lei n.º 164/85, de 15 de Maio, que veio *estabelecer os princípios fundamentais e as normas que regem as relações entre o Estado e os agentes desportivos, tendo como objectivo fundamental o desenvolvimento do desporto.*

12. No que diz respeito ao labor dos nossos tribunais superiores, tive a oportunidade de compilar informação, em 2001 [18], sobre mais de uma centena de decisões.

---

[15] Cf. o Decreto-Lei n.º 374/79, de 8 de Setembro.

[16] Cf. o Decreto-Lei n.º 339/80, de 30 de Agosto, a Lei n.º 16/81, de 31 de Julho, o Decreto-Lei n.º 61/85, de 12 de Março e, por último neste período, o Decreto-Lei n.º 270/89, de 18 de Agosto

[17] Cf., entre outros diplomas, o Decreto-Lei n.º 559/76, de 16 de Julho, o Decreto--Lei n.º 519-U/79, de 28 de Dezembro, a Portaria n.º 730/80, de 26 de Setembro e o Decreto-Lei n.º 378/85, de 26 de Setembro.

[18] Cf. *O Desporto nos Tribunais*, Lisboa, Centro de Estudos e Formação Desportiva, 2001.

Decisões do Tribunal Constitucional, do Supremo Tribunal de Justiça, do Supremo Tribunal Administrativo e dos Tribunais da Relação.

Algumas delas, abriram novos horizontes ao Direito do Desporto.

Por exemplo, o Acórdão do Supremo Tribunal Administrativo, de 13 de Novembro de 1990[19], constitui um decisivo *turning point* da jurisprudência administrativa no que respeita à afirmação da competência dos tribunais administrativos para conhecer de actos disciplinares praticados por órgãos das federações desportivas[20].

Por seu turno, o Supremo Tribunal de Justiça, por acórdão de 18 de Abril de 1991[21], constitui um marco na leitura do "sistema de justiça desportiva".

Por fim, saliente-se ainda o Acórdão do Tribunal Constitucional n.º 730/95, de 4 de Dezembro[22], de acordo com o qual algumas normas regulamentares federativas – como as do regulamento disciplinar – devem ser consideradas normas (públicas) para efeitos do sistema constitucional de fiscalização da constitucionalidade.

13. Uma última palavra, da mais elementar justiça, deve ser endereçada ao Conselho Consultivo da Procuradoria-Geral da República, que veio a produzir da mais elaborada doutrina neste período[23].

---

[19] Publicado no *Boletim do Ministério da Justiça*, n.º 401, pp. 278-295.

[20] E, no âmbito da qualificação de alguns actos das federações desportivas como *materialmente administrativas,* é de elementar justiça destacar o pioneirismo de MÁRIO ESTEVES DE OLIVEIRA. Cf. o seu *Direito Administrativo*, volume I, Coimbra, Almedina, 1980, pp. 382-386.

[21] Publicado no *Boletim do Ministério da Justiça*, n.º 406, pp. 586-594.

[22] Publicado no *Diário da República*, II Série, n.º 31, de 6 de fevereiro de 1996, pp. 1854-1864.

[23] Existem duas compilações desses pareceres, embora o Conselho Consultivo tenha produzido, depois daquelas publicações, novos e relevantes pareceres neste domínio. Cf. *Pareceres do Conselho Consultivo da Procuradoria-Geral da República sobre Direito Desportivo* (colectânea de textos), Lisboa, Ministério da Educação, 1994 e *Direito e desporto*, Colecção de Pareceres da Procuradoria-Geral da República, Volume VIII, Lisboa, Julho de 1998.

IV

*Terceiro período: da Lei de Bases do Sistema Desportivo
à Lei de Bases do Desporto*

A – O espaço doutrinal

14. Com a entrada em vigor da Lei de Bases do Sistema Desportivo, inicia-se um novo e decisivo período, que poderíamos também apelidar de *A descoberta do Direito do Desporto* algo na senda de *Os descobrimentos*.

Com efeito, é a partir desta lei e desde logo pela premente necessidade do seu desenvolvimento normativo em múltiplos segmentos da actividade desportiva, que o sistema desportivo e um número significativo de juristas, de diferente proveniência e formação – um bom número deles totalmente afastados das organizações desportivas, públicas ou privadas –, descobre a complexa relação (pode-se inclusive usar o plural) que se estabelece entre o Desporto e o Direito.

JOSÉ RIBEIRO E CASTRO, então membro do gabinete do Ministro da Educação, vem a publicar uma obra de referência para todos os «novatos» e que perdura, com inteira utilidade, para quem se veja obrigado a conhecer a fundo a Lei de Bases do Sistema Desportivo.

Trata-se da sua *Lei de Bases do Sistema Desportivo, Anotada e comentada*[24].

Relembro ainda o Verão de 1990 altura em que elaborei, em honra de um colega recentemente falecido, o meu primeiro contributo neste domínio: *A violência associada ao desporto (aproximação à legislação portuguesa)*[25].

Empreendamos uma síntese possível dos trabalhos vindos a público.

15. Curiosamente – ou talvez não – os domínios que neste "período moderno" recebem mais atenção doutrinal localizam-se em temas e sub-temas relacionados com a actividade desportiva assumida em termos profissionais.

---
[24] Lisboa, Ministério da Educação, 1990.
[25] No *Boletim do Ministério da Justiça*, n.º 389, 1989, Outubro, pp. 5-40.

Na verdade, é na *relação laboral desportiva* e nas *sociedades desportivas* que colhemos dos mais significativos trabalhos jurídicos, assumindo estes diversa natureza.

Artigos, anotações, monografias, legislação anotada, teses de mestrado e mesmo a única tese de doutoramento em Direito com objecto *desportivo*, encontram aqui o seu lugar.

16. No domínio *jus-laboral desportivo* o primeiro destaque vai, como não podia deixar de ser, para os estudos do Professor JOÃO LEAL AMADO, precisamente quem, em dissertação de doutoramento, discutida e aprovada a 29 de Julho de 2002, na Faculdade de Direito de Coimbra, abraçou a realidade desportiva como objecto de investigação: *Vinculação versus Liberdade. O processo de Constituição e Extinção da Relação Laboral do Praticante Desportivo*[26].

Mas não caminha sozinho o Professor JOÃO LEAL AMADO. Em Lisboa, na Universidade Lusíada, um outro docente universitário, com uma não desprezível experiência prática – resultado da sua presença na Comissão Arbitral Paritária, no futebol profissional – vem, desde 1999, a publicar valiosos trabalhos neste preciso universo.

De ALBINO MENDES BAPTISTA, só para firmar uma referência, cite-se o seu *Direito Laboral Desportivo – Estudos*, Volume I[27].

Outros registos se podem obter nesta área[28].

---

[26] Coimbra, Coimbra Editora, 2002.

[27] Lisboa, Quid Juris, 2003.

[28] Refiram-se os contributos de MARIA CÂNDIDA ALMEIDA, "Contrato de trabalho. Contrato fictício. Jogadores de futebol. Parecer do Ministério Público", *Revista do Ministério Público*, Ano 13.º, n.º 52, Outubro/Dezembro 1992, pp.139-142, TERESA BESSA, "A liberdade de trabalho no contrato de trabalho dos praticantes desportivos", *XX Aniversário do Provedor de Justiça, Estudos*, Lisboa, Provedoria de Justiça, 1995, pp. 11-18, JORGE LEITE, "Liberdade de trabalho e transferência de futebolistas profissionais", em co-autoria, *Questões Laborais*, Ano III, 1996, n.º 7, pp. 72-94, M. HENRIQUE MESQUITA, "Liberdade de trabalho e transferência de futebolistas profissionais", em co-autoria, *Questões Laborais*, Ano III, 1996, n.º 7, pp. 72-94, JOSÉ EDUARDO FANHA VIEIRA, *O contrato de trabalho desportivo. Colectânea de legislação e regulamentação*, Lisboa, CEFD, 2002, J. M. SARAIVA ALMEIDA, "A ruptura unilateral imotivada do contrato de trabalho desportivo por iniciativa do praticante desportivo", *Minerva, Revista de Estudos Laborais*, Ano I, n.º 1, 2002, pp. 93-113 e JOÃO ZENHA MARTINS, "O novo Código do Trabalho e os "contratos de trabalho em regime especial": pistas para o enquadramento do contrato de trabalho desportivo", *Revista do Ministério Público*, Ano 24.º, n.º 95, Jul/Set 2003, pp. 31-71.

17. Olhando agora o segmento do *Direito Societário*, o destaque vai para duas teses de mestrado em Direito.

RICARDO CANDEIAS com a sua *Personalização de equipa e transformação de clube em sociedade anónima desportiva (Contributo para um estudo das sociedades desportivas)*[29], na Faculdade de Direito de Coimbra, em Junho de 2000 e ANTÓNIA PEREIRA, na Universidade Lusíada de Lisboa, em Maio de 2002, com *O Direito aos lucros nas sociedades desportivas*[30].

Contudo, conhecem-se outras achegas para o conhecimento desta nova organização desportiva[31].

18. Outro polo de atracção situa-se no impacto do Direito Comunitário no desporto.

Na verdade, particularmente a partir da decisão do Tribunal de Justiça sobre o caso *Jean-Marc Bosman* – 15 de Dezembro de 1995 –, não cessam de surgir análises, em diferentes modelos, dessa conflituante parceria[32].

19. Também em diversificados suportes, encontramos trabalhos que se ocupam de realidades mais "especificamente desportivas", embora alguns sejam claramente tributários do *ramo mãe do Direito* – se assim nos podemos exprimir – ou dele partam para o "objecto desportivo".

---

[29] Coimbra, Coimbra Editora, 2000.
[30] Lisboa, Quid Juris, 2003.
[31] Citem-se os trabalhos de PAULA CASTRO e MARTA SOUSA, *Sociedades Desportivas – Uma análise crítica. Um contributo para um debate indispensável*, Volume I, Lisboa, Câmara Municipal de Lisboa, 1997 e Volume II (Contexto europeu), Lisboa, Câmara Municipal de Lisboa, 1998, de FERNANDO MADALENO, *As sociedades desportivas – Análise crítica da lei e do seu impacto na vida dos clubes desportivos*, Queluz, Edições Chambel, 1997 e de ANTÓNIO MANUEL MORAIS, *Sociedades anónimas deportivas. Derecho comparado*, Lisboa, Hugin, 2001.
[32] Registem-se os trabalhos de ANTÓNIO NUNES DE CARVALHO, "Caso Bosman – Anotação ao Acórdão do Tribunal de Justiça das Comunidades de 15 de Dezembro de 1995", *Revista de Direito e de Estudos Sociais*, Ano XXXVIII, 1996, pp. 203-256, MANUEL DO NASCIMENTO BATISTA, *O "Caso Bosman" – Intervenção do Tribunal de Justiça da União Europeia*, Lisboa, Rei dos Livros, 1998, JORGE CARVALHO, "Comentário ao Acórdão Bosman", *Themis*, ano I, n.º 1, 2000, pp. 219-231, ALEXANDRE MIGUEL MESTRE, "As transmissões televisivas de eventos desportivos face ao direito comunitário da concorrência", Faculdade de Direito da Universidade Nova de Lisboa, *Working paper*, n.º 8-2001 e *Desporto e União Europeia. Uma parceria conflituante?*, Coimbra, Coimbra Editora, 2002.

Entre muitos [33], saliente-se a primeira tese de mestrado em Direito sobre um tema do desporto, sob a orientação do Professor J.J. GOMES CANOTILHO, discutida e aprovada em Fevereiro de 2000, da autoria de ALEXANDRA PESSANHA: *As federações desportivas. Contributo para o estudo do ordenamento jurídico desportivo*[34].

Por seu turno, MARIA JOSÉ CARVALHO via aprovada em 21 de Fevereiro de 2001, a sua tese de mestrado em Ciências do Desporto,

---

[33] Registem-se ainda os contributos de JOSÉ AUGUSTO GARCIA MARQUES, "Direito à informação *versus* direito ao espectáculo: os direitos exclusivos", *Revista do Ministério Público*, Ano 14.º, Outubro/Dezembro/1993, n.º 56, pp. 99-110 e "Desporto, Estado e Sociedade Civil – À volta de alguns temas de direito desportivo", *Sub Judice*, n.º 8, Janeiro//Março, 1994, pp. 23-33, J. J. ALMEIDA LOPES, "A justiça desportiva: que justiça?", *Revista de Direito Público*, Ano VII, n.º 13, Janeiro-Junho 1994, pp. 135-140, JOSÉ DA COSTA PIMENTA, "Propriedade do Espectáculo e Liberdade de Acesso às fontes de Informação", *Polis– Revista de Estudos Jurídicos Políticos*, Ano 1, n.º 1, Outubro-Dezembro, 1994, pp. 55-87, MARIA LUÍSA SACADURA, *Fiscalidade no Desporto*, Lisboa, Editora Erasmos, 1996, AMÉRICO TAIPA DE CARVALHO, *O caso Leça Futebol Clube*, Porto, Universidade Católica Portuguesa, 1998, ANTÓNIO PAYAN MARTINS, "O contrato de patrocínio – Subsídios para o estudo de um novo tipo contratual", *Direito e Justiça*, Volume XII, 1998, Tomo 2, pp. 187-243, ALEXANDRE MIGUEL MESTRE, "Causas de exclusão da ilicitude penal nas actividades desportivas", *Revista Jurídica*, n.º 22, Março 1998, pp.495-515, ALEXANDRA PESSANHA, "Algumas reflexões sobre o Ordenamento Jurídico Desportivo", *Colectânea de Estudos em Memória de Francisco Lucas Pires*, Lisboa, Universidade Autónoma de Lisboa, 1999, pp. 21-34 e "Reflexões sobre a natureza e o regime jurídico das federações desportivas", *Estudos em Homenagem a Cunha Rodrigues*, Coimbra, Coimbra Editora, 2001, Volume 2, pp. 473-514, PAULO CARDOSO DE MOURA, "O desporto na ordem jurídica portuguesa", *Revista Jurídica Universidade Portucalense*, 1999, 3, pp. 148-196 e "Autorizações e licenças administrativas no desporto", na mesma revista, Setembro 2001, 7, pp.113-155, ANTÓNIO SÉRGIO MAGALHÃES, *O Direito e o Desporto*, Almada, Unidade de Investigação em Motricidade Humana, Instituto Superior de Estudos Interculturais e Transdisciplinares, Instituto PIAGET, 2000, MARIA FERNANDA PALMA, "O caso do very-light. Um problema de dolo eventual?", *Themis*, ano I, n.º 1, 2000, pp.173-180, JORGE BACELAR GOUVEIA, "A prática de tiro aos pombos, a nova lei de protecção dos animais e a Constituição portuguesa (parecer)", *Revista Jurídica do Urbanismo e do Ambiente*, n.º 13, Junho 2000, pp. 231-296, também publicado em (do autor) *Novos estudos de Direito Público*, Lisboa, Âncora editora, 2002, pp. 209-271, ANTÓNIO BERNARDINO PEIXOTO MADUREIRA e LUÍS CÉSAR RODRIGUES TEIXEIRA, *Futebol. Guia Jurídico*, Coimbra, Almedina, 2001, LUÍS M. COUTO GONÇALVES, "Merchandising desportivo", *Scientia Ivridica*, Janeiro-Abril 2003, Tomo LII, n.º 295, pp.129-143, MÁRIO MOTA RAPOSO, *As federações desportivas. O Estatuto de Utilidade Pública: atribuição, suspensão e cancelamento*, Instituto do Desporto de Portugal, Lisboa, 2003 e JOSÉ EDUARDO FANHA VIEIRA, *A violência associada ao desporto: As Opções legislativas no contexto histórico e sociológico*, Instituto do Desporto de Portugal, Lisboa, 2003.

[34] Coimbra, Coimbra Editora, 2001.

na área da Gestão Desportiva, intitulada *O apoio material à prática desportiva de alta competição. Da lei à realidade*[35].

Merece ainda destaque o, como seria de esperar, excelente artigo do Professor MANUEL DA COSTA ANDRADE, "As lesões corporais (e a morte) no desporto"[36].

20. Alguns registos surgiram numa formulação colectiva.

Assim sucedeu com um número dedicado ao Direito do Desporto pela bem conhecida *Sub Judice*, publicado em Dezembro de 1995[37], que tive a honra e o prazer de coordenar.

Destaque também para os excelentes trabalhos reunidos em *Estudos de Direito Desportivo*[38], fruto de seminários de Direito do Comércio Internacional, no âmbito de cursos de Mestrado na Faculdade de Direito de Lisboa[39].

21. Um espaço final para as colectâneas de legislação.

Quando em 1993, na sequência do *pacote legislativo* de 26 de Abril que compreendia a reforma da Administração Pública Desportiva, o novo regime do seguro desportivo e o importantíssimo regime jurídico das federações desportivas e do estatuto de utilidade pública desportiva, publicámos a nossa primeira colectânea de textos legais sobre o Desporto[40] – *Leis do Sistema Desportivo*[41] –, estávamos bem longe de adivinhar o rumo que a realidade veio a tomar.

---

[35] Editada pelo Instituto Nacional de Formação e Estudo do Desporto, Lisboa, 2001.

[36] No *Liber Discipulorum para Jorge de Figueiredo Dias*, Coimbra, Coimbra Editora, 2003, pp. 675-720.

[37] N.º 8, Janeiro/Março,1994.

[38] Coimbra, Almedina, 2002. Encontram-se aí publicados os trabalhos de MARIA RAQUEL REI, "Contrato de transferência internacional de jogadores profissionais de futebol", FERNANDO MANUEL XAREPE SILVEIRO, "O "Empréstimo" internacional de futebolistas profissionais" e SUSANA CASTELA GRAÇA, "A problemática das transferências internacionais de jogadores de futebol até à decisão do caso Bosman".

[39] Registem-se, ainda, os contributos de ANA CELESTE CARVALHO, MARIA JOÃO BRAZÃO DE CARVALHO e RUI ALEXANDRE SILVA, compilados em *O Desporto e o Direito, prevenir, disciplinar, punir,* Lisboa, Livros Horizonte, 2001.

[40] Recordo o pormenor curioso de, no acto público de lançamento, um jornalista me ter sublinhado a sua estranheza pelo facto de um assessor do gabinete do Procurador-Geral da República (algo "tão sério") se ter dedicado a tal tarefa.

[41] Lisboa, Aequitas/Editorial Notícias. Seguiram-se, já na Coimbra Editora, as três edições da *Legislação do Desporto* (1997, 2000 e 2002).

Não sendo pioneiros neste domínio – a Câmara Municipal de Oeiras, através dos seus Serviços Municipais do Desporto, tinha editado em 1992, uma *Legislação aplicada ao desporto* –, à nossa compilação vieram aditar-se as da responsabilidade da Administração Pública do Desporto, em 1997 – o *Código do Desporto* (agora disponibilizado em CD-Rom) –, de NUNO ALBUQUERQUE, 2002 – *Desporto. Legislação*[42] – e de NUNO BARBOSA e RICARDO COSTA, 2003 – *Leis do Desporto*[43][44].

22.1. Feito este percurso, poder-se-ia ser tentado a ver o Direito do Desporto ou, melhor dizendo, os temas *jurídico-desportivos*, como um domínio a que a nossa mais reputada doutrina jurídica não dedica atenção.

Um «grupo de curiosos», quase excêntricos, ocupar-se-ia, aqui e acolá com duvidoso rigor científico, desses temas menores em que o Direito se cruza – inevitavelmente – com o Desporto.

Bem errada é esta ideia.

Com efeito, se dedicarmos algum tempo a percorrer algumas das mais recentes obras que contribuem decisivamente para a nossa Ciência do Direito, a ideia com que ficamos é a de que, de uma forma crescente, alguns dos expoentes maiores da dogmática jurídica nacional vêm alargando o espaço de reflexão à relação desporto e Direito.

Adiantemos, como mera expressão exemplificava dessa realidade, alguns dos casos mais paradigmáticos.

22.2. Uma primeira palavra deve ser endereçada ao labor científico do Professor JOSÉ OLIVEIRA ASCENSÃO.

Num dos seus domínios de eleição – os direitos autorais e os seus direitos conexos – cuidou de lançar as bases doutrinais relativas ao *direito ao espectáculo*, cujo conteúdo e limites constitui, nomeadamente em sede de desporto profissional, um dos mais *quentes temas*.

---

[42] Porto, Porto Editora, 2002.
[43] Coimbra, Almedina, 2003.
[44] É ainda digna de registo as páginas sobre "legislação do desporto" que, desde 1998, se encontram na revista *Desporto*, publicação periódica da responsabilidade da Administração Pública Desportiva.

Desde o seu artigo *Uma inovação da lei brasileira: o Direito de Arena*[45] até ao seu parecer *Titularidade de licença de emissor de televisão e direito ao espectáculo. No rescaldo do litígio S.L.Benfica/Oliverdesportos*[46], passando por outros registos significativos[47], este ilustre Professor de Lisboa, contribuiu decisivamente para o tratamento científico de um relevante *assunto desportivo*.

22.3. De J.J. GOMES CANOTILHO, uma das referências internacionais do Direito Constitucional, chega-nos a consideração das *normas desportivas* – aqui na sua vertente privatística – como integrantes da pluralidade constitucional das fontes de Direito.

A sociedade moderna *vive* com normações jurídicas bem para além (e para aquém) das públicas[48].

22.4. O Professor VITAL MOREIRA, na sua dissertação de doutoramento – *Auto-regulação profissional e administração autónoma. (A organização institucional do vinho do Porto)* –, ao abordar toda a problemática da Administração autónoma e das associações públicas, confere um bem significativo espaço de reflexão à natureza das federações desportivas, bem como ao seu *posicionamento* no universo da "Administração autónoma"[49].

---

[45] Na *Direito e Justiça*, Volume 1, n.º 1, 1980, pp. 91-102.

[46] Nos *Estudos em Homenagem à Professora Doutora Isabel Magalhães Colaço*, Coimbra, Almedina, Novembro 2002, Volume II, pp. 295- 312.

[47] Ver, ainda, "O direito ao espectáculo", no *Boletim do Ministério da Justiça*, n.º 366, 1987, Maio, pp. 41-55, "Direito à informação e direito ao espectáculo", na *Revista da Ordem dos Advogados*, Ano 48, 1988, pp. 15-35, também publicado no *Boletim da Faculdade de Direito da Universidade de Coimbra*, número especial, *Estudos em Homenagem ao Prof. Doutor Afonso Rodrigues Queiró*, II, Coimbra, 1993, pp. 285-308 e *Direito Civil, Direito de Autor e Direitos Conexos*, Coimbra, Coimbra Editora, 1992, pp. 590-598.

[48] Cf. *Direito Constitucional e Teoria da Constituição*, Coimbra, Almedina, 1998, pp. 614-615.

[49] Cf. *Administração Autónoma e associações Públicas,* Coimbra, Coimbra Editora, 1997, em especial, pp. 558-569.

22.5. Num dos seus mais recentes trabalhos, *Legalidade e Administração Pública: O sentido da vinculação administrativa à juricidade*[50], PAULO OTERO discorre sobre a aplicação de normas desportivas de organizações internacionais não governamentais, no âmbito daquilo que denomina por «Diversificação material da legalidade administrativa» e concede que a sua aplicação pela Administração Pública lhe confere um certo grau de *juridificação*.

A Administração Pública, segundo as suas palavras, *designadamente através das federações desportivas dotadas de estatuto de utilidade pública desportiva, converte-se em instrumento de execução e garantia de aplicação de normas desportivas "internacionais", desenvolvendo neste domínio faculdades regulamentares e disciplinares*[51].

B – O ensino

23. Um dos aspectos que bem elucida a maturidade do Direito do Desporto prende-se, naturalmente, com o seu ensino (grau, qualidade, destinatários, nível de investigação e eficácia).

Neste domínio é já possível apontar um sentido dominante que se depreende de duas linhas de leitura da realidade vivida desde o início da década de noventa do século passado (expressão usada aqui com um claro sentido de atribuir um "ar histórico" à matéria).

Na verdade, assistimos, por um lado, à organização de cursos de pós-graduação por escolas privadas superiores de Direito.

Por outro lado, são as escolas de Motricidade, Ciências de Desporto e de Educação Física, particularmente no âmbito da Gestão

---

[50] Coimbra, Almedina, 2003, em especial, pp. 776-782.

[51] Não se pode ainda esquecer outras manifestações intelectuais em prol da construção de uma dogmática do Direito do Desporto. Por exemplo, a actividade desportiva e o seu enquadramento normativo, em diferentes domínios, já constitui objecto de trabalho de jurisconsultos, tendo sido elaborados múltiplos pareceres jurídicos sobre matérias atinentes ao desporto.

Referindo só alguns que são públicos, directamente ou por alusão em peças processuais, intervieram nesta área, entre outros, nomes como os de JORGE DE FIGUEIREDO DIAS, J.J.GOMES CANOTILHO, OLIVEIRA ASCENSÃO, FREITAS DO AMARAL, MARCELO REBELO DE SOUSA, ANTÓNIO MENEZES CORDEIRO, PAULO OTERO, JOSÉ CARLOS VIEIRA DE ANDRADE e JORGE BACELAR GOUVEIA.

do Desporto, que abrem espaço ao Direito do Desporto nas suas licenciaturas, para além de manter igual atenção nos cursos de mestrado nessa especialidade.

24. Quanto ao primeiro aspecto, com os seus méritos e deméritos, colhem-se exemplos nos cursos organizados, em 1994-1995, pela (pioneira) Universidade Lusíada (Lisboa – Porto) ou ainda pela Universidade Internacional da Figueira da Foz (1998-1999).

Por seu turno, a caminho de um curso formalizado de pós--graduação, a Universidade Católica Portuguesa, em Lisboa, não deixou de organizar um Seminário de Direito Desportivo em 1999.

O Instituto de Direito das Empresas e do Trabalho (IDET) da Faculdade de Direito da Universidade de Coimbra, veio a realizar, por sua vez, em 2003, com sucesso assinalável, um I Curso de Especialização em Direito do Desporto Profissional.

É de assinalar que este Curso "trouxe" os docentes da Faculdade de Direito de Coimbra «para o Direito do Desporto».

Se esta afirmação não vale para a totalidade desse corpo docente – sabe-se do especial interesse do Professor J.J. GOMES CANOTILHO pelo Direito do Desporto ou pelo menos pelo Direito no desporto, como matéria de estudo em sede de pluralismo de ordenamentos jurídicos e da sua regulática –, não deixa de ser importante registar a adesão de nomes como, entre outros, os de CARDOSO DA COSTA, CASALTA NABAIS, COSTA ANDRADE, COUTINHO DE ABREU, PAULO MOTA PINTO e PINTO MONTEIRO.

A título de conclusão, dir-se-ia que o Direito do Desporto se *doutorou*.

25. Mas o Direito do Desporto recebe cada vez mais a atenção dos outros ramos do Direito, para além do estudo concentrado de «pós-graduações específicas».

Oferçamos alguns exemplos do que afirmamos.

O VI Curso de Pós-Graduação em Direito do Trabalho e da Segurança Social, organizado pelo Instituto de Direito do Trabalho da Faculdade de Direito da Universidade de Lisboa – curso coordenado pelo Professor PEDRO ROMANO MARTINEZ –, compreende um espaço para o contrato de trabalho desportivo, no âmbito da abordagem aos regimes especiais do contrato de trabalho.

Por outro lado, na Faculdade de Direito da Universidade Nova de Lisboa, no âmbito da investigação, coordenada pelo Professor MIGUEL POAIRES MADURO, surgiram em 1999 e 2001, *working papers* e *case note* sobre aspectos de relacionamento entre o desporto e o Direito Comunitário.

Também nesta escola superior de Direito, é possível encontrar, no ano lectivo 2003-2004, ao nível da licenciatura, numa disciplina (Direito das Sociedades), na lista de temas de trabalho disponível para os discentes, uma referência às sociedades desportivas.

Por último, mas não em último, registe-se a especial "consideração" que a escola de Direito da Universidade do Minho concede ao Direito do Desporto.

Na verdade, o Direito do Desporto surge aí como uma disciplina de opção do seu 5.º ano.

26. Por razões que se prendem com a tomada de consciência de que o Direito representa um factor de desenvolvimento desportivo, *o ensino superior desportivo*, não deixou passar sem resposta, a partir do início da década de 90, a necessidade de oferecer conteúdos que despertassem os seus alunos para *realidade normativa* envolvente da actividade desportiva.

Esse ensino desdobra-se por licenciaturas e por mestrados.

Seja-me permitido iniciar o percurso pela Faculdade de Motricidade Humana, da Universidade Técnica de Lisboa, a qual, de há cerca de dez anos para cá, tem reservado espaço, em sede de Gestão do Desporto, à leccionação do Direito quando relacionado com o desporto.

Nessa escola, recordo que, pelo menos pela minha mão – a convite do Professor GUSTAVO PIRES –, o Direito entrou em 1991 num Mestrado em Gestão da Formação Desportiva.

E ao nível de licenciatura entrou no ano lectivo 1993-1994, momento a partir do qual tenho vindo a leccionar os cursos de *Legislação do Desporto (4.º ano) e Quadro Jurídico das Organizações Desportivas (3.º ano).*

Na actualidade, na licenciatura de Gestão do Desporto, co-organizada com outra escola da Universidade Técnica de Lisboa (o ISEG), o Direito do Desporto tem o seu lugar no segundo ano do curso.

27. Outras escolas seguiram este caminho:

- *Licenciatura em Ciências do Desporto* da Universidade de Coimbra;
- *Licenciatura em Motricidade Humana – Ciências da Educação Física e do Desporto*, Instituto Superior de Estudos Interculturais e Transdisciplinares (Instituto Piaget) – Almada;
- *Licenciatura em Motricidade Humana – Ciências da Educação Física e do Desporto*, Instituto Superior de Estudos Interculturais e Transdisciplinares (Instituto Piaget) – Viseu;
- *Licenciatura em Gestão do Desporto* do Instituto Superior da Maia;
- *Licenciatura em Ciências da Actividade Física Humana* da Universidade de Évora;
- *Licenciatura em Ciências do Desporto – Gestão das Organizações Desportivas* da Escola Superior de Desporto de Rio Maior;
- *Licenciatura em Motricidade Humana – Ciências da Educação Física e do Desporto*, Instituto Superior de Estudos Interculturais e Transdisciplinares (Instituto Piaget) – Mirandela.

28. Em sede de cursos pós-licenciatura também as escolas a que agora nos referimos dedicam amplo espaço ao Direito do Desporto:

- A Faculdade de Motricidade Humana, no seu Mestrado de Gestão do Desporto, que vai iniciar a sua oitava edição;
- A Faculdade de Ciências do Desporto e Educação Física da Universidade do Porto, no Mestrado em Ciências do Desporto – Área de Especialização em Gestão Desportiva, que vai iniciar em breve a sua sexta edição;
- Ainda a FCDEF-Porto, mas agora em cooperação com a Faculdade de Encomia e Gestão da Universidade Católica Portuguesa, no curso de Pós-Graduação em Gestão do Desporto.

C – A legislação

29. A produção legislativa dos últimos catorze anos no domínio da regulação da realidade desportiva é algo de verdadeiramente inimaginável em termos de quantidade, não sendo mesmo exagerado falar-se em inflação legislativa.

Levado pela injunção de desenvolvimento normativo presente na Lei de Bases do Sistema Desportivo, o "legislador desportivo", sem cuidar da eficácia de muitas das soluções que ia oferecendo ao sistema desportivo, inovou, alterou, revogou, tornou a "inovar, a alterar e a revogar".

Seguindo aquilo que parece ser uma máxima do Estado português quanto à sua actividade de regulação social através do Direito, as dificuldades da vida social e desportiva, crêem-se ultrapassadas não pela aplicação da lei vigente – que tarda em se efectivar, mormente por via de uma muito confrangedora incapacidade fiscalizadora pública –, mas pelo anúncio constante de nova legislação.

30. Façamos um esforço de síntese, marcando os períodos que possibilitem uma visão de conjunto.

Um primeiro momento compreende as iniciativas legislativas e regulamentares efectivadas entre Janeiro de 1990 e Abril de 1993.

Estamos perante aqueles diplomas que são, por assim dizer, contemporâneos da Lei de Bases do Sistema Desportivo, ou que se apresentam como resultado de um seu primeiro e necessário desenvolvimento.

Neste âmbito, permitimo-nos destacar diplomas tão importantes, como o Decreto-Lei n.º 105/90, de 23 de Março, sobre a prevenção e combate ao doping, o Decreto-Lei n.º 95/91, de 26 de Fevereiro, respeitante à educação física e ao desporto escolar, os Decretos-Lei n.ºs 350/91 e 351/91, ambos de 19 de Setembro (respectivamente sobre o regime de formação de agentes desportivos e o regime de formação de treinadores desportivos), o Decreto-Lei n.º 390/91, de 10 de Outubro, relativo à corrupção no fenómeno desportivo, e o Decreto-Lei n.º 432/91, de 6 de Novembro, que veio estabelecer o regime dos contratos-programa de desenvolvimento desportivo.

31. Em 26 de Abril de 1993 inicia-se um segundo ciclo normativo.

Com efeito, nessa data são publicados no Diário da República os textos legais que procedem à reforma da Administração Pública Desportiva e o (importante) Decreto-Lei n.º 144/93, que estabeleceu o regime jurídico das federações desportivas e as normas respeitantes à atribuição do estatuto de utilidade pública desportiva, diploma imprescindível para um correcto alinhamento das relações jurídicas entre o Estado e as federações desportivas nacionais.

Neste período, que se prolongará até à primeira revisão da Lei de Bases do Sistema Desportivo, devem ainda destacar-se os seguintes diplomas:

- Decreto-Lei n.º 125/95, de 31 de Maio, relativo às medidas de apoio à prática desportiva de alta competição;
- Decreto-Lei n.º 146/95, de 21 de Junho, que estabeleceu o primeiro regime jurídico das sociedades desportivas;
- Decreto-Lei n.º 267/95, de 18 de Outubro, que definiu o estatuto dos dirigentes desportivos em regime de voluntariado;
- Decreto-Lei n.º 305/95, de 18 de Novembro, que estabeleceu o Regime Jurídico do Contrato de Trabalho do Praticante Desportivo e do Contrato de Formação Desportiva.

32. A Lei n.º 19/96, de 25 de Junho, veio operar a primeira revisão da Lei de Bases do Sistema Desportivo, dando início, formal e materialmente, a um novo período histórico da nossa mais recente legislação sobre o desporto.

As alterações introduzidas às regras básicas do sistema desportivo dirigiram-se, no fundamental, para a organização das competições desportivas profissionais, procurando oferecer novas respostas a essa especifica mancha da actividade desportiva e precipitaram-se, com lógica e naturalidade, no Decreto-Lei n.º 67/97, de 3 de Abril, novo regime jurídico das sociedades desportivas, e no Decreto-Lei n.º 111/97, de 9 de Maio, diploma que procedeu a uma reforma parcial do regime jurídico das federações desportivas.

Não se ficaram por aqui as manifestações legislativas desse tempo.

Há que aditar a nova estrutura da Administração Pública Desportiva central, levada a cabo pelo Decreto-Lei n.º 52/97, de 4 de Março (respeitante ao Conselho Superior do Desporto) e pelos Decretos-Lei n.ᵒˢ 62/97, 63/97 e 64/97, todos de 26 de Março, que aprovaram, respectivamente, as orgânicas do Instituto Nacional do Desporto, do Centro de Estudos e Formação Desportiva e do Complexo de Apoio às Actividades Desportivas.

Saliente-se, ainda, entre outros, o Decreto-Lei n.º 183/97, de 26 de Julho, relativo ao combate à dopagem.

33. Conforme a uma lógica e a uma filosofia próprias – guiado à luz das opções políticas de dois governos socialistas –, o *legislador desportivo pós-1996*, continuou a construir o edifício jurídico do desporto nacional.

Em 1998, vimos vir à luz do dia o Plano Oficial de Contabilidade para as Federações Desportivas, um "novo" regime do contrato de trabalho desportivo e do contrato de formação desportiva, a regulamentação, a diversos níveis, das medidas de apoio à alta competição, um "novo" regime de prevenção e combate à violência associada ao desporto, a regulamentação do livre ingresso nos recintos desportivos e a regulamentação do seguro desportivo.

No ano de 1999 surgem-nos o mecenato desportivo, o "regime disciplinar" das federações desportivas, o regime jurídico das competições desportivas profissionais, o regime jurídico da formação desportiva, os diplomas que enquadram a medicina desportiva e seus serviços e as normas sobre a responsabilidade técnica pelas instalações desportivas abertas ao público e actividades aí desenvolvidas.

34. Ainda antes da efectivação de nova alteração política nos destinos do País e do desporto nacional, registe-se a emanação do Decreto Regulamentar n.º 10/2001, de 7 de Junho, que aprova o Regulamento das Condições Técnicas e de Segurança dos Estádios.

Mais tarde, ensaia-se uma nova configuração para o departamento governamental competente na área do desporto, com a provação, levada a cabo pelo Decreto-Lei n.º 217/2001, de 3 de Agosto, da orgânica do Ministério da Juventude e do Desporto [52].

---

[52] O Decreto-Lei n.º 19/2002, de 29 de Janeiro, veio aprovar a estrutura, atribuições e funcionamento da Secretaria-Geral do Ministério da Juventude e do Desporto. Com

35. Com a mudança política do País – operada em Março de 2002 – e o aproximar do EURO 2004, constata-se um acréscimo normativo, porventura menos significativo do que em períodos anteriores, mas onde também se encontram presentes diplomas de inegável importância, independentemente do juízo material que se possa endereçar-lhes.

Uma pequena – bem importante, mas a nosso ver errada – alteração do diploma base sobre o combate à dopagem, veio a ter lugar com o Decreto-Lei n.º 192/2002, de 25 de Setembro.

O ano de 2003 assiste à reforma da Administração Pública Desportiva, com a criação, através do Decreto-Lei n.º 96/2003, de 7 de Maio, do Instituto do Desporto de Portugal.

Por outro lado, fruto de um caso concreto decidido em tribunal, a Assembleia da República, por impulso do Governo, aprovar a Lei n.º 8/2003, de 12 de Maio, que veio estabelecer um regime específico de reparação dos danos emergentes de acidentes de trabalho de praticantes desportivos profissionais.

Ainda neste período, deve salientar-se o Decreto-Lei n.º 100/2003, de 23 de Maio, que aprovou o Regulamento das Condições Técnicas e de Segurança a Observar na Concepção, Instalação e Manutenção das Balizas de Futebol, de Andebol, de Hóquei e de Pólo Aquático e dos Equipamentos de Basquetebol Existentes nas Instalações Desportivas de Uso Público.

Em 2004, veio a ser aprovada a nova regulamentação do direito de livre entrada em recintos desportivos, pelo Decreto-Lei n.º 79/2004, de 6 de Abril.

Ainda antes da publicação da Lei de Bases do Desporto, destaque-se a Lei n.º 16/2004, de 11 de Maio, que vem instituir novas medidas preventivas e punitivas a adoptar em caso de manifestações de violência associada ao desporto, revogando a Lei n.º 38/98, de 4 de Agosto.

Merecem ainda referência especial duas leis não provenientes do *legislador desportivo*.

---

interesse, registe-se ainda uma alteração ao Decreto-Lei n.º 217/2001, levada a cabo pelo Decreto-Lei n.º 79/2002, de 26 de Março. Coube, mais tarde, ao Decreto-Lei n.º 213/2002, de 22 de Outubro, regular o processo de extinção da Secretaria-Geral do ex-Ministério da Juventude e do Desporto.

Trata-se das Leis n.º 20/2004, de 5 de Junho, que aprovou o estatuto do dirigente associativo voluntário e n.º 38/2004, de 18 de Agosto, que aprovou a nova lei de bases gerais do regime jurídico da prevenção, habilitação, reabilitação e participação da pessoa com deficiência.

O direito à prática do desporto é consignado no artigo 38.º, competindo ao Estado a criação de estruturas adequadas e formas de apoio social que permitam o acesso das pessoas com deficiência à prática desportiva, determinando-se no artigo 39.º que sejam asseguradas medidas específicas necessárias para a prática do desporto de alta competição pelas pessoas com deficiência.

36. No que concerne ao EURO 2004 e para além do que tivemos oportunidade de registar ainda em 2003 [53], merecem menção as seguintes medidas:

- O Decreto-Lei n.º 86/2004, de 17 de Abril, que estabeleceu o regime de protecção jurídica a que ficam sujeitas as designações do Campeonato Europeu de Futebol de 2004;
- A Lei orgânica n.º 2/2004, de 12 de Maio, que veio estabelecer um *regime temporário da organização da ordem pública e da justiça* no contexto extraordinário da fase final do Campeonato Europeu de Futebol – Euro 2004;
- O Decreto-Lei n.º 122/2004, de 21 de Maio, que estabeleceu um *regime transitório e excepcional para serviços de transporte público colectivo regular de passageiros* com destino aos estádios do Euro 2004 para vigorar durante o período de duração daquele Campeonato;
- A Resolução do Conselho de Ministros n.º 65/2004, de 21 de Maio, que, considerando o facto de a realização de eventos como o Campeonato Europeu de Futebol – EURO 2004 trazer a Portugal centenas de milhares de

---

[53] Veja-se JOSÉ MANUEL MEIRIM, "Elementos sobre o impacto do Euro 2004 na normação jurídica", *Desporto & Direito. Revista Jurídica do Desporto*, Ano I, n.º 1 (2003), pp. 11-55.

estrangeiros e se torna necessário garantir a segurança interna, aprovou *a reposição do controlo documental nas fronteiras portuguesas entre 26 de Maio e 4 de Julho de 2004*, medida de excepção ao regime previsto no n.º 1 do artigo 2.º da Convenção de Aplicação do Acordo Schengen.

D – A jurisprudência

37. A cadência da produção jurisdicional manteve-se sem interrupção.

Malgrado as dificuldades que representa a opção pela via judiciária, particularmente neste universo desportivo, e a ausência de uma consciência jurídica por parte de muitos agentes e organizações desportivos, os tribunais superiores continuaram a dirimir *conflitos desportivos*.

Dê-se conta, de forma breve, de algumas dessas decisões [54].

Assim, no âmbito laboral, discutiu-se, por exemplo, a justa causa para rescisão do contrato de trabalho por um treinador de futebol e a inclusão, na indemnização devida pela entidade empregadora, dos prémios devidos por êxitos desportivos [55].

O conflito entre a Federação Portuguesa de Tiro com Armas de Caça e associações protectoras de animais, a propósito do tiro aos pombos, ocupou quer o Supremo Tribunal de Justiça [56], quer ainda o Tribunal de Conflitos [57].

A arbitragem desportiva também foi objecto de decisões [58].

---

[54] A *Desporto & Direito. Revista Jurídica do Desporto*, inclui uma crónica de jurisprudência.

[55] Acórdão do Tribunal da Relação de Coimbra, de 4 de Março de 2003, sumariado na *Desporto & Direito. Revista Jurídica do Desporto*, Ano I, n.º 2, Janeiro/Abril 2004, pp. 368-369.

[56] Cf. Acórdão de 17 de Dezembro de 2002, publicado na *Desporto & Direito. Revista Jurídica do Desporto*, Ano I, n.º 1 (2003), pp. 119 e segs., com notas de ALEXANDRA PESSANHA.

[57] Cf. o Acórdão de 9 de Julho de 2003, publicado nos *Cadernos de Justiça Administrativa*, n.º 43, Janeiro-Fevereiro 2004, pp. 32-36, seguido de nossa anotação.

[58] Cf. o Acórdão do Supremo Tribunal de Justiça, de 5 de Dezembro de 2002, publicado na *Desporto & Direito. Revista Jurídica do Desporto*, Ano I, n.º 1 (2003), pp. 137 e segs., com notas de ALBINO MENDES BAPTISTA.

O Supremo Tribunal Administrativo teve a oportunidade de *afinar* o conceito de poderes públicos exercidos por parte das federações desportivas, poderes esses que representam, por outro lado, o espaço possível de fiscalização pública[59].

Também o Supremo Tribunal de Justiça, a propósito do "Caso N'Dinga", veio a entrar em *domínios administrativos*, qualificando o acto de inscrição de um jogador numa federação desportiva como um acto materialmente administrativo[60].

Este mesmo tribunal veio a estabelecer a competência nos tribunais cíveis, relativamente ao conhecimento de algum tipo de decisões da Liga Portuguesa de Futebol Profissional[61].

Por último, ao nível do direito constitucional o destaque tem de ir, necessariamente, para o Acórdão do Tribunal Constitucional n.º 486/03, que se ocupou de aferir da violação dos artigos 13.º, 71.º e 79.º, da lei básica, pelas normas da Portaria n.º 393/97, de 17 de Junho, relativas aos prémios de alta competição de cidadãos portadores de deficiência.

Como se sabe, este alto Tribunal, entendeu, por maioria, não ocorrer qualquer violação de normas constitucionais.

O Professor José Carlos Vieira de Andrade teve já a oportunidade de afirmar entendimento dissidente[62].

V

Quarto período: a contemporaneidade

38. O mês de Outubro do ano transacto, pode ser considerado como o momento em que se obteve uma importante marca no *triplo salto* do Direito do Desporto em Portugal.

---

[59] Acórdão de 23 de Janeiro de 2003, sumariado na *Desporto & Direito. Revista Jurídica do Desporto*, Ano I, n.º 2, Janeiro/Abril 2004, pp. 363-364.

[60] Acórdão de 3 de Julho de 2003, publicado na *Desporto & Direito. Revista Jurídica do Desporto*, Ano I, n.º 3, Maio/Agosto 2004, pp. 491 e segs., com notas de RICARDO MARQUES CANDEIAS.

[61] Acórdão de 7 de Novembro de 2002, sumariado na *Desporto & Direito. Revista Jurídica do Desporto*, Ano I, n.º 2, Janeiro/Abril 2004, p. 373.

[62] Vejam-se as suas notas ao citado Acórdão, na *Desporto & Direito. Revista Jurídica do Desporto*, Ano I, n.º 3, Maio/Agosto 2004, pp. 479-490.

Vejamos em três sumários registos, o significado dessa referência temporal.

A 18, na Faculdade de Direito de Coimbra, iniciou-se o já referido I Curso de Especialização em Direito do Desporto Profissional, organizado pelo Instituto do Direito das Empresas e do Trabalho da prestigiada escola de Coimbra.

Trata-se, sublinhe-se devidamente este aspecto, da primeira *incursão* de uma escola superior pública de Direito na área do Direito do Desporto.

Do mesmo passo, assinale-se o número recorde de 70 inscrições.

Este curso constitui, aliás, o ponto de partida para o I Curso de Pós-Graduação em Direito do Desporto Profissional, organizado pela mesma entidade, que terá início no próximo dia 6 de Novembro, com a participação estimada de 50 alunos.

39. No dia 23, a Assembleia da República vem a aprovar, na generalidade, a Proposta de Lei n.º 80/IX, que conduziu à Lei de Bases do Desporto, Lei n.º 30/2004, de 21 de Julho.

40. Por último, olhemos o dia 27.

No Porto procedeu-se ao lançamento público da *Desporto & Direito. Revista Jurídica do Desporto*.

Concretizava-se, assim, um anseio partilhado por muitos e que, pelo menos desde 1997, nos desafiava permanentemente.

Registo científico quadrimestral, a *Desporto & Direito* entrou no seu segundo *ano de vida* – encontra-se disponível o n.º 1 do Ano II, respeitante a Setembro-Dezembro de 2004 –, cumprindo os prazos e a sua meta fundamental: constituir um espaço aberto a todos os contributos que pretendam alcançar um conhecimento mais próximo desse binómio.

Sem que nos alonguemos sobre o conteúdo destes quatro números e a colaboração recebida, queremos assinalar, no entanto, que na *Desporto & Direito*, receberam atenção temas tão variados como o impacto do Euro 2004 na lei, o praticante desportivo profissional e o Direito Comunitário, as cláusulas de transferência, a profissão de empresário desportivo, as sociedades anónimas desportivas, a (então) proposta de Lei de Bases do Desporto, a tributação no desporto profissional, a certificação dos técnicos de desporto, o princípio da igualdade e a prática desportiva de alta competição dos cidadãos portadores de deficiência, a criminalização no âmbito da legislação relativa ao combate da violência associada ao desporto, a prestação de serviços desportivos nos ginásios e *health clubs* ou os fundos de investimento de jogadores.

41. Contudo, o ano de 2003 não termina sem outro momento digno de registo.

Referimo-nos à aprovação, em Novembro, de outra tese de Mestrado, agora na Universidade Católica do Porto, de ANDRÉ DINIS DE CARVALHO, *Da Liberdade de Circulação dos Desportistas profissionais na União Europeia*[63].

42. Já em 2004, a Universidade Lusíada de Lisboa, em parceria com a Associação Portuguesa de Direito do Desporto[64], vem a organizar umas Jornadas *Desporto e Direito*, a 13 e 14 de Maio, as quais, como não podia deixar de ser, olharam criticamente a proposta de lei n.º 80/IX.

43. A 21 de Julho de 2004 vê-se publicada no jornal oficial a nova lei quadro do sistema desportivo nacional, a Lei de Bases do Desporto, Lei n.º 30/2004.

Independentemente do juízo que, no particular e na globalidade, cada um de nós venha a dirigir a este texto – e o nosso é negativo, como já é público há muito tempo –, a verdade é que o sistema desportivo, o mesmo é dizer os agentes e organizações desportivos, públicos e privados, vai ter que conviver com ele e será também a partir do mesmo que se operarão os desenvolvimentos normativos em diplomas de regulamentação que poderão vir a dar nova feição a diversos regimes jurídicos enformadores da actividade desportiva.

Não se pode, pois, negar a sua relevância.

44. Significa esta sucessão de factos, em particular a existência de uma nova lei quadro do desporto nacional, a instituição de um

---

[63] Publicada recentemente pela Coimbra Editora.

[64] Esta associação, embora constituída desde 16 de Julho de 1998 não logrou obter especial visibilidade, sendo porventura a organização deste evento o seu único acto público de destaque.

espaço periódico de discussão científica jurídico-desportiva e a consolidação de um curso público de pós-graduação nesta área, se bem que restrito à sua vertente profissional, que ao Direito do Desporto não faltarão razões para se afirmar com alguma solidez e progredir, quer em quantidade, quer sobretudo em qualidade.

O percurso que efectuámos até à actualidade, habilita-nos, por outro lado, a formular um conjunto de observações finais que permitem, a nosso ver, situar o Direito do Desporto e, porventura, contribuir para levar o *Direito do Desporto a sério*.

45. Em primeiro lugar, convém dizer algo sobre as razões que *levam os juristas para o Desporto*.

O Direito do Desporto está na moda, cativa como o próprio desporto – eventualmente por estar conexionado com esse fenómeno social pleno de vitalidade –, apresenta-se como uma área apetecível da investigação e prática jurídicas.

Para além da paixão desportiva, que não deve ser desprezada, parece-nos que o exotismo ou, utilizando terminologia desportiva, o carácter radical do tema, tem vindo a contribuir para as incursões neste universo.

No que respeita a saídas profissionais, os novos ramos ou margens do Direito, surgem aos jovens licenciados como uma boa hipótese alternativa à superpopulação existente noutros *mercados*.

Contudo, esta é a minha opinião, as incursões – mesmo algumas que se localizaram no meio académico –, têm-se revelado, por vezes, como esporádicas, faltando a militância que pode conduzir aos bons resultados.

46. Por outro lado, para que se seja um jurista qualificado no âmbito do Direito do Desporto – passe o paradoxo de se dever caminhar, também neste especifico domínio, para a especialização – deve-se ser, à partida, um bom jurista.

Também aqui uma pretensa especialização não deve ser sinónimo de ausência de sólida formação geral ou de manifesta ignorância.

Dito por outras palavras, a ideia de especificidade não deve, em nenhum caso, dar cobertura à ignorância do ordenamento jurídico quando visto na sua globalidade.

Mas, também não pode haver um jurista qualificado nesta área se não possuir um conhecimento mínimo da realidade desportiva, realidade essa que, como é bom de ver, representa o seu objecto de análise.

Não se pode, pois, no que aos homens do Direito diz respeito, acreditar piamente nos denominados «especialistas» do Direito do Desporto, muitas vezes apenas legitimados pela novidade (?), excentricidade (?) ou experiência prática.

Em suma, numa síntese não abusiva, o Direito do Desporto não é uma nova galinha de ovos de ouro para o ensino do Direito e para os profissionais do Direito.

Muitas cautelas devem ser tomadas, perante uma certa euforia que não tem reflexos imediatos na cultura do Direito do Desporto.

47. Mas, chegados aqui, surge o confronto entre a prática e a teoria,

Conflito absurdo, pois é bem sabido que uma e outra têm de viver em comunhão.

Não obstante, assiste-se por vezes, há expressão, pelo *prático,* que a elaboração doutrinária neste específico campo do Direito, não colhe e esbarrará sempre com a aplicação quotidiana, particularmente no seio das federações desportivas, das normas que constituem a malha normativa própria do desporto, o nosso já referenciado *Direito Privado do Desporto.*

Trata-se, a nosso ver, de desculpa de mau pagador, pois se se pode conceder a um jogo interpretativo, baseado na generalidade *versus* especialidade, não se pode, pelo contrário, fazer tábua rasa dos princípios fundamentais que constituem o alicerce da Ciência Jurídica.

E os exemplos estão aí, em que aos argumentos *ad terrorem* desportivos – o fim do futebol, e outros do tipo (como se pode constatar no já citado "Caso Bosman) –, se sucede uma renovação, e em muitos casos uma revolução, baseada na leitura do Direito, sem que com isto o desporto desapareça ou entre em colapso.

48. Ainda umas últimas observações sobre os juristas e o desporto, sem cuidar da recorrente questão da presença de magistrados em órgãos jurisdicionais de federações desportivas.

Há quem opine, numa crítica de pendor negativo, sobre o *jurista-legislador-político do desporto*.

É bem evidente que o papel essencial do jurista é o de um alfaiate que, perante o seu cliente (a política desportiva), procura responder tecnicamente à vontade de outros.

Assim sendo, não pode ser julgado pelas opções relativas ao fato ou vestido que o cliente pretende.

O bom ou mau gosto reverte para o cliente, para a política desportiva.

Para o jurista resta a responsabilidade, e não é pouca, pelo desenhar conforme da peça de roupa que lhe foi encomendada.

Sucede, contudo, que na nossa vivência do sistema desportivo nacional temos deparado com juristas que se assumem como uma espécie de pronto a vestir ou acabam por influenciar, de modo diverso, a própria tomada de opção política.

Mas, neste aspecto, o que deve ser julgado pela negativa, não é o facto de ser jurista, mas de ser mau político desportivo, por ignorância do sistema desportivo, seus valores e finalidades.

49. Vem a propósito a formulação de algumas notas sobre o *legislador desportivo*.

O desporto, no que respeita à actividade legislativa, é matéria que vive em competição com outros "legisladores"[65].

Quando se olha a questão das relações de trabalho dos praticantes desportivos, verifica-se que sobre ela incidem as atenções dos responsáveis políticos e governativos dos sectores do trabalho e do

---

[65] Sobreleve-se, todavia, que o desporto é também um *agente criador* de normas jurídicas, mesmo constitucionais, de aplicação geral. Ou seja, o fenómeno social que é o desporto evidencia ao político e legislador a necessidade de cobrir necessidades de regulação de aplicação bem para além do seu ponto de partida.

Exemplo paradigmático do que avançamos, constitui o aditamento de um n.º 6 ao artigo 267.º da Constituição da República, efectivado pela revisão constitucional de 1997.

Como se sabe, aí se determina que as entidades privadas que exerçam poderes públicos podem ser sujeitas, nos termos da lei, a fiscalização administrativa.

Quem percorrer os respectivos trabalhos da Comissão parlamentar competente rapidamente constatará que, por iniciativa do Professor VITAL MOREIRA, as federações desportivas (o exercício de poderes públicos e o seu relacionamento com o Estado) foram o ponto de partida da norma constitucional.

desporto; estando em causa matéria que se relacione com a compatibilização da prática desportiva com a defesa do ambiente, ao lado do responsável pela área do desporto, surgirá inevitavelmente o membro do Governo que tutela a área do ambiente.

Na verdade, poucas serão as matérias em que o "legislador desportivo" se encontra com uma ampla liberdade de actuação. Por outro lado, se não estiver atento, ele acaba, por vezes, por perder o "jogo" para o outro legislador "concorrente".

Estas palavras pretendem significar que qualquer reforma, global ou parcial, do tecido normativo relacionado com o desporto – e como ele é alargado –, não pode deixar de estar muito atenta àquilo que, em termos de iniciativas legislativas ou regulamentares se vai concretizando em outros departamentos governamentais.

De outro modo, em vista do rigor pretendido e exigível para uma intervenção legislativa, muito se poderá perder em coerência e qualidade.

50. O Direito do Desporto, é importante não esquecê-lo, é uma zona complexa de regulação jurídica.

Desde logo pela conjugação de fontes, públicas e privadas, gerais e especiais, nacionais e internacionais.

Por exemplo, uma das mais aliciantes tarefas que se colocam ao jurista, quando olha o relacionamento Direito e Desporto, constitui exactamente a aplicação das normas gerais aos casos desportivos.

Torna-se necessário, como é bom de ver, o domínio de vários conhecimentos, gerais e específicos, de diferentes ramos do Direito.

51. Por outro lado, algumas áreas da confluência do Direito e do Desporto, revelam-se particularmente "duras".

Por exemplo, são bem conhecidas as dificuldades em aceder a textos fidedignos emanados de federações ou de outras organizações desportivas com competências reguladoras, tão importantes como os seus estatutos, os regulamentos de disciplina ou de competição.

Muitos desses textos, fundamentais para todos os agentes desportivos federados conhecerem os seus direitos, embora sujeitos a depósito e registo no Instituto do Desporto de Portugal, não são, mesmo aí, dignos de confiança no que respeita à sua vigência ou fidelidade.

Não há, pois, uma publicidade dos principais textos normativos das federações desportivas que possibilite assegurar a «certeza do direito federativo», valor essencial a um ideal de Justiça.

Por vezes, chega-se ao cúmulo de o agente desportivo se ver obrigado a recorrer aos tribunais para ter acesso a essa informação.

Com efeito, por decisão de 15 de Maio de 2003, o Tribunal Central Administrativo, veio a afirmar que um praticante desportivo tem o direito de, a fim de permitir o uso de meios administrativos ou contenciosos, intimar o presidente de uma federação desportiva à passagem de uma certidão de determinados documentos que se relacionem com a fixação de regras para a admissão e classificação de praticantes desportivos.

Enveredar pela *via jurídica* representa, muitas vezes, «pequenos Bosman», com perigos evidentes para a carreira desportiva dos atletas, onde ao lado ou em vez do *espírito do legislador,* surge por vezes, se calhar muitas vezes, o «interesse da modalidade» ou «do seu desenvolvimento em harmonia».

A este respeito, não deixo de continuar a assinalar aquilo que configura uma grave ilegalidade presente em quase todos os estatutos federativos, contrariando a independência dos seus órgãos jurisdicionais, exigida por lei[66]: a atribuição ao conselho jurisdicional, em matéria jurídica, de funções consultivas das direcções federativas.

Tudo se passa, pois, fazendo a comparação, como se o Governo da República tivesse no Supremo Tribunal de Justiça, no Supremo Tribunal Administrativo e no Tribunal Constitucional, órgãos de consulta jurídica.

52. E se a realidade apresenta por vezes estas tonalidades no seio das organizações desportivas, o Estado e o movimento desportivo, com as federações à cabeça, não «falam direito».

Predominam as "relações pessoais", os silêncios ensurdecedores, o laxismo da fiscalização pública, sempre potenciador dos mais graves atropelos ao princípio da igualdade de todos perante a lei.

---

[66] Cf. o artigo 13.º, n.º 1, b), do Decreto-Lei n.º 144/93, de 26 de Abril, que estabelece essa exigência como critério para a atribuição do estatuto de utilidade pública desportiva às federações desportivas. A LBSD também se referia a esta matéria [artigo 22.º, n.º 2, alínea c)].

E que federação desportiva, economicamente dependente do Estado, ousará brandir o Direito que lhe crê assistir?

O Estado receberá de bom grado tal ousadia? Ou o contrato-programa ressentir-se-á do agitar da bandeira jurídica?

53. É tempo de terminar.

No mês passado, tive a oportunidade de assistir a uma cerimónia de abertura, mais ou menos formal, de um encontro de juristas amantes do Direito do Desporto, na sua maioria espanhóis, entusiasticamente organizado pelo Dr. JOSÉ DIAS FERREIRA, colega que foi desses juristas num *Master de Derecho Deportivo* que, de dois em dois anos, se efectiva no país vizinho.

Tardou a cerimónia a "arrancar" pelo facto de faltar um elemento essencial da mesa que, pasme-se, não era, ao contrário do que é regra, o membro do Governo convidado (e também à espera).

Perante o "peso" do atraso, a sessão de abertura iniciou-se e já decorria a segunda intervenção quando o representante da Faculdade de Direito de Lisboa – local onde tinha lugar o evento –, se sentou com os seus pares.

Confessando, valha a verdade, quando chegou a sua vez de intervir, que tinha sido "apanhado" para essa representação, dignou-se o Professor da minha escola, ainda meio perdido pela atribulada chegada, dedicar algumas palavras à relação Direito e Desporto.

E, chegados aqui, ficámos a saber que a «dogmática» deve ganhar o seu espaço neste domínio, onde, aditou o ilustre Professor, alguém já "escreveu alguns artigos".

54. O que acabámos de transmitir ao longo da nossa conferência parece-nos mais do que suficiente para demonstrar, ao insigne Professor e a outros que porventura comunguem da sua opinião, que a realidade é bem diferente.

A consagração de uma aproximação científica ao Direito do Desporto é uma realidade, e a nosso ver, um percurso sem retorno, multiplicador de apetências académicas.

Não obstante o atraso que sempre nos caracteriza, o Direito do Desporto vem-se afirmando paulatinamente na nossa vivência, iniciando a conquista de um espaço próprio que lhe começa a ser devido.

Como já afirmei noutro local, o Direito do Desporto é um vírus sem vacina à vista.

Assistimos como que a um contínuo surgir de novas questões jurídicas muito por culpa da própria essência da actividade desportiva.

Registamos, inclusive, como mero exemplo, recentes declarações públicas proferidas por um alto responsável público do desporto nacional, o Presidente do Instituto do Desporto de Portugal, que temos a honrar de ter hoje entre nós.

Referindo-se à questão da resolução de um diferendo que se prolonga há tempo demais na modalidade andebol, expressou a sua opinião – penso traduzi-la sem abuso –, no sentido de um inevitável *concurso do Direito*, seja pelo recurso aos tribunais, seja pela aplicação das normas jurídicas que balizam a vida das federações desportivas, enquanto exercendo poderes de natureza pública.

55. Continuarei a afirmá-lo, como no conhecido fado.

Uma das funções do Direito, quando imputada ao fenómeno desportivo, é a de impor rigor na vivência dos seus operadores.

Acredito que os organizadores deste Congresso se motivaram também por essa razão.

Era bom que o mesmo sentimento começasse a ganhar raízes nos "novos juristas do desporto".

Para bem do Direito, mas também para bem do Desporto.

PAINEL I. JUSTIÇA DESPORTIVA

José Luís Carretero Lestón
Arbitraje Deportivo

João Correia
Princípios para um Novo Contencioso Administrativo

ARBITRAJE DEPORTIVO

José Luis Carretero Lestón [*]

Sumario:
1. Introducción.
2. La legislación deportiva española.
3. El Tribunal Español de Arbitraje Deportivo.
4. Bibliografía consultada.

1. Introducción

Frente a la resolución de los litigios por vía judicial, en el orden propiamente jurisdiccional, existe la resolución extrajudicial de las controversias, mediante mecanismos de autocomposición (conciliación) o de heterocomposición (arbitraje).

Son varias las razones que alientan la resolución extrajudicial de los conflictos en materia deportiva, entre las que podemos destacar las siguientes:

- la jurisdicción es lenta
- la jurisdicción admite muchas instancias y recursos
- la jurisdicción no está especializada en materia deportiva y no se prevé que vayan a existir unos tribunales especializados en lo deportivo. A esto hay que añadir que la normativa deportiva es cada vez más compleja [1]

---

[*] Doctor en Derecho. Vicepresidente de la Asociación Española de Derecho Deportivo.

[1] Véase Merino Merchán, J.F.: El arbitraje como solución de conflictos entre deportistas profesionales y sus clubes y los de éstos entre si, p. 1.

- la jurisdicción es costosa (abogado, procurador, costas procesales, ...)
- el ordenamiento deportivo desea estar al margen de los tribunales de justicia. Para ello se instaura el principio de exclusión jurisdiccional, fundamentalmente en el ámbito internacional, pero también en algunos ámbitos nacionales.

En contraposición, se han defendido las ventajas [2] de la resolución de litigios deportivos a través del arbitraje, entre las que pueden citarse:

- la flexibilidad y la rapidez del procedimiento (seis meses)
- la resolución única, sin instancias. Debe dejarse al margen la posibilidad de impugnación del laudo mediante el recurso de revisión
- la especialización de los árbitros, tanto en el arbitraje de derecho como en el de equidad, y su grado de conocimiento de la normativa deportiva
- la menor cuantía de los costes, incluso la posibilidad de que el procedimiento sea gratuito
- la discreción del procedimiento. Las partes y los árbitros están sometidos al principio de confidencialidad y la resolución es conocida únicamente en el ámbito privado de las partes, puesto que el laudo no se publica, salvo que los interesados lo consintieran.

2. La legislación deportiva española

Pese a la existencia de la Ley de 22 de diciembre de 1953, por la que se regulaban los arbitrajes de derecho privado, no hay antecedentes sobre el arbitraje deportivo en la legislación deportiva española (leyes de 1961 y de 1980) anterior a la vigente.

---

[2] Véase Merino Merchán, J.F.: El arbitraje como solución..., o.c., p. 2; Camps Povill, A.: La conciliación extrajudicial en el deporte, p. 222 y 223. Otras ventajas del arbitraje deportivo han sido puestas de relieve por Javaloyes Sanchis, V.: El Tribunal Arbitral del Deporte, p. 31 y 32.

La Ley 10/1990, de 15 de octubre, del Deporte, denomina su Título XIII "Conciliación extrajudicial en el deporte", extremo que consideramos inadecuado e incorrecto, por cuanto confunde la conciliación extrajudicial con la composición extrajudicial. Tal vez se quiso evitar la mención del término arbitraje, que tiene otras connotaciones en el ámbito deportivo, aunque se alude a él en el texto de los artículos 87 y 88. Por otro lado, la conciliación no es un término genérico que comprenda el arbitraje, por lo que se debió emplear una expresión más amplia, bien "Conciliación y arbitraje en el deporte", bien "Resolución extrajudicial en el deporte", que es la que a nosotros nos parece más adecuada[3].

En cuanto a su contenido, los citados artículos 87 y 88 de la Ley parecen utilizar los términos conciliación y arbitraje como equivalentes, aunque sabemos que tanto en su fundamento como en sus efectos jurídicos se trata de dos figuras distintas[4].

Mayor confusión produce la determinación legal de que la cuestión litigiosa debe tener naturaleza jurídico deportiva y debe estar producida con ocasión de la aplicación de reglas deportivas no incluidas expresamente en la Ley y en sus disposiciones de desarrollo directo, lo que ha llevado a algún autor a considerar que la propia Ley 10/1990 hace inviable el arbitraje deportivo[5]. Por ello el artículo 34 del Real Decreto 1835/1991, de 20 de diciembre, sobre Federaciones deportivas españolas, se ve obligado a interpretar que se trata de reglas de libre disposición de las partes y cuya vulneración no es objeto de sanción disciplinaria. A nuestro juicio hubiese bastado con indicar que son cuestiones deportivas arbitrables las cuestiones disponibles, es decir, las derivadas de relaciones jurídico privadas.

---

[3] Incluso el preámbulo de la Ley 10/1990 se refiere erróneamente a "la apertura de la vía de la conciliación extrajudicial en el deporte en concordancia con la nueva Ley de Arbitraje", puesto que la mencionada Ley de 1988 no regula la conciliación.

[4] Véase Cazorla Prieto, L.M. (director) y otros: Derecho del Deporte, p. 359 y 360; Camps Povill, A.: o.c., p. 218 y 219; Lorca Navarrete, A.M.: Conciliación y arbitraje en la Ley del Deporte, p. 54; Javaloyes Sanchis, V.: o.c., p. 19 y 20.

[5] Véase Camps Povill, A.: o.c., p. 237. En cambio, no compartimos los argumentos para diferenciar "cuestiones litigiosas" y "diferencias" defendidos por Lorca Navarrete, A.M.: o.c., p. 59 y 61.

Lo que si parece claro es que la Ley del Deporte establece un sistema de resolución extrajudicial facultativo[6] y que recoge unas normas específicas mínimas y una remisión a la legislación del Estado sobre la materia, en concreto a la Ley 36/1988, de 5 de diciembre, derogada expresamente por la reciente Ley 60/2003, de 23 de diciembre, de Arbitraje.

En el ámbito autonómico, resulta curioso comprobar que la legislación deportiva anterior a la Ley 10/1990 (leyes de Madrid de 1986, País Vasco de 1988, Cataluña de 1988 y Castilla y León de 1990) no hace referencia a la resolución extrajudicial. Las leyes posteriores, con alguna excepción, la regulan con mayor o menor precisión e incluso crean juntas o tribunales arbitrales específicos. Una vez más se pone de manifiesto el efecto mimético de las leyes deportivas de las Comunidades Autónomas respecto a la legislación del Estado.

El artículo 88.2 de la Ley 10/1990 establece que las normas estatutarias deportivas deberán recoger, en su caso, las materias a las que son de aplicación las fórmulas de resolución extrajudicial. En desarrollo del precepto, y en sentido inverso, el artículo 35 del Real Decreto 1853/1991 señala las cuestiones que no podrán ser objeto de conciliación y arbitraje[7]. En un intento de sistematizar uno de los puntos clave de su contenido, y centrándonos en el arbitraje como especie más importante, distinguimos:

a) Conflictos deportivos que no pueden ser objeto de arbitraje:
- cuestiones que no sean de libre disposición de las partes
- cuestiones que se susciten en relación al Consejo Superior de Deportes
- cuestiones disciplinarias
- cuestiones relativas al control de sustancias y métodos prohibidos
- cuestiones relativas a la seguridad en las actividades deportivas

---

[6] Los artículos 87 y 88 de la Ley 10/1990 utilizan la expresión "podrán". Véase Cazorla Prieto, L.M.: o.c., p. 360.

[7] Véase Merino Merchán, J.F.: Hacia la creación de una Corte de Arbitraje Deportivo, p. 212 y 213.

- cuestiones relativas a las subvenciones
- cuestiones derivadas de las relaciones laborales
- cuestiones excluidas por la legislación general[8].

b) Conflictos deportivos que pueden ser objeto de arbitraje:
- cuestiones derivadas de contratos de publicidad
- cuestiones derivadas de contratos de patrocinio deportivo
- cuestiones derivadas de contratos de retransmisiones deportivas
- reclamaciones por traspasos de jugadores entre clubes
- impugnaciones de acuerdos de federaciones que no supongan el ejercicio de funciones públicas
- impugnaciones de acuerdos de ligas profesionales
- cuestiones derivadas de contratos de imagen de los deportistas
- cuestiones derivadas de contratos de seguros
- supuestos de responsabilidad civil
- cuestiones derivadas de cualquier otra materia que sea de libre disposición de las partes.

Pese al intento de delimitación, debe advertirse que el artículo 1.2 de los Estatutos de arbitraje deportivo del Tribunal Español de Arbitraje Deportivo incluye las "cuestiones suscitadas por el dopaje susceptibles de libre disposición por las partes", aunque tenemos serias dudas, partiendo de la legislación vigente, de que esta hipótesis pueda darse en la práctica.

3. El Tribunal Español de Arbitraje Deportivo

Tras varios intentos de creación de un tribunal arbitral del deporte, auspiciados por la Asociación Española de Derecho Deportivo, se

---

[8] El artículo 2 de la Ley 36/1988 excluía las cuestiones sobre las que hubiese recaído resolución judicial firme y definitiva, las materias inseparablemente unidas a otras sobre las que las partes no tuviesen poder de disposición, las cuestiones en las que debiese intervenir el Ministerio Fiscal y los arbitrajes laborales. La Ley 60/2003 opta por no establecer un elenco de materias que no son de libre disposición, pero en su artículo 1.4 excluye los arbitrajes laborales.

crea en 1997, en el seno del Comité Olímpico Español, el Tribunal Español de Arbitraje Deportivo (TEAD), inspirado de forma clara en el Tribunal Arbitral du Sport (TAS) del Comité Olímpico Internacional[9].

En su composición debemos distinguir la Comisión Arbitral, el Tribunal Arbitral propiamente dicho, las cortes arbitrales y las ponencias.

a) La Comisión Arbitral es el órgano que gobierna y administra el funcionamiento del TEAD y constituye una de las distintas comisiones del Comité Olímpico Español. Se compone de once miembros, todos ellos juristas de alto nivel o personas de reconocido prestigio en el mundo del deporte, distribuidos en un Presidente, dos Vicepresidentes y ocho Vocales, además de un Secretario General con voz y sin voto. Los miembros del TEAD son elegidos por un periodo de cuatro años, que puede ser renovado, a propuesta del Comité Olímpico Español, el Consejo Superior de Deportes, la Junta de Federaciones Olímpicas, la Junta de Federaciones no Olímpicas, las Ligas profesionales, las Asociaciones de deportistas profesionales y la Comisión de Atletas del Comité Olímpico Español. Debe resaltarse que los miembros de la Comisión Arbitral no pueden ser árbitros.

Entre sus funciones destacan las siguientes:

- proponer al Comité Olímpico Español las modificaciones de los Estatutos del TEAD
- proponer al Comité Olímpico Español la aprobación del Reglamento Financiero del TEAD
- decidir sobre las modificaciones del Reglamento de Procedimiento
- elegir de entre sus miembros a los Vicepresidentes
- nombrar al Secretario General del TEAD
- designar a las personas que han de integrar la lista de árbitros del TEAD
- promover la solución de litigios en materia deportiva por la vía del arbitraje

---

[9] El TEAD representa un ejemplo del denominado arbitraje institucionalizado. Véase Merino Merchán J.F.: Hacia la creación de una Corte de Arbitraje Deportivo, o.c., p. 217.

- aprobar las tarifas de honorarios
- ejercer las funciones que le atribuye el Reglamento de Procedimiento.

Las citadas funciones pueden ser ejercidas en Pleno o por un Comité Ejecutivo, formado por el Presidente, los dos Vicepresidentes y un Vocal.

b) El Tribunal Arbitral está compuesto por un máximo de cien árbitros, de los cuales al menos cincuenta deben ser abogados, nombrados por un periodo de cuatro años que puede ser renovado. Los árbitros son propuestos por el Comité Olímpico Español, el Consejo Superior de Deportes, la Junta de Federaciones Olímpicas, la Junta de Federaciones no Olímpicas, las Ligas profesionales, las Asociaciones de deportistas profesionales y la Comisión de Arbitraje Deportivo.

c) Las cortes arbitrales, formadas por uno o tres árbitros de los incluidos en la lista del Tribunal, son las encargadas de la resolución de los litigios sometidos al TEAD, en derecho o en equidad[10], con arreglo a las normas de procedimiento. Debe destacarse que dentro del denominado procedimiento de arbitraje ordinario está prevista la conciliación, que de lograrse daría lugar a la resolución del litigio.

d) Las ponencias, formadas igualmente por uno o tres árbitros de los incluidos en la lista del Tribunal y que sean abogados, son las encargadas de emitir los dictámenes a petición de las instituciones o personas interesadas.

Por último, debe indicarse que tanto el procedimiento de arbitraje como de consulta devengan unas costas, que incluyen una contribución a los gastos de funcionamiento del TEAD.

---

[10] El artículo 2.2 de los Estatutos del TEAD dispone que si las partes no han optado expresamente por el arbitraje en equidad los árbitros resolverán con sujeción a derecho, dando preferencia a éste frente a aquél cuando el artículo 4.2 de la Ley 36/1988 establecía el principio contrario. El artículo 34.1 de la Ley 60/2003 da preferencia al arbitraje de derecho.

4. Bibliografía consultada

CAMPS POVILL, A.: La conciliación extrajudicial en el deporte, en Derecho del Deporte. El nuevo marco legal, UNISPORT, Málaga, 1992, p. 215 y ss.

CAZORLA PRIETO, L.M. (director) y otros: Derecho del Deporte, Tecnos, Madrid, 1991, p. 359 y ss.

JAVALOYES SANCHIS, V.: El Tribunal Arbitral del Deporte, Memoria de investigación, inédita, 1999, 230 pp.

LORCA NAVARRETE, A.M.: Conciliación y arbitraje en la Ley del Deporte, Revista Vasca de Derecho Procesal y Arbitraje n.º 1 (1991), p. 53 y ss.

MERINO MERCHÁN, J.F.: El arbitraje como solución de conflictos entre deportistas profesionales y sus clubes y los de éstos entre si, La Ley n.º 3636 (1994), p. 1 y ss.

MERINO MERCHÁN, J.F.: Hacia la creación de una Corte de Arbitraje Deportivo, Revista Española de Derecho Deportivo n.º 4 (1994), p. 211 y ss.

PRINCÍPIOS PARA UM NOVO CONTENCIOSO DESPORTIVO

João Correia

A reflexão que nos é solicitada (a todos) sobre os "Princípios para um Novo Contencioso Desportivo" exige que clarifiquemos alguns conceitos em que nos movemos e, só depois, avançarmos para uma qualquer proposta de reordenamento da Justiça Desportiva.

Assim, se nos for solicitado que apreciemos a actual Justiça Desportiva, tomando tal conceito como um complexo de órgãos jurisdicionais, hierarquizados e coerentemente harmonizados com competência material para interpretar e aplicar as normas legais e regulamentares oriundas do direito substantivo, a resposta a tal solicitação é que não é possível atingir um qualquer resultado pela simples e prosaica verificação e conclusão da inexistência de uma verdadeira e própria Justiça Desportiva.

Daí que se mostre impossível defender qualquer conceito de "novo contencioso desportivo" na acepção da substituição do antigo por outro, por aquele merecer reforma.

Não existe, em Portugal, um qualquer contencioso desportivo e, mais que isso, estamos longe de criar uma qualquer "Justiça Desportiva".

Vejamos as razões que me levam a tal conclusão.

No essencial, pode dizer-se que são três os motivos determinantes da inexistência de um contencioso desportivo e de uma Justiça Desportiva.

Em primeiro lugar, a dispersão normativa, a sua incoerência, a pulverização das fontes e a sobreposição de legitimidades.

Deixando de lado, paradoxalmente, a Assembleia da República e o Governo – cuja competência legislativa e regulamentar poderia e deveria justificar a harmonização de toda a organização jurisdicional desportiva –, cedo chegaremos à competência legislativa (eu sublinho: legislativa) da FIFA, da UEFA e da FPF.

Na verdade, o que se pede àqueles dois órgãos de soberania não é a invasão da natural auto-regulação do associativismo no Desporto Amador e Profissional mas, antes, que crie um quadro transparente e harmónico de competências e atribuições, a todos os níveis, *maxime*, no que ao contencioso e à Justiça diz respeito.

Cito, a título de mero exemplo, a conflituosa sobreposição de competências entre a FPF e a LPFP, entre a FIFA e a UEFA e o Estado Português, de tal sorte que nem sequer se alcança onde começa e acaba a coercibilidade das normas produzidas por estes organismos internacionais e a exequibilidade das suas decisões e onde começa e acaba a soberania do Estado Português e dos nossos Tribunais face a esses mesmos organismos.

Na verdade, cumpre indagar se a obrigação de filiação da FPF a um e outro dos organismos de direito privado suíço (FIFA e UEFA) provoca a absorção das normas e decisões por este produzidas mesmo que conflituem com princípios de ordem pública nacional.

Mas, mesmo que a colisão se opere com meros regulamentos ou contratos livremente celebrados, é possível defender que as normas e as decisões da FIFA e da UEFA prevalecem como normas imperativas absolutas sobre as partes e os nossos Tribunais devem-lhes obediência?

Ora, sobre esta sobreposição de competências, o nosso legislador nada diz e, convenhamos, seria da mais meridiana diligência política a satisfação desta e doutras frontais colisões e sobreposições de competências e de legitimidades para que o mínimo de segurança se instale nos praticantes e nas associações desportivas.

Como se vê, inexiste um contencioso desportivo, logo pela primeira das apontadas causas, que mais não é, como disse, senão o resultado da dispersão normativa, da sua incoerência, da pulverização das fontes e da sobreposição de legitimidades.

Mas uma segunda razão se nos depara para atingirmos esta mesma conclusão, que é a que se prende com a miríade de instâncias jurisdicionais competentes para interpretarem, aplicarem e decidirem as questões emergentes dos conflitos desportivos.

Assim, sem grandes indagações, podemos dizer que os Tribunais Administrativos detêm uma parcela de competência para apreciar conflitos desportivos, assim como a detêm os Tribunais de competência genérica, os Tribunais de Trabalho, a Comissão Arbitral da LPFP, a CAP, sem esquecer os comités da FIFA e da UEFA, os Tribunais Arbitrais nacionais e internacionais e, mesmo, o Tribunal de Justiça da União Europeia.

Mas, mesmo reconduzindo a nossa análise aos órgãos jurisdicionais e disciplinares portugueses, a tarefa de os harmonizar e obter com clareza mínima os limites de competência material de cada um mostra-se muito difícil, senão impossível, o que não facilita, antes inviabiliza o acesso fácil ao Direito Desportivo o que se deveria mostrar de cristalina facilidade.

Como se tal não bastasse, por artes que não lembram a ninguém, admite-se que a CAP detenha competência material para julgar a existência de justa causa para efeitos desportivos o que, sem quaisquer preocupações de rigor, porque desnecessárias, nos leva à conclusão da pura inconstitucionalidade, já que atinge a reserva de juiz como princípio nuclear da nossa Lei Fundamental.

A esta questão voltarei mais tarde, para lembrar, por exemplo, que a justa causa laboral e a justa causa desportiva são apreciadas por órgãos jurisdicionais diferentes, aceitando-se a arbitrabilidade da apreciação da justa causa desportiva e recusando-se a competência material dos Tribunais arbitrais para julgarem a existência ou inexistência de justa causa laboral.

E, como se tal não bastasse, a Comissão Arbitral da LPFP ora entende julgar relevante a decisão da CAP para determinar a existência do direito à compensação por promoção e valorização, ora entende o inverso, ou seja, que o que prevalece é a decisão dos Tribunais Judicias, tudo isto no espaço de alguns meses, como o corolário de dramáticas consequências económicas que são facilmente apreensíveis.

Mas há uma terceira razão pela se concluir pela inexistência de uma jurisdição desportiva e ela prende-se com a debilidade do direito adjectivo, umas vezes, e a ausência total desse direito instrumental, outras vezes.

Salva a honrosa excepção da Comissão Arbitral da LPFP, quer os órgãos da FPF, quer a CAP julgam sem respeitarem, minimamente, os princípios do contraditório e da prova.

Tais órgãos decidem, a seu bel talante e por regra, não admitir qualquer prova, aceitar a prova produzida por via de declarações publicadas na Comunicação Social escrita, atribuindo-lhes a natureza de escritura pública, já que nem sequer admitem a impugnação por via testemunhal dessas declarações.

Enquanto que a CA da LPFP promove a aplicação subsidiária das regras do Processo Civil, a CAP recusa a aplicação do mínimo legal, julga sem prova e contra a prova e, às vezes, contra norma expressa.

A desautorização e a deslegitimação dos órgãos jurisdicionais decorrem destas condutas, de decisões absolutamente imotivadas, de encurtamento dos prazos para 48 horas por simples decisão unilateral dos Senhores Conselheiros, num ambiente da mais absurda e da mais insuportável discricionariedade, colocando os agentes desportivos à mercê da total imponderabilidade e da iníqua insegurança sobre o próprio modelo adjectivo a adoptar para a formação da vontade destes órgãos jurisdicionais.

A estas três fundamentais razões eu poderia acrescentar uma miríade de causas que não só nos levam a afirmar que inexiste uma Justiça Desportiva como a defender que se impõe uma imediata intervenção do Estado para sanear, de uma vez por todas, a escandalosa sobrevivência de uma desorganização jurisdicional desportiva.

Entre essas causas, paradoxalmente secundárias, eu acrescentaria a violência das custas, a eternização dos árbitros, a ausência de qualquer critério para a sua escolha, a inexistência de um modelo eficaz de controlo jurisdicional, ou qualquer outro, para apreciar a legalidade das decisões.

Na verdade, o controlo jurisdicional é apreciado à luz dos vícios determinantes da nulidade das decisões, como se depreende da Lei n.º 31/86.

No entanto, o que se pede é bem mais.

Acresce que a CAP profere decisões insusceptíveis de recurso o que, perante as regras da arbitragem institucional, se mostra inaceitável.

Do mesmo passo, a CA da LPFP julga em segunda instância com uma parcela de árbitros que já decidiu em primeira instância o que, igualmente, não deveria acontecer.

Perante tudo isto, parece fácil de concluir que tudo, mas tudo, tem de ser alterado e impõe-se a intervenção do Estado para clarificar um vastíssimo e complexo conjunto de questões.

Assim:
1. Urge clarificar e desenhar com rigor a separação entre conflitos arbitráveis e não arbitráveis.
2. Para os conflitos arbitráveis, é imperioso que se identifiquem os organismos responsáveis pela criação e instalação dos colégios arbitrais, a sua competência material, o direito adjectivo a adoptar, as regras básicas da tributação, o modo de designação dos árbitros e, mesmo, a susceptibilidade de beneficiar do regime de Apoio Judiciário.
3. Ainda para os conflitos arbitráveis, o Estado deverá consagrar um regime expedito de controlo da legalidade das decisões desses colégios arbitrais.
4. É, igualmente, urgente delimitar o conceito de *questões estritamente desportivas*, uma vez que o Art. 47.º, n.º 2 da Lei de Bases do Desporto (Lei n.º 30/04, de 21 de Julho) apesar de clarificar, ou melhor, pretender clarificar o regime provindo do Art. 25º, n.º 2 da anterior Lei de Bases, nem assim permite desenhar, com o mínimo de rigor, as matérias que só podem ser dirimidas no interior das instâncias desportivas competentes.
5. Há que clarificar o real significado do que dispõe o Art.º 49.º, n.º 3 da Lei de Bases do Desporto uma vez que:

    a) o n.º 1 deste preceito elege a arbitrabilidade dos conflitos desportivos como regime regra, desde que as partes litigantes o adoptem, como é óbvio – seja por via do compromisso arbitral, seja por imposição estatutária, como é o caso da LPFP.

    b) No entanto, o n.º 3 deste Art.º 49º diz que a resolução dos litígios por via de arbitragem desportiva só é possível após o prévio esgotamento dos meios jurisdicionais desportivos.

    c) Mas diz mais, ao consagrar, na parte final da sua redacção, que a arbitragem dos conflitos desportivos não pode impedir, em caso algum, «*o recurso aos tribunais comuns*».

6. Como se vê, a nossa Lei de Bases, ao invés de contribuir para a clarificação das competências materiais, acaba por impor o esgotamento dos meios jurisdicionais federativos, o que afastará a competência estatutária originária da CA da LPFP, solução recusada pelo n.º 2 deste preceito quando admite que o compromisso arbitral resulte de previsão estatutária.

Mas, mais que isso: a consagração da irrenunciabilidade de *"recurso aos Tribunais Comuns"* pretende significar a mera impugnação judicial com fundamento circunscrito a vícios geradores da nulidade ou visa ir mais longe e admitir a impugnação judicial das decisões arbitrais por via do recurso onde se aprecie o mérito das próprias decisões?

Como se tal não bastasse, o n.º 4 deste Art.º 49.º veio dizer que a arbitragem desportiva é exercida pela Comissão de Arbitragem Desportiva – que funciona junto do Conselho Superior do Desporto –, o que inculca a ideia absurda de que só esta Comissão é que detém competência material para promover a arbitragem desportiva, o que o legislador não quis, nem podia querer, consagrar.

O certo, porém, é que normas como este Art.º 49.º assumem inultrapassável relevo para a construção mínima de uma justiça desportiva e, em vez de viabilizarem quaisquer objectivos, acabam por instalar uma incongruente sobreposição de normas e de conceitos.

Foi, de facto, uma oportunidade perdida.

É essencial, pois, que se faça a distinção entre a arbitrabilidade e a inarbitrabilidade e que seja o Estado a desenhar tal fronteira – mas, para os conflitos insusceptíveis de solução arbitral, há que fixar a competência dos Tribunais de Trabalho face aos Tribunais Arbitrais com a mesma competência e consagrar a competência dos demais Tribunais de competência genérica perante a variedade de interesses e matérias reguladas pelo chamado Direito do Desporto.

Veja-se, por exemplo, o resultado da sobreposição entre o que dispõe o Art.º 30.º da Lei n.º 28/98 de 26 de Junho (Lei de Praticante Desportivo) e o acima referido Art.º 49.º da Lei de Bases.

Na verdade, o Art.º 30º, n.º 1 da Lei 28/98 diz que todos os conflitos laborais desportivos poderão ser dirimidos por via arbitral – «[...] *quaisquer conflitos de natureza laboral emergentes da celebração de contrato de trabalho desportivo* [...]».

Veja-se, também, que esta norma aceita a competência exclusiva desta comissão arbitral para dirimir tais conflitos.

No entanto, o Código de Trabalho e a jurisprudência, dum lado, e a Lei n.º 31/86, de 29 de Agosto (LAV), e a Lei de Bases, do outro, consagram regras que se não compadecem com estas soluções, a saber:

A. Onde a Lei n.º 28/98 atribui competência à Liga e ao Sindicato para consagrarem soluções arbitrais, a Lei de Bases declara que os conflitos desportivos só podem ser resolvidos por arbitragem após prévio esgotamento dos meios jurisdicionais desportivos.

B. Onde a Lei n.º 28/98 admite a arbitrabilidade de quaisquer conflitos laborais, o Código do Trabalho e a jurisprudência, bem como a Lei n.º 31/86, só admitem a arbitragem a conflitos não regulados por norma de interesse e ordem pública.

C. Onde a Lei n.º 28/98 diz que é admissível a existência de uma Comissão Arbitral Paritária, a Lei n.º 31/86 diz que o número de árbitros deve ser ímpar.

No futuro, se houver coragem para tal, impõe-se a criação de um Tribunal do Desporto, que aplique um Código do Desporto e seja regido por regras adjectivas mínimas, preenchido por juízes especializados, nomeados pelo Estado e com duas instâncias em todos os conflitos, à excepção dos estritamente emergentes da prática desportiva e das leis do jogo.

A tarefa do Estado é, pois, muito simples: *clarificar, organizar e regular de molde a iniciar o percurso hábil para a construção de uma JUSTIÇA DESPORTIVA.*

PAINEL II. DESPORTO E ÉTICA

Maria José Morgado
Corrupção e Desporto

Jorge Baptista Gonçalves
Os Crimes na Lei sobre Prevenção e Punição da Violência no Desporto (Algumas Considerações)

CORRUPÇÃO E DESPORTO

Maria José Morgado

Em primeiro lugar, agradeço o convite que me foi feito para participar neste Congresso, com o qual me sinto muito honrada.

Reconheço e admiro a importância e a actualidade desta iniciativa da "Almedina". Contribuirá, certamente, para a divulgação dos valores duma ética desportiva, em prol de um desporto limpo.

Passando directamente à minha intervenção:

I. O direito ao desporto e à educação física pertence à categoria dos direitos constitucionais culturais e sociais (art. 79.º da CRP).

A materialização deste direito, tal como foi consagrado na CRP, implica o dever do Estado de promoção de um *modelo colaborativo* [1] com as estruturas desportivas, independentemente do seu carácter público ou privado. O que originou, também entre nós, um ordenamento desportivo à parte, que inclui um sistema punitivo penal, à margem do Direito Penal comum, mais brando, com certas consequências, a saber: restrição da intervenção penal preventiva e repressiva, alargamento do poder administrativo das estruturas desportivas a domínios do direito penal, excesso de intervenção económica, através do apoio do Estado, nas estruturas do desporto profissional (ou seja do futebol, principalmente).

---

[1] Modelo colaborativo do Estado com as estruturas autónomas do desporto independentemente do seu caracter público ou privado das associações e federações desportivas, consagrado no art. 79.º, n.º 2 ,da CRP, segundo GOMES CANOTILHO e VITAL MOREIRA, in *CRP anotada*, Coimbra Ed., 3.ª edição, pág. 380.

Só que o mundo do desporto já não é só um mundo lúdico, de fantasia e de beleza. Um mundo que em nome dessa fantasia não exigia nenhuma regulamentação rigorosa. Hoje é também um mundo implacável, para além da fantasia, com apetências económicas devoradoras imparáveis. O que origina novos dilemas com a necessidade duma nova ordem.

Ora, este modelo de mundo-à-parte abençoado pela protecção do Estado já nem corresponde às necessidades de controlo dos aspectos negativos no fenómeno desportivo, redundando na crise da protecção dos valores que o desporto representava e devia continuar a representar, tais como a igualdade de oportunidades, o "fair play", a solidariedade.

É desse novo dilema e das razões da necessidade de um novo ordenamento desportivo na área penal que gostaria de falar-vos, ainda que brevemente.

O desporto é um dos domínios de actividade que mais tocam e aproximam os cidadãos, independentemente da origem social, idade ou profissão. Mais de metade da população da UE (União Europeia), onde existe mais de 700.000 clubes desportivos, pratica regularmente uma actividade desportiva [2].

A prática do desporto tem contudo adquirido novas características comuns em toda a parte, que têm transformado a sua natureza, a saber:

– o aumento da popularidade do desporto, não só em termos de prática como de espectáculo;
– a internacionalização, com multiplicação compulsiva das competições internacionais;
– o desenvolvimento sem precedentes da dimensão económica do desporto, nomeadamente com a poderosa contribuição das tecnologias da informação.

Estas características produzem consequências novas ao nível do desporto, que implicam a acumulação de elementos potencialmente contraditórios dos princípios da ética desportiva, e até mesmo criminógenos. Como, por exemplo, a sobrecarga dos eventos desportivos

---

[2] Ver Relatório da Comissão, de 10 de Dezembro de 1999, ao Conselho Europeu de Helsínquia, na óptica da salvaguarda das actuais estruturas desportivas e da manutenção da função social do desporto no âmbito comunitário.

com aumento do perigo da dopagem; o intuito lucrativo das competições, com o desenvolvimento duma lógica comercial em detrimento da lógica social do desporto; os perigos resultantes do desporto de alta competição, com a criação de um mercado de jovens atletas, com riscos potenciais para a sua saúde física e mental; a tendência e facilidade crescente para a comercialização excessiva destas actividades, com sobrevalorização do lucro imediato.

Estes fenómenos modificaram o desporto, colocam-nos problemas novos, originam zonas de risco que exigem o reforço da tutela penal. Porque se trata de fenómenos simultaneamente positivos e negativos, geradores de fortes tensões sociais (e económicas). Cada vez mais a competição desportiva moderna desenvolve uma enorme apetência para alimentar os interesses comerciais e económicos, em prejuízo dos valores da igualdade, solidariedade social, originariamente ligados a estas práticas.

Assim, parece-nos irreversível a tendência para a desvalorização da função social do desporto, pela violência nos estádios, a corrupção, a expansão da dopagem, a exploração dos jovens atletas, a sobrevalorização do lucro rápido em prejuízo dos valores próprios do desporto [3].

O combate à corrupção do fenómeno desportivo, a prevenção da utilização das organizações desportivas para práticas fraudulentas, constituem tarefa prioritária na protecção dos valores a prosseguir com o desporto. A dignidade dos praticantes, dirigentes e técnicos desportivos exige-o.

II. Corrupção no Desporto e Protecção da Verdade e da Lealdade Desportivas

É por isso que a revelação da corrupção, enquanto "caixa-preta" dos males que existem, principalmente, no desporto profissional, e dentro deste, no futebol, como espectáculo máximo, é um anseio da sociedade em geral.

---

[3] A Declaração relativa ao desporto anexa ao Tratado de Amesterdão "salienta o significado social do desporto, em especial o seu papel na formação da identidade e na aproximação das pessoas". As actividades desportivas devem, como consequência, ter o seu lugar no sistema educativo de cada Estado-Membro.

Essa análise, entre nós, é mais feita de especulações e de cifras negras, do que dum diagnóstico rigoroso. Não há estatísticas oficiais que revelem a real dimensão desta corrupção, ou que permitam um diagnóstico do problema.

Quanto às razões desta "impossibilidade" de investigação criminal e de condenação dos escândalos no desporto (principalmente no futebol), assentarão, dentre outras, num quadro incriminatório acentuadamente restritivo, diríamos até que parcialmente despenalizador das condutas lesivas dos interesses do desporto.

Em Portugal, seguiu-se o modelo do foro desportivo pessoal em matéria penal: ou seja, duma legislação penal extravagante, à margem do Código Penal, da qual consta a tipificação das condutas anti--desportivas puníveis [4].

Este regime específico qualifica como corrupção activa ou passiva as condutas destinadas a obter vantagem patrimonial ou não patrimonial indevida, para si próprio ou para terceiro, tendo como contrapartida alterar ou falsear o resultado de uma competição desportiva.

Qualifica ainda como corrupção a administração de substâncias ou produtos, ou a utilização de métodos susceptíveis de alterar artificialmente o rendimento desportivo do praticante.

Nestas duas modalidades de condutas criminosas, o valor protegido exclusivamente é o da verdade e o da lealdade dos resultados desportivos. É exigível o nexo de causalidade directo entre os factos praticados e a falsificação do resultado da competição desportiva, em concreto.

Apesar da punibilidade das condutas praticadas com essa intenção criminosa – a de falsear os resultados desportivos, mesmo nos casos em que não tenham obtido êxito, ou da punibilidade da tentativa –, o regime previsto é muito brando e limitado. Apenas se perseguem os factos directamente relacionados com os resultados das competições, ficando de fora muitas outras realidades censuráveis, cuja ocorrência em cenários desportivos se tem revelado frequente.

As condutas dos dirigentes desportivos (em regime de voluntariado ou profissional) susceptíveis de consubstanciar condutas contrárias aos fins de utilidade pública do clube, da associação, ou da Federação, por exemplo, estão fora desta incriminação.

---

[4] DL 390/91, de 10 de Outubro (corrupção no fenómeno desportivo).

O mesmo acontece com as condutas de tráfico de influências no ou por causa do desporto, do clube ou da Associação, ou com os dirigentes que em regime de voluntariado utilizem o cargo desportivo para fins diferentes do interesse público; ou com as figuras do médico, massagista, treinador, que administra substâncias dopantes fora do quadro concreto da competição, com interesses comerciais censuráveis, ou a encomenda e utilização de novos métodos de camuflagem do doping, nas análises obrigatórias; ou através da utilização abusiva do estatuto de utilidade pública dos clubes desportivos, feita com fins de enriquecimento privado ilícito.

Todas estas modalidades de acção, eventualmente contidas no desenvolvimento da gestão e práticas desportivas, não estão previstas na incriminação do DL 390/91, com graves danos para a protecção da integridade do desporto. Com a agravante de que a vigência desta legislação especial afasta a aplicação do Direito Penal comum, à luz do qual tais condutas seriam puníveis.

Mais. Algumas destas condutas que seriam normalmente relevantes face ao Código Penal vigente são apenas puníveis a título disciplinar e administrativo pelo Regime Jurídico das Federações Desportivas, por força do instituto do vínculo de justiça desportiva. No domínio da prevenção e punição da dopagem e da corrupção do fenómeno desportivo, as Federações desportivas e o Conselho Superior do Desporto têm um poder disciplinar sancionatório muito vasto.[5] Este poder sancionatório proíbe o recurso aos orgãos jurisdicionais do Estado, antes de os orgãos próprios da justiça desportiva se terem pronunciado. É claro que sempre se poderá invocar a habitual morosidade dos tribunais como um factor justificativo, na medida em que qualquer acção cível ou penal acarretaria a paralisação do desportista ou mesmo da actividade em causa, até à decisão final do processo.

No entanto, insistimos na inadequação da lei penal desportiva em vigor, para a detecção e combate da corrupção, da dopagem e da fraude no fenómeno desportivo, seja ele qual for.

---

[5] Este poder disciplinar vai até à possibilidade de perda imediata do estatuto de utilidade pública desportiva, a decretar pelo Conselho Superior do Desporto, quando as federações desportivas tenham incorrido, por acção ou omissão, em ilegalidade grave, no exercício de poderes públicos ou na utilização de dinheiros públicos, verificados em inquérito, sindicância, inspecção.

Quanto à corrupção, note-se o abaixamento das penas de prisão previstas[6], em comparação com as molduras penais comuns.

Não obstante o agravamento da responsabilidade em consequência das funções desempenhadas ou da qualidade de dirigente, tal quadro incriminatório continua distante da necessidade de ataque aos verdadeiros e actuais perigos que cercam as actividades desportivas. Ao exigir o nexo de causalidade directa entre as condutas previstas e a falsificação dos resultados desportivos, restringe-se a aplicação da lei penal às tradicionais fraudes da compra do árbitro ou do atleta. Ficam na sombra todos os outros fenómenos.

É urgente tomar medidas para a incriminação do tráfico de influências no desporto – que consiste na solicitação de vantagem patrimonial ou não patrimonial, indevida, para, com abuso da influência como dirigente desportivo, obter junto de qualquer entidade decisão ilícita favorável.

Ou ainda da incriminação de quem der, oferecer vantagens a dirigentes desportivos, com o fim de promover negócios ilícitos, ou negócios lícitos, mas prosseguidos com grave abuso do estatuto de utilidade pública, com prejuízo para o interesse público.

Igualmente urgente se torna a aplicação na lei do desporto, do conceito de corrupção consagrado na Convenção Penal sobre a Corrupção do Conselho da Europa[7]. Desse modo, integraria o conceito de corrupção desportiva toda e qualquer conduta de solicitação, ou aceitação de vantagens indevidas, tendo como contrapartida a prática de actos contrários aos deveres desportivos, definidos de acordo com o estatuto do subornado; ou mesmo, admitir a incriminação de condutas praticadas aparentemente em benefício do clube ou associação, mas com abuso das vantagens legais previstas exclusivamente para fins do desenvolvimento do desporto.

---

[6] Enquanto que o crime de corrupção passiva para acto ilícito é punível com pena até 8 anos de prisão, e passiva com pena até 5 anos de prisão, na corrupção activa ou passiva dos resultados desportivos o crime é punível com pena de 2 anos de prisão. A pena é agravada para 4 anos de prisão pela qualidade dos autores, no caso de serem dirigentes, treinadores, médicos, massagistas, ou agente de qualquer outra actividade de apoio ao praticante desportivo – cfr. arts. 2.º, 3.º, 4.º do DL 390/91, e arts. 372.º e 373.º do CP (na redacção da Lei 108/01, de 28 de Novembro).

[7] A Convenção Penal sobre a Corrupção, assinada em Estrasburgo, foi ratificada pelo Estado Português, em 01.07.02.

Nenhuma destas situações está prevista na lei vigente, com grave desprotecção dos valores da dignidade do desporto, da equidade, para além da verdade e lealdade desportiva.

No domínio da dopagem, a situação é igualmente grave.

A punibilidade da utilização dos métodos proibidos, na previsão da lei em vigor, depende da sua relação directa com os resultados desportivos. No entanto, cada vez mais a internacionalização, a sobrecarga da agenda, a pressão do lucro imediato, têm alargado e diversificado a utilização dos produtos proibidos, transformando as competições desportivas num mercado lesivo dos direitos fundamentais da pessoa. As modalidades de exploração dos jovens atletas na alta competição, as necessidades do espectáculo (por exemplo no futebol), têm engendrado formas de dopagem em constante ultrapassagem do conhecimento dos peritos legais, e da nomenclatura oficial. Aqui, como na corrupção propriamente dita, impõe-se um avanço da tutela penal, sob pena de graves consequências. As actividades de apoio ao desporto, com técnicas sofisticadas, altamente rentáveis sob o ponto de vista económico, carecem de vigilância e seguimento. Neste campo, as estruturas de fiscalização, federativas e internacionais, têm revelado défices de detecção e de prevenção. Há cada vez mais sofisticação na utilização de substâncias destinadas a aumentar artificialmente o rendimento desportivo, sem deixar impressão digital, mas com perigo de vida, na utilização. A sensação é a de que a lista das substâncias e métodos proibidos nunca está actualizada, de que o mercado clandestino prospera em todo o mundo[8]. Além do já referido avanço das técnicas de camuflagem, altamente lesivas da integridade física, às vezes até da vida dos atletas[9].

Dos casos em Tribunal – das decisões dos Tribunais que têm a corrupção da actividade desportiva como objecto –, para além dos casos pendentes de que não posso falar, apenas se pode referir o Caso Guímaro. Ou seja, durante treze anos de vigência desta lei, é conhecida uma única condenação transitada em julgado[10].

---

[8] Ver Lista de Substâncias e Métodos Proibidos, Código Mundial Anti-Dopagem, de 1 de Janeiro de 2004, ratificada pelo CNA.

[9] De qualquer modo tem interesse a consulta da estatística internacional de análises anti-doping, de desportos olímpicos e não olímpicos, por país, reportada ao ano de 2003, publicada pela World Anti-Doping Agency.

[10] Guímaro foi condenado na pena de 15 meses de prisão, suspensa na execução por 5 anos, por Acordão do STJ, de 30.10.97. Ver, com interesse nessa matéria, a anotação de José Manuel Meirim, in *Revista Portuguesa de Ciência Criminal*, ano 8, Janeiro-Março 1998.

A falta de resposta das autoridades desportivas e judiciárias à corrupção das actividades desportivas demonstra, quanto a nós, que a situação está fora de controlo.

A ética desportiva exige um novo enquadramento penal, e exige resultados na prevenção e repressão dos casos mais graves.

III. Crime Económico Financeiro Associado ao Negócio Desportivo

Este mundo à parte em que supostamente continua encerrado o desportivo já não é só o mundo lúdico, de fantasia e de prazer. É um mundo de negócios cuja dimensão justifica mecanismos de controlo especiais.

Aliás, este mundo que continuou a ser auto-regulamentado, com origem na natureza hedonística do desporto, mantém-se numa redoma jurídica inaceitável. O dilema acentua-se com a acumulação do estatuto de utilidade pública que atrai subsídios públicos cuja utilização nem sempre é transparente, dada a opacidade tendencial dos negócios em certas espécies de desporto. Ou seja, estamos perante actividades económicas subregulamentadas.

A dimensão económica das actividades desportivas profissionais é enorme[11]. O que exige a aplicação, aos negócios do desporto, das regras da economia legítima, tais como a transparência financeira, a auditoria das contas dos clubes, a responsabilização fiscal, a limitação da contribuição dos fundos públicos[12].

Tem-se constatado fenómenos de fraude, evasão fiscal[13], branqueamento de capitais associados ao desporto profissional, nomeadamente no futebol, em toda a Europa. Estes acontecimentos estão ligados a descontrolo interno das estruturas de gestão, ou a interfaces misteriosas entre os empresários do desporto e o mundo da economia paralela. Mas é exactamente esta redoma jurídica em que vivem as

---

[11] 1200 milhões de Euros foi a quantia gasta pelo Comité Olímpico Internacional na realização dos jogos Olímpicos de Atenas.

[12] Com interesse para o conhecimento da organização, regras e montantes dos fundos públicos envolvidos no EURO 2004, ver "O EURO 2004 na Lei", de JOSÉ MANUEL MEIRIM, in *Desporto e Direito*, n.º 1, Coimbra Ed.

[13] Numa acção de fiscalização inédita realizada no ano de 2003, a Segurança Social detectou irregularidades em 92% dos clubes de futebol da II Liga, III Divisão B e III Divisão – cfr. *Jornal de Negócios*, de 13 de Outubro de 2004.

estruturas desportivas, aliada à sua importância económica, que tem originado um elevado potencial de fraude económica na utilização das mesmas estruturas. Porque é tentadora a possibilidade do uso do estatuto de utilidade pública como biombo dum negócio sujo, ou como escoamento de dinheiro sujo.

É por isso que, por exemplo, no futebol tradicional as contas são sempre "nebulosas", e afinal pode ser ainda possível envolver as estruturas legais em transacções obscuras insindicáveis. Isto pode acontecer, apesar da disciplina financeira que foi inegavelmente introduzida com as SAD's desportivas.

O elevado potencial de evasão fiscal das organizações desportivas do futebol, entre nós, é um sinal de alarme que não pode ser ignorado, sob pena de graves consequências políticas e económicas. Para não insistir na já conhecida aliança entre alguns dirigentes desportivos, autarcas e construtores civis, com fins obscuros – porventura uma das principais fontes de más práticas, entre nós. Más práticas, por força da acumulação de lugares, muitas vezes em conflito latente de interesses. Há que criar uma nova ordem que ponha termo à auto regulamentação destas actividades, submetendo-as a princípios de transparência e de responsabilidade.

O futebol profissional, por sua vez, constitui um significativo sector da economia, não podendo ser tratado sob o habitual manto de benesses, com a desculpa do velho jargão de se tratar de "paixão nacional". O certo é que as entidades envolvidas em transacções de cifras astronómicas, na circulação de mercadorias e serviços vinculados ao futebol, têm contado com um proteccionismo estatal que viola o princípio da lealdade económica e da justiça fiscal.

Um outro aspecto novo, dos mais perniciosos, diz respeito à ideia de certos políticos de que o desporto (principalmente o futebol profissional) pode ser utilizado pelos governos como uma ferramenta para o desenvolvimento económico. Biliões de dólares do dinheiro público têm sido usados em todo o Mundo para a construção de estádios, ainda que os benefícios aí alcançados tenham sido uma ilusão[14]. Neste âmbito, parece-nos que os políticos têm revelado uma

---

[14] Cfr. "The Economics of Sport: An International Perspective", de Robert Sandy, e " The Meaning of Sports: Why Americans Watch baseball, football, and basketball and what they see when they do", recensão in *The Economist*, de 12.06.04.

desagradável apetência para a exploração da popularidade de determinados fenómenos desportivos de massas.

Em conclusão, o mundo lúdico de fantasia e prazer que era o desporto tradicional talvez tenha acabado. Hoje, o fenómeno desportivo é cada vez mais massivo, mais globalizado, mais comercializado, beneficiando do vigoroso impulso das tecnologias da informação. Exige novas medidas para a prevenção e repressão da corrupção, da dopagem, da fraude. Sem o que jamais será possível garantir a salvaguarda dos grandes valores prosseguidos com a actividade desportiva (profissional ou amadora) – os valores da solidariedade social, da promoção da igualdade e da tolerância.

OS CRIMES NA LEI SOBRE PREVENÇÃO E PUNIÇÃO DA VIOLÊNCIA NO DESPORTO
(ALGUMAS CONSIDERAÇÕES)

Jorge Baptista Gonçalves

1. O diploma que importa analisar, na parte em que prevê alguns ilícitos de natureza penal, é a Lei n.º 16/2004, de 11 de Maio, que aprovou medidas preventivas e punitivas a adoptar em caso de manifestações de violência associadas ao desporto.

A referida Lei n.º 16/2004 foi publicada no Diário da República na véspera da publicação da Lei Orgânica n.º 2/2004, que estabeleceu o regime temporário da organização da ordem pública e da justiça no contexto extraordinário da fase final do campeonato europeu de futebol – EURO 2004.

Apesar de associados pela proximidade temporal da publicação, os mencionados diplomas tiveram alcances bem diversos:

- enquanto a Lei Orgânica n.º 2/2004 estabeleceu um *regime temporário*, justificado pelo contexto extraordinário introduzido pelo EURO 2004, que vigorou de 1 de Junho a 11 de Julho, visando a adequação da organização da ordem pública e da justiça às exigências e aos desafios que esse evento previsivelmente iria criar;
- a Lei n.º 16/2004, por seu turno, veio revogar a Lei n.º 38/98, de 4 de Agosto, estabelecendo o novo regime jurídico relativo à prevenção e punição de manifestações de violência associadas ao desporto – regime que não está subordinado a qualquer limite temporal pré-fixado (ou seja, a lei não

pré-determinou a data da cessação da sua vigência), o que significa que o novo diploma tinha e tem a sua justificação numa intencionalidade que está para além do contexto particular e de carácter extraordinário que foi introduzido pelo EURO 2004.

O disposto na Lei n.º 16/2004 aplica-se, nos termos do respectivo artigo 2.º, *a todos os espectáculos desportivos que se realizem em recintos desportivos*, cabendo à alínea b) do artigo 3.º a definição de "recinto desportivo" como *o local destinado à prática do desporto ou onde este tenha lugar, confinado ou delimitado por muros, paredes ou vedações, em regra com acesso controlado e condicionado.*

2. É sabido que o fenómeno da violência associada ao desporto não é novo, havendo quem encontre os seus antecedentes históricos nos jogos da Antiguidade.

Devido à importância e visibilidade que o fenómeno ganhou no século XX, têm sido desenvolvidas diversas teorias que procuram explicar os factores que influenciam e podem desencadear os acontecimentos de carácter violento no contexto desportivo. O interesse que a temática suscita não resulta da novidade do fenómeno, pois não é possível afirmar que as sociedades contemporâneas sejam mais violentas do que foram no passado: a violência existe e sempre existiu em todas as sociedades humanas. Porém, somos hoje menos tolerantes em relação à violência (na sociedade, em geral, como no desporto, em particular) do que fomos no passado, em consequência do processo de evolução civilizacional. Por outro lado, as novas características do desporto de massas amplificam em número e gravidade as manifestações violentas, que ganham acrescida ressonância e visibilidade através do funcionamento dos meios de comunicação social [1].

---

[1] Escreveu JOSÉ EDUARDO FANHA VIEIRA (*A violência associada ao desporto: as opções legislativas no contexto histórico e sociológico*, Instituto do Desporto de Portugal, 2003, p. 21): "A espectacularização e a profissionalização do jogo tornaram-no numa mercadoria susceptível de ser passivamente consumida. O desporto, e em particular o futebol, deixaram de ser um reflexo das tensões sociais para passarem a ser o veículo motor dessas tensões, pelo que a actual violência dos grupos de adeptos entre si constitui uma nova extensão das formas tradicionais de violência".

No contexto mais alargado das teorias sobre a violência (desde as que colocam o acento tónico da explicação nos factores individuais, biológicos e psicológicos, às teorias psicossociais e sociológicas que valorizam a interacção dos indivíduos nos grupos e o contexto social e cultural em que têm lugar os actos violentos), foram desenvolvidos diversos modelos explicativos da violência no desporto, dando particular atenção aos comportamentos de massas, em que os próprios espectadores que acorrem aos espectáculos desportivos se convertem em sujeitos activos e passivos dos actos violentos.

Estas questões mereceram a atenção do Conselho da Europa que aprovou, em 1985, a *Convenção Europeia sobre a Violência e os Excessos dos Espectadores por Ocasião das Manifestações Desportivas e nomeadamente de Jogos de Futebol* (aprovada, para ratificação, pela Resolução da Assembleia da República n.º 11/87, publicada no Diário da República, I Série, n.º 57, de 10 de Março de 1987) que entrou em vigor, para Portugal, em 14 de Agosto de 1987[2]. Na altura, ainda estava muito fresca a memória dos trágicos acontecimentos ocorridos em Heysel Park, na final da Taça dos Campeões Europeus, em 1985, de que resultaram 39 mortos e mais de 200 feridos.

Pela Convenção, os Estados signatários comprometeram-se a tomar, dentro do limite das suas respectivas disposições constitucionais, entre outras medidas, as relativas à aplicação ou adopção de legislação na qual se imponham penas adequadas ou, quando necessário, medidas administrativas apropriadas, às pessoas reconhecidamente culpadas de infracções relacionadas com violência ou com excessos de espectadores (artigo 3.º, n.º1, al. c), da Conv.). No âmbito do Conselho da Europa, importa salientar a existência de diversas recomendações do Comité permanente que foi instituído para a execução da Convenção Europeia[3].

---

[2] Conforme aviso do Ministério dos Negócios Estrangeiros, publicado no Diário da República, I Série, n.º 2004, de 5 de Setembro de 1987, Portugal depositou os instrumentos de ratificação em 26 de Junho de 1987.

[3] As recomendações do Comité permanente abordam as matérias mais diversas. A título exemplificativo, indicam-se as seguintes: *Recommandation concernant les mesures à prendre par les Organisateurs de Matches de Football et les Pouvoirs Publics* – Rec (93) 1; *Recommandation concernant les mesures à prendre par les organisateurs et les pouvoirs publics en vue de manifestations sportifs à haut risque* – Rec (94/1); *Recommandation*

Entre nós, mesmo antes da mencionada Convenção, já o Decreto-Lei n.º 339/80, de 30 de Agosto, havia estabelecido, de forma sistemática, as primeiras medidas, "tendentes a conter a curto prazo a violência em recintos desportivos", conforme se dispunha no respectivo preâmbulo.

Outro marco relevante consistiu no regime do Decreto-Lei n.º 270/89, de 18 de Agosto, que veio efectivar algumas medidas preconizadas pela Convenção Europeia, procurando disciplinar e ordenar as acções, fundamentalmente dos espectadores, mas não só, dentro dos complexos, recintos desportivos e áreas de competição, desdobrando-se quer na vertente da prevenção, quer na vertente do controlo. Tratava-se, essencialmente, de um lote de medidas de índole administrativa, contemplando-se alguns ilícitos de natureza contra-ordenacional.

Aquando da revisão constitucional de 1989, o artigo 79.º da Lei Fundamental foi alterado, consagrando-se como incumbência do Estado "prevenir a violência no desporto".

A Lei n.º 8/97, de 12 de Abril, na sequência do triste acontecimento que enlutou a final da Taça de Portugal de 1996 (o conhecido caso do *verylight*, no estádio do Jamor), disputada entre o Sporting e o Benfica, criminalizou condutas susceptíveis de criar perigo para a vida e integridade física decorrentes do uso e porte de armas e substâncias ou engenhos explosivos ou pirotécnicos no âmbito de realizações cívicas, políticas, religiosas, artísticas, culturais ou desportivas.

A Lei n.º 38/98, de 4 de Agosto, além de diversos procedimentos preventivos, estabeleceu uma panóplia de medidas sancionatórias de diversas naturezas e com diversos destinatários[4].

---

concernant des directives pour la vente de billets lors de matches de football internationaux (équipes et nations) – Rec (2002) 1; *Recommandation relative au rôle des mesures socio-éducatives dans la prévention de la violence dans le sport et manuel sur la prévention de la violence dans le sport* – Rec (2003) 1.

[4] JOSÉ MANUEL MEIRIM, *A prevenção e punição das manifestações de violência associada ao desporto no ordenamento jurídico português*, RMP 83, p. 121 e segs. Este autor arruma as sanções (entendidas num sentido amplo) previstas na Lei n.º 38/98, quanto à sua natureza, em seis tipos: disciplinares desportivas, desportivas, associativas, policiais, contra-ordenacionais e administrativas.

No entanto, não encontramos na Lei n.º 38/98 a criminalização de condutas. Quer isto dizer que as manifestações de violência associadas ao desporto eram tratadas, do ponto de vista jurídico-criminal, na sua concreta subsunção aos tipos de crime previstos na parte especial do Código Penal (ou em legislação penal extravagante). Não existiam, portanto, normas penais específicas para as manifestações de violência associadas ao desporto.

3. Não pertencendo ao objecto desta exposição a abordagem da violência (em sentido amplo) que está associada às regras de determinadas modalidades desportivas ou a que deriva da quase inevitabilidade do contacto físico entre jogadores, por vezes causador de lesões, podemos identificar várias situações susceptíveis de serem enquadradas no âmbito da violência associada ao desporto.

Temos, desde logo, um conjunto de situações lamentavelmente muito "vulgares", constituídas pelas injúrias, ameaças e pelas ofensas à integridade física simples praticadas por adeptos de determinado clube contra adeptos do clube rival e/ou contra árbitros, durante ou após os eventos desportivos.

Em segundo lugar, encontramos a prática dos mesmos actos e nas mesmas circunstâncias, mas por grupos de indivíduos, ou bandos – perfeitamente identificáveis e que actuam em conjunto, por acordo prévio. Nestas situações poderão ocorrer crimes mais graves (ofensas à integridade física graves ou qualificadas ou mesmo, no limite, homicídios).

Finalmente, temos a prática de actos de puro vandalismo (furtos, roubos, danos, etc.), praticados normalmente por indivíduos identificáveis, mas envolvidos ou englobados em grupos, relacionados ou não com os clubes, antes e após os eventos desportivos e fora dos locais a eles destinados, sendo normal que, nestes casos, as vítimas nada tenham que ver com o fenómeno desportivo propriamente dito. Não raras vezes, estes fenómenos de violência associada ao desporto transpõem os limites dos recintos desportivos e invadem ruidosamente os centros urbanos [5].

---

[5] Segue-se, nesta parte, o elenco dos tipos de situações de violência associada ao desporto indicado por MOURAZ LOPES, *Violência associada ao desporto*, Sub Judice, 1994, Janeiro/Março, 8, p. 35.

O que ressalta nestas situações é o contexto do *grupo* (a violência de grupo) ou o que podemos qualificar de *delinquência colectiva* que caracteriza parte significativa da violência associada ao desporto – o que, como é óbvio, cria problemas a um sistema penal fundado sobre o princípio da responsabilidade individual. Até porque esta violência de grupo, sob a forma de vandalismo ou de agressões físicas, tem, por vezes, natureza premeditada, sendo objecto de cuidada preparação e associando-se a manifestações de intolerância, extremismo, racismo e xenofobia.

Daí que se tenha colocado a questão de saber se a responsabilidade criminal dos agentes não deveria ser agravada quando os factos ocorressem no âmbito e por causa de um evento desportivo ou se não seria mesmo de criar normas penais específicas para eles que, de algum modo, admitissem formas de *colectivização da responsabilidade penal*, para utilizar a terminologia usada por Françoise Tulkens[6].

Realmente, no âmbito da violência de grupo, os próprios conceitos de *comparticipação* e *participação criminosa* mostram-se, por vezes, pouco operativos. Nestes casos de violência colectiva, torna-se muito difícil, como bem se compreende, a identificação dos autores materiais, bem como a prova da existência de acordo (expresso ou tácito) de vontades ou da consciência de cooperação numa acção assumida como comum. Acresce a circunstância de ser dificultosa, no quadro de uma participação de carácter difuso, a identificação de cada facto individual, ou seja, do modo concreto como cada um dos envolvidos participa no facto violento tido como colectivo. O esforço de compatibilização da repressão destas formas de criminalidade colectiva com os princípios da responsabilidade individual e da culpa é causa de justificadas perplexidades.

4. O que fez o legislador português, face às particularidades do fenómeno?

Com a Lei n.º 16/2004, aplicável, nos termos do respectivo artigo 2.º, "a todos os espectáculos desportivos que se realizem em recintos desportivos", o legislador procedeu, finalmente, à criminalização de algumas condutas, nos artigos 21.º e seguintes.

---

[6] *Les questions pénales soulevées par la tragédie du Heysel*, relatório apresentado ao Congresso da Sociedade Suíça de Direito Penal, reunida em Fribourg nos dias 10 e 11 de Maio de 1990, publicado na *Révue Pénale Suisse*, 1991, 1, p. 24 e segs.

Passo a tecer algumas considerações sobre estes artigos, de forma necessariamente panorâmica e sem a preocupação de exaurir as questões.

4.1. O artigo 21.º pune com pena de prisão até 3 anos ou multa até 500 dias a *distribuição ou venda irregular de títulos de ingresso*: *"Quem distribuir para venda ou vender títulos de ingresso para um espectáculo desportivo, em violação do sistema de emissão de títulos de ingresso previsto no artigo 15.º, seja sem ter recebido autorização expressa e prévia do organizador da competição desportiva, seja com intenção de causar distúrbios ou de obter para si ou para outrem valor patrimonial com fins lucrativos, é punido (...)"*.

À primeira vista, poderíamos pensar que as condutas que a lei contempla nada têm a ver com a violência associada ao desporto.

Não é assim, porém. A subordinação da emissão e venda de *títulos de ingresso* (definidos na alínea e) do artigo 3.º como *os bilhetes, cartões, convites e demais documentos que permitam a entrada em recintos desportivos, qualquer que seja o seu suporte*) a regras precisas não é estranha às questões de segurança e prevenção da violência, pois só através do controlo do circuito de distribuição dos ingressos é possível, por exemplo, assegurar que a lotação dos recintos desportivos não será ultrapassada, que será respeitado o princípio da separação física dos espectadores, por clubes ou associações, que o controlo informático do sistema será eficaz, etc.[7]

Se bem compreendo, o artigo 21.º, na sua literalidade, prevê três modalidades de conduta, pela utilização dupla do vocábulo *seja*, a que acresce a conjunção *ou* – modalidades essas estruturalmente distintas e, ao fazê-lo, adopta uma técnica de tipificação legal que insere no mesmo artigo acções típicas diferenciadas, designadamente no plano do tipo subjectivo. A menos que se procedesse a uma interpretação – que não repugnaria inteiramente à gramática, mas não parece ser a adequada – em que o vocábulo *seja* devesse ser entendido como elemento de uma locução com o sentido de *"não só ... mas também"*, em que os dois termos não surjam como alternativos,

---

[7] Ciente da importância da questão, o Comité permanente instituído pela Convenção Europeia formulou a Recomendação Rec (2002) 1, indicando, em anexo, os princípios fundamentais relativos à emissão e venda de bilhetes cuja adopção é recomendada às Partes.

mas antes complementares, caso em que, no lugar de três modalidades de condutas típicas teríamos apenas duas, a distinguir em função do elemento subjectivo do tipo (num caso integrando a intenção de *causar distúrbios*; no outro, a intenção *de obter para si ou para outrem valor patrimonial com fins lucrativos*).

Assim, temos:

- a distribuição para venda ou venda de títulos de ingresso, em violação do sistema de emissão previsto no artigo 15.º, sem autorização expressa e prévia do organizador do espectáculo;
- a distribuição para venda ou venda de títulos de ingresso, em violação do sistema de emissão previsto no artigo 15.º, *com intenção de causar distúrbios*;
- a distribuição para venda ou venda de títulos de ingresso, em violação do sistema de emissão previsto no artigo 15.º, *com intenção de obter para si ou para outrem valor patrimonial com fins lucrativos*.

O elemento comum consiste na *violação do sistema de emissão de títulos de ingresso* previsto no artigo 15.º do diploma em apreço, pois a distribuição para venda ou venda de títulos de ingresso só integrará um dos ilícitos penais previstos no artigo 21.º desde que se verifique tal violação[8].

Este artigo 21.º suscita algumas dúvidas, não sendo claro o sentido da remissão geral para o *sistema de emissão de títulos de ingresso* previsto no artigo 15.º.

Realmente, o artigo 21.º refere, no tipo objectivo, a distribuição para venda ou venda de títulos de ingresso.

Por sua vez, a epígrafe do artigo 15.º menciona a *emissão e venda de títulos de ingresso*.

---

[8] Diz TERESA ALMEIDA: " Em regra, o preenchimento do primeiro verifica-se igualmente no segundo (em que acresce o dolo específico), funcionando aquele como um tipo relativamente neutro do ponto de vista axiológico". Mas acrescenta: "Mas tal não acontece necessariamente. A distribuição para venda ou venda, em razão de circunstâncias excepcionais, pode realizar-se com autorização expressa e prévia do organizador mas orientar-se voluntariamente para a afectação a grupos de desordeiros ou para a definição de um preço "última hora", em valor superior ao admissível ou fixado" (*Desporto & Direito* – Revista Jurídica do Desporto, Ano II, Setembro/Dezembro 2004, p. 38).

No entanto, este artigo 15.º, no essencial, e apesar da sua epígrafe, incide sobre o sistema de *emissão* e não sobre a *venda* dos títulos de ingresso.

Acresce que o artigo 15.º não define todo o sistema de emissão, mas algumas condições gerais mínimas que serão concretizadas e completadas pelo organizador da competição desportiva.

Em suma: não tenho como claro o sentido que deve ser conferido à referida acção *em violação do sistema de emissão – sistema* que o agente deverá conhecer – já que essa acção típica, definida em termos tão genéricos, poderá incluir no seu âmbito, aparentemente, as mais diversas condutas [9].

A pena cominada na lei, prisão ou multa, fixa o máximo desta em 500 dias, diversamente dos 360 dias que, no Código Penal, surge, em regra (mas não necessariamente), como o máximo da pena de multa alternativa à pena de prisão até 3 anos.

O n.º 2 do artigo 21.º estabelece a punibilidade da tentativa.

4.2. O artigo 22.º prevê uma qualificação do dano por deslocação *para* ou *de* espectáculo desportivo.

Na descrição do tipo objectivo, o legislador recorreu aos mesmos verbos que, no artigo 212.º do Código Penal, definem as quatro modalidades de acção típica, segundo um processo causal não tipificado (execução não vinculada): *destruir*, no todo ou em parte, *danificar, desfigurar ou tornar não utilizável* [10].

A *coisa* objecto da acção será, nas palavras da lei:

- transporte público
- ou instalação e equipamento utilizado pelo público ou de utilidade colectiva
- ou outros elementos patrimoniais de relevo.

---

[9] TERESA ALMEIDA faz o seguinte reparo: "A solução deveria ter passado por uma especificação da acção, através da individualização dos aspectos verdadeiramente relevantes do sistema legal de venda de bilhetes (*ob. cit.*, p. 41).

[10] Destruir determina a perda total da utilidade da coisa; danificar abrange os atentados à substância ou à integridade da coisa que não atinjam o limiar da destruição; desfigurar compreende os atentados à integridade física da coisa que alteram a sua imagem exterior; tornar não utilizável abrange as acções que reduzem a utilidade da coisa segundo a sua função.

Parece evidente que o legislador teve em vista as situações, infelizmente tão recorrentes, em que ocorrem manifestações de vandalismo, com destruições e danos vários, nas deslocações, antes e após os espectáculos desportivos (normalmente, futebol), sobretudo nos transportes públicos.

Procurando delimitar o tipo objectivo, através da concretização do objecto da acção, é possível indicar, como *transportes públicos*: autocarros, eléctricos, carruagens de metropolitano, barcos dos transportes colectivos, comboios, etc.

Instalações e equipamentos utilizados pelo público ou de utilidade colectiva são as estações rodoviárias ou ferroviárias, as áreas de serviço, os marcos do correio, as cabines telefónicas, os bancos de jardins e parques públicos, etc.

Repare-se que o Código Penal já pune, como crime de dano qualificado, as condutas enquadradas nas referidas quatro modalidades de acção típica que tenham como objecto *coisa destinada ao uso e utilidade públicos* (artigo 213.º, n.º 1, al. c), do Código Penal). Para este efeito, o legislador português, em vez de fazer uma enumeração de *coisas*, adoptou o modelo alemão da cláusula geral. Pergunta-se, pois: será que nesta parte o legislador, através do artigo 22.º, acrescentou alguma coisa ao tipo de dano qualificado previsto no Código Penal?

Uma nota distintiva que porventura podemos encontrar entre os dois preceitos traduz-se na circunstância de o artigo 213.º, n.º 1, al. c), na interpretação que lhe é dada, por exemplo, pelo Prof. Costa Andrade [11], exigir o carácter *imediato* da utilidade pública da coisa – coisas de utilidade pública serão, neste critério, aquelas de que o público se pode utilizar ou tirar um *imediato* proveito, sem necessidade de mediação –, o que levaria a excluir casos como danos praticados num carro-patrulha da polícia ou no auto-tanque dos bombeiros, por se tratar de coisas que apenas facilitam ou possibilitam a actividade de pessoas no adimplemento das suas tarefas de utilidade pública (um exemplo apresentado é o de jovens que, depois de assistirem a um concerto de *rock*, desferem alguns murros ou pontapés no carro da polícia, causando-lhe amolgadelas – o que não constituiria dano qualificado). Ora, o artigo 22.º, ao distinguir entre "instalação e

---

[11] *Comentário Conimbricense*, Tomo II, p. 248.

equipamento utilizado pelo público" e "instalação e equipamento de utilidade colectiva", poderá inculcar um alargamento do objecto da acção a coisas que tenham essa utilidade, ainda que sem a exigência de imediação na utilização pelo público.

Diz ainda o preceito, ao definir o sujeito activo da acção, que este será *"quem, deslocando-se em grupo, para ou de espectáculo desportivo"*.

Este segmento da norma coloca três questões:

- o que é um grupo;
- é ou não o ilícito criminal em causa um crime plurissubjectivo;
- quando é que se pode dizer que a deslocação *é para ou de espectáculo desportivo*.

Nas condições presentes só posso adiantar algumas pistas genéricas e não mais do que isso.

Em primeiro lugar, não parece que o *grupo* a que se refere a descrição legal se confunda com o conceito de "grupo organizado de adeptos" definido na alínea j) do artigo 3.º da Lei n.º 16/2004.

Em segundo lugar, quando pela primeira vez procurei abordar este normativo, interroguei-me sobre se um conjunto de duas pessoas (um par de namorados, por exemplo, que se dirija para um jogo de futebol) constitui um grupo para os efeitos da lei. Numa primeira mirada, admito que se possa responder negativamente. Importa não perder de vista que a razão de ser da incriminação por dano qualificado residirá menos no objecto material da acção – que até já estaria, no essencial, coberto pelo dano qualificado do Código Penal –, e mais no *perigo* de que condutas como as que vêm descritas, ao serem praticadas por quem se desloca em *grupo*, ganhem uma dimensão acrescida pelo contágio de outros elementos do colectivo. A psicologia certamente poderá prestar valiosos ensinamentos sobre a dinâmica de grupo nas manifestações de violência, associadas ou não ao desporto [12].

---

[12] Não falta quem saliente que as multidões são inferiores, em inteligência e moralidade, à média dos seus membros, o que explicará *"su gusto singular por los vidrios rotos, el ruido, la destrucción pueril"* (Gabriel Tarde, *La opinión y la multitud*, Taurus, Madrid, 1986, p. 151).

Certo é, porém, que o legislador penal, em diversas normas, bem como a doutrina, na respectiva interpretação, inculcam que mais do que um já será bastante para que exista, para os efeitos da lei, um grupo [13].

Finalmente, faria sentido que o legislador, atento à realidade da violência em grupo, infelizmente associada ao desporto, tivesse criado um tipo *plurissubjectivo* – um *crime de participação necessária* ou *crime colectivo*, como alguns lhe chamam, por exigir para ser cometido uma pluralidade de agentes (ex: associação criminosa, organizações terroristas, rixa e motim) –, punindo com severidade acrescida aqueles que, actuando em grupo, provocam determinados danos.

Numa primeira leitura, pareceu-me ser esse o caso do tipo legal de crime em apreço: a actuação danosa seria levada a cabo em grupo, no âmbito da chamada *criminalidade colectiva* que é tão característica da violência associada ao desporto.

Feita uma segunda leitura, não me parece que seja essa a solução consagrada – pelo menos, se era essa a intenção do legislador, julgo que não ficou expressa na letra da lei, de forma minimamente adequada: o artigo 22.º apenas exige a deslocação em grupo e não que a actuação criminosa seja levada a cabo em grupo (confronte-se com o artigo 26.º, esse sim prevendo um crime de participação necessária). Ora, não se tratando de um crime de participação necessária, grande parte da sua razão de ser deixa de subsistir.

Outra questão, igualmente, muito relevante, consiste em saber quando é que se pode dizer que a deslocação é *para ou de espectáculo desportivo*.

Imagine-se que um grupo de adeptos assiste no dia X a uma partida de futebol e parte para os seus locais de destino no dia seguinte. E é nessa deslocação que ocorrem os danos. Ou então, o inverso: chegam hoje a Lisboa para assistirem ao jogo amanhã ou depois. Os danos que causarem poderão ser enquadrados no tipo criminal em apreço?

Continuando a dar nota de alguma temeridade ao ensaiar soluções, responderei negativamente.

---

[13] É o que ocorre com os crimes dos artigos 299.º e 300.º do Código Penal (este último artigo foi revogado pela Lei n.º 52/2003, de 22 de Agosto).

O que parece justificar o enquadramento dos factos no dano qualificado do artigo 22.º, além do mais, é o nexo que se estabelece entre a conduta criminosa e o espectáculo desportivo a que se vai assistir ou ao qual já se assistiu, no conhecimento que todos temos de que na expectativa da iminência do jogo que se vai travar e na sequência do jogo que já se jogou os ânimos dos adeptos alteram-se mais facilmente e são mais permeáveis aos aspectos negativos das dinâmicas de grupo. A ser assim, parece-me que deverá haver algum nexo objectivo, directo, de alguma continuidade temporal entre o acto de deslocação em grupo e o espectáculo desportivo que se vai realizar ou o espectáculo desportivo que já se realizou, pois o dano terá de ocorrer, de algum modo, por causa e no âmbito do facto desportivo. Este nexo permitirá enquadrar no tipo de crime situações como a de quem, vindo de comboio, do Porto para Lisboa, para assistir a um jogo a decorrer nessa noite, pratica actos de vandalismo (traduzidos em danos) na carruagem, mas já não poderá abranger as situações de quem, em grupo, faz a mesma viagem com a antecipação de dois ou três dias em relação ao jogo a que pretende assistir. É que, caso nos bastemos com a motivação final (ainda que não imediata) da deslocação, alargaremos de forma excessiva o âmbito de aplicação do normativo em questão (estrangeiros chegados hoje para assistirem a um jogo na semana seguinte estarão sempre e continuamente *em deslocação para o espectáculo*).

Finalmente, o legislador entendeu utilizar, no artigo 22.º, um conceito indeterminado, qual seja o de *elementos patrimoniais de relevo*.

Brevíssimas notas sobre a questão:

- Conforme ensina Costa Andrade, no crime de dano, a conduta típica, em qualquer das suas modalidades e mesmo que se trate de dano simples, tem sempre de atingir um *limiar mínimo de danosidade social*, não pertencendo à área de tutela do dano as acções que não impliquem destruição, inutilização ou desfiguração *minimamente* significativa (há uma fronteira de bagatelas – pisar a relva de um jardim/ pequeníssimas mossas numa porta por nela se bater insistentemente ...). Em tese, deve assentar-se na relevância típica das *lesões não reparáveis ou só reparáveis* com custos que tenham algum *significado* em termos de tempo, trabalho ou dinheiro. Neste quadro, é forçoso reconhecer que a linha divisória que define a *"fronteira de bagatelas"* é questionável na sua concretização prática [14].

- É de colocar a questão que consiste em saber se na determinação da factualidade típica da incriminação legal em apreço deve operar, como em relação à factualidade do tipo de crime do artigo 213.º do Código Penal, uma *redução teleológica* que excluirá do juízo de ilicitude *qualificada* subjacente à incriminação as situações menos graves (exemplo: um pequeno risco no estofo de uma carruagem de comboio ou o acto de riscar com um canivete o banco de um jardim público são condutas que se subsumem na previsão do artigo 213.º, mas que, no entanto, deverão ser punidas nos termos do artigo 212.º, por não atingirem o limiar do ilícito criminal típico do artigo 213.º). A esta questão, colocada a propósito do artigo 22.º em apreço, respondo positivamente, excluindo, por conseguinte, a qualificação em situações similares. Mas também é possível questionar a aplicabilidade da cláusula do diminuto valor prescrita no artigo 204.º, n.º 4, do Código Penal, ao dano qualificado previsto no artigo 22.º em apreço [15].

- O conceito de *elementos patrimoniais de relevo* [16] (elemento com significado económico) não parece relacionar-se com os conceitos de valor elevado e valor consideravelmente elevado.

Uma nota final: o mínimo da pena de prisão da moldura penal abstracta prevista para este crime é significativamente superior ao mínimo da moldura penal do crime de dano qualificado previsto no artigo 213.º, n.º1, do Código Penal (um mês), muito embora o máximo da prisão e a moldura da multa alternativa sejam idênticos.

---

[14] COSTA ANDRADE (*ob. cit.*, p. 217).

[15] COSTA ANDRADE (*ob. cit.*, p. 244), citando doutrina estrangeira, entende que condutas como riscar com um canivete o banco de um jardim público, rasgar a lista telefónica de uma cabina ou furar com a ponta do cigarro o estofo de uma carruagem não deverão ser punidas como dano qualificado (do Código Penal), mesmo que se ultrapasse o *valor diminuto*, por efeito de redução teleológica – que se traduz numa interpretação restritiva e correctiva.

[16] Será que teremos de recorrer a critérios objectivos e subjectivos, também de ordem social, para preencher este conceito? Porquê este critério de qualificação em vez do critério de quantificação? Que metódica interpretativa deverá ser aplicada para concretizar o conceito?

Acrescerá a pena acessória de privação do direito de entrar em recintos desportivos, na modalidade em que ocorreram os factos, por um período de um a cinco anos, nos termos do artigo 28.º da Lei n.º 16/2004, podendo incluir a obrigação de o condenado se apresentar a uma autoridade judiciária ou órgão de polícia criminal em dias e horas preestabelecidos, tomando em conta as suas exigências profissionais e o local em que habita.

Em conclusão: não sendo o ilícito criminal em questão um crime de *participação necessária* (como parece não ser), não se vislumbra que o artigo 22.º da Lei n.º 16/2004 constitua uma aquisição de relevo para o ordenamento penal português. Não vejo, realmente, que se tenha ganho muito com a previsão deste tipo de crime.

Não se pretendendo a criação de um crime plurissubjectivo, julgo que teria sido mais adequada uma norma que se limitasse a estender a qualificação do tipo de dano, quando estivesse em causa equipamento utilizado pelo público ou de utilidade colectiva, sempre que o agente, integrado em grupo, agisse na deslocação para ou de espectáculo desportivo.

4.3. O artigo 23.º veio criar um tipo especial de *participação em rixa*, durante a deslocação para ou de espectáculo desportivo.

As questões que coloca, numa primeira mirada, não divergem, no essencial, das que são tratadas na doutrina e na jurisprudência, a propósito da *participação em rixa* do Código Penal (artigo 151.º). No entanto, não será esse exactamente o caso.

Quanto ao conceito de *deslocação para ou de espectáculo desportivo*, remeto para o que já disse sobre a questão.

Quanto ao número de contendores pressuposto pelo crime, renovam-se as mesmas questões já muito debatidas a propósito do artigo 151.º, entre os que entendem que se exige um mínimo de três pessoas[17] e os que se bastam com um mínimo de duas pessoas envolvidas em desordem[18].

---

[17] SIMAS SANTOS e LEAL HENRIQUES, *Código Penal Anotado*, II, em anotação ao artigo 151.º. Na jurisprudência e no mesmo sentido, o Ac. do STJ de 12.11.97, BMJ 471, p. 96, entre outros.

[18] FREDERICO ISASCA, *Da participação em rixa*, AAFD, 1985, p. 70 e segs. e TAIPA DA CARVALHO, *Comentário Conimbricense*, I, p. 321.

O bem jurídico protegido, normalmente identificado como sendo a *vida* e a *integridade física* (crime de perigo concreto, no entendimento de Taipa de Carvalho), ganha uma diferente coloração na Lei n.º 16/2004, através da tutela da *paz social* ou *paz pública* (veja-se a alínea c) do artigo 23.º).

Suscitam-se, porém, algumas perplexidades.

Será que podemos qualificar o crime como de *perigo concreto*, como faz Taipa de Carvalho[19] ao analisar o artigo 151.º, constituindo cada uma das alíneas do artigo 23.º uma diferente *condição objectiva de punibilidade*, referida ao facto, como tem sido entendido acerca da rixa prevista no Código Penal (o desvalor de acção da participação em rixa é o desvalor da intervenção numa rixa concretamente perigosa e a condição objectiva de punibilidade não integra o conteúdo do ilícito da participação em rixa, exigindo-se, porém, que entre o facto e a condição haja uma relação de adequação causal)?

Parece-me que o legislador não foi feliz na formulação legal.

Não entrando em detalhes que são dispensáveis e que excedem a preparação que fiz para esta intervenção, sempre direi:

- Na alínea a) do artigo 23.º prevê-se a *morte ou ofensa à integridade física dos contendores* (não de todos, pois caso morressem todos os contendores não haveria ninguém que pudesse ser punido!). E se da rixa resultar a morte ou ofensa à integridade física de um terceiro, mero espectador ou pessoa que passa pelo local da rixa? O artigo 151.º do Código Penal admite a interpretação de que a condição objectiva de punibilidade não se refere apenas aos rixantes, mas também se pode concretizar na morte ou ofensa à integridade física grave de um terceiro. O artigo 23.º, al. a), exclui, expressamente, a possibilidade dessa interpretação. No entanto, seria absurdo deixar impunes os participantes na rixa quando o perigo se concretizasse num terceiro e não fosse possível provar qual dos participantes foi o autor do acto provocador da morte ou da ofensa à integridade física. Daí que a alínea b) do artigo 23.º venha colmatar a brecha aparentemente aberta pela alínea a), alargando a

---

[19] *Ob. cit.*, p. 319.

punibilidade da acção às situações de criação de *perigo* para terceiros (mesmo que não se concretizem na produção de uma efectiva lesão da integridade física).

- A alínea a) do artigo 23.º, ao condicionar a punibilidade da rixa à *ofensa à integridade física dos contendores* sem exigir que essa ofensa seja *grave*, origina uma situação que me parece pouco clara. É que a participação em rixa, *de per si*, pressupõe a aceitação livre de recíprocas ofensas à integridade física simples, pelo que faria mais sentido, em relação aos contendores, continuar a exigir, como condição de punibilidade, a ofensa à integridade física grave. Uma rixa não é uma mera troca de palavras ou gestos ameaçadores, mas antes uma contenda física. A existência de ofensas à integridade física simples dos contendores é verdadeiramente *conatural* à rixa, tendo em vista a forma como têm sido entendidos os conceitos de ofensa no corpo e de ofensa na saúde que presidem à noção de *ofensa à integridade física*. Não se exigindo que a ofensa à integridade física dos contendores seja *grave*, o legislador acaba por estabelecer a punibilidade das simples *vias de facto*, tornando pouco congruente a alternativa que estabelece entre a morte, por um lado, e a mera *ofensa à integridade física* simples de algum dos contendores, por outro. Haverá alguma rixa que por ser isso mesmo – uma *rixa* – não envolva, em regra, pelo menos a ofensa à integridade física *simples* de algum dos contendores? Misturando-se, no mesmo tipo, a punibilidade em função da "morte" (máximo) e a punibilidade das simples *vias de facto* (mínimo), é a própria *natureza* do crime (e do perigo em causa) que fica pouco clarificada[20].

- Como já disse, a brecha aparentemente aberta pela alínea a) é colmatada pela alínea b), mas em termos muito vagos e imprecisos. Assim, quando se fala em *risco de ofensa à*

---

[20] FREDERICO ISASCA (*ob. cit.*, p. 65) define rixa como "um conflito físico generalizado (comum) e voluntário entre duas ou mais pessoas, onde cada qual age por sua conta e risco e susceptível de causar uma perturbação na ordem social". É necessário, por conseguinte, que se chegue à *vis physica*.

integridade física ou perigo para terceiros, faz-se uma dicotomia entre *risco e perigo* que me parece escusada (quem sabe que discussões não poderá originar na doutrina!), sendo certo que também fica pouco esclarecida a natureza do perigo referido em último lugar (perigo para que bem?), muito embora julgue que se reportará aos bens jurídicos *vida e integridade física* desses terceiros. Mas, se é assim, porque razão se prevê, imediatamente antes, o *risco de ofensa à integridade física*? Acresce, ainda, que o aparente alargamento da alínea a) à punibilidade das simples *vias de facto*, bastando-se com a *ofensa à integridade física simples* de algum dos contendores, tornará desnecessário o recurso às alíneas b) e c), pois a regra será, naturalmente, a verificação desse tipo de ofensa como conatural à acção dos rixantes.

- Quanto ao alarme ou inquietação entre a população, a que se reporta a alínea c), palavras para quê? Será concebível uma rixa que, não produzindo, sequer, uma mera ofensa à integridade física simples de algum dos rixantes (que, a verificar-se, seria caso a incluir na alínea a) do preceito), nem *risco* ou *perigo* para terceiros (seria caso a incluir na alínea b) do mesmo artigo), deva ser punida ao abrigo desta alínea c), por produzir *alarme ou inquietação entre a população*?[21] Creio que o legislador, no seu afã de tudo prever, foi longe de mais.

---

[21] Como já disse, a configuração do crime em apreço suscita algumas dúvidas. A punição da participação em rixa *simples*, sem condicionar a sua *punibilidade* à ocorrência de ofensa à integridade física grave, nos casos em que terceiros não sejam afectados, nem mesmo por via do risco/perigo a que se reporta a alínea b), aponta no sentido do perigo em questão ser *abstracto*, pela consideração de que as simples vias de facto podem desencadear uma dinâmica de escalada de violência recíproca e para terceiros. A alínea c) do preceito, condicionando a punibilidade à ocorrência de alarme ou inquietação entre a população, parece colocar-nos face a um crime de dano, em que o bem jurídico protegido será a paz pública e em que a verificação do crime dependerá da *efectiva* lesão do interesse protegido pelo tipo, ou seja, da efectiva produção de alarme ou inquietação entre a população.

Quanto ao *alarme* ou *inquietação*, veja-se o artigo 305.º do Código Penal, que também utiliza esses conceitos muito vagos.

- Finalmente, pergunta-se: e se a rixa ocorrer não na deslocação *para ou de* espectáculo, mas durante o espectáculo? Não sei se estou a ver adequadamente a questão, mas a verdade é que, não estando preenchidos os elementos típicos do crime de "tumultos", do artigo 26.º da Lei n.º 16/2004, parece que estará criada uma situação dificilmente compreensível em que uma rixa ocorrida durante a deslocação para um estádio de futebol será sancionada em termos mais abrangentes e penalizadores do que uma rixa ocorrida durante o próprio espectáculo (e que não preencha o crime de tumultos). Confesso que o sentido e a lógica desta solução legislativa ultrapassa-me!

Quanto a situações de concurso, a formulação legal poderá causar complicações adicionais, pois a partir do momento em que o artigo 23.º parece eleger como bem jurídico tutelado a *paz social* ou *paz pública*, e não apenas a *vida* e a *integridade física*, torna-se legítimo repor o velho debate: concurso aparente *versus* concurso efectivo.

Não se prevê uma cláusula semelhante à contida no artigo 151.º, n.º 2, do Código Penal, que rege: *"A participação em rixa não é punível quando for determinada por motivo não censurável, nomeadamente, quando visar reagir contra um ataque, defender outrem ou separar os contendores"*.

Embora não especificamente contemplado, no artigo 23.º em apreço, o direito de intervenção de terceiro alheio à criação ou desenvolvimento da situação de rixa, tal não significa que não se aplique, nestas situações, o quadro geral das *causas de justificação*, consagrado nos artigos 31.º e seguintes do Código Penal, colmatando-se, por essa via, a falta de uma norma como a do n.º 2 do artigo 151.º

Para encerrar as considerações a propósito do artigo 23.º, concluo que teria sido preferível que o legislador se tivesse limitado a configurar a participação em rixa, num contexto associado ao desporto, como crime de perigo abstracto, punindo as simples vias de facto independentemente da ocorrência do resultado *ofensa à integridade física grave*, partindo da constatação de que tais actos, praticados na deslocação *para* ou *de* espectáculo desportivo ou no decurso deste, contêm um perigo de escalada da violência que representa um perigo abstracto para os bens jurídicos *vida* e *integridade física* (esta, na vertente protegida pelo artigo 144.º do Código Penal).

4.4. O artigo 24.º prevê o crime de *arremesso de objectos*, nos seguintes termos:

"*Quem, quando da ocorrência de um espectáculo desportivo, no interior do recinto desportivo, desde a abertura até ao encerramento do mesmo, criando perigo para a integridade física dos intervenientes nesse espectáculo, arremessar objectos contundentes ou que actuem como tal, ou ainda produtos líquidos, é punido com pena de prisão até 1 ano ou com pena de multa*".

No âmbito do artigo 21.º, alínea d), da Lei n.º 38/98, de 4 de Agosto, o arremesso de objectos no recinto desportivo constituía contra-ordenação punida com coima.

Agora, passa a ser um ilícito criminal, punido com prisão até 1 ano ou com pena de multa (entre 10 e 360 dias, já que não se indica, concretamente, a moldura abstracta da multa – artigo 47.º do Código Penal).

Trata-se de um crime de perigo concreto (tem de haver perigo efectivo) e o sujeito passivo é definido como qualquer "dos intervenientes nesse espectáculo". Importa, desde logo, esclarecer quem é que se visa proteger, mediante a utilização da expressão *intervenientes nesse espectáculo*, pois a terminologia utilizada poderá prestar-se a equívocos: são apenas os intervenientes no jogo – os jogadores e árbitros – ou são abrangidos todos os participantes, incluindo-se no âmbito de tutela da norma os espectadores? A formulação legal deveria ser mais clara, pois admite alguma ambivalência de sentido, indesejável em normas de natureza penal.

Curiosa a referência aos produtos líquidos. Normalmente, estarão contidos em recipientes que, ao serem arremessados, actuarão como objectos contundentes. No entanto, também se admite o arremesso puro e simples desses produtos.

Atente-se, como nota à margem, que para evitar a entrada nos recintos de objectos indevidos, designadamente de objectos que poderão vir a ser arremessados, prevê-se a intervenção de assistentes de recinto desportivo na realização de revistas pessoais de prevenção e segurança aos espectadores – artigo 12.º.

A Portaria n.º 1522-C/2002, de 20 de Dezembro, estabelece a obrigatoriedade, em certos casos, do recurso à segurança privada nos recintos desportivos, bem como as funções e formação desses assistentes.

Por seu lado, a Lei n.º 35/2004, de 21 de Fevereiro, relativa à actividade de segurança privada, consagrou pela primeira vez a faculdade de os vigilantes de segurança privada poderem efectuar revistas de prevenção e segurança no controlo de acesso a determinados locais, referindo, expressamente, que os assistentes de recinto desportivo são vigilantes especializados e que podem efectuar revistas pessoais de prevenção e segurança com o estrito objectivo de impedir a entrada de objectos e substâncias proibidas ou susceptíveis de gerar ou possibilitar actos de violência.

As questões que se colocam, com toda a pertinência, a propósito destes assistentes de recinto desportivo, têm a ver com a conformação dos seus modos concretos de actuação – não podem efectuar apreensões e as detenções em flagrante que realizarem não permitem a submissão dos detidos a julgamento em processo sumário – e com a ausência do dever de denúncia obrigatória (artigo 242.º do Código de Processo Penal), já que não são entidades policiais nem funcionários. No entanto, a sua actividade poderá ser muito valiosa na prevenção de situações que, uma vez verificadas, poderão integrar o tipo de crime do artigo 24.º

4.5. O artigo 25.º prevê o crime de invasão da área do espectáculo desportivo, punindo-o com pena de prisão até 1 ano ou com pena de multa, agravando-se a punição quando da conduta em causa resultar perturbação do normal curso do espectáculo desportivo, traduzida na suspensão, interrupção ou cancelamento do mesmo.

A *área do espectáculo desportivo* é definida na lei como a *superfície onde se desenrola o espectáculo desportivo, incluindo as zonas de protecção definidas de acordo com os regulamentos da respectiva modalidade* (ver as definições enumeradas no artigo 3.º).

O tipo de crime do artigo 25.º além de abranger a invasão da área do espectáculo, pune, igualmente, o acesso a zonas do recinto desportivo inacessíveis ao agente.

4.6. Finalmente, o artigo 26.º prevê o crime de tumultos, da seguinte forma:

"Quem, quando da ocorrência de um espectáculo desportivo, no interior do recinto desportivo, em qualquer momento, desde a abertura até ao encerramento do mesmo, actuar em grupo atentan-

do contra a integridade física de terceiros, desse modo provocando reacções dos restantes espectadores e colocando em perigo a segurança no interior do recinto desportivo, é punido com pena de prisão de 6 meses a 3 anos ou com pena de multa não inferior a 500 dias".

Este parece ser, efectivamente, um crime plurissubjectivo, ou seja, um crime que implica, como necessária, uma pluralidade de agentes.

Realmente, a lei exige, expressamente, a *actuação em grupo* e não apenas, como ocorre com o artigo 22.º, a circunstância de o agente se encontrar num grupo.

Os factos, para preencherem a factualidade típica do crime em questão, terão de verificar-se *quando da ocorrência de um espectáculo desportivo, no interior do recinto desportivo, em qualquer momento, desde a sua abertura e até ao seu encerramento*. O conceito de recinto desportivo que importa considerar é o que consta do artigo 3.º, al. b).

Os elementos da descrição legal não são particularmente claros: fala-se numa actuação em grupo *que atente contra a integridade física de terceiros*, exigindo-se que essa actuação provoque (e seja adequada a provocar, supõe-se) *reacções dos restantes espectadores*, o que até na sua expressão literal é incorrecto, pois significaria exigir-se que *todos* os espectadores reagissem, o que, certamente, não foi a intenção do legislador.

Temos, pois, que é necessária uma actuação *em grupo* que atente contra a integridade física de terceiros.

Como refere Teresa Almeida, não é clara a natureza que se pretende atribuir ao crime, nem quais as situações que se visam, "isto é, se se pretende reprimir a situação de *"mosh"*, tendo em vista a segurança dos espectadores (sendo o tipo claramente de perigo) ou se o desiderato é a violação da integridade física que, por ser em grupo e no meio de uma multidão, pode criar perigo para a segurança no recinto (tratando-se, neste caso, de um crime de resultado, qualificado pelas especiais condições de potenciação de risco para a segurança"[22].

---

[22] *Ob. cit.*, p. 45.

Ocorre questionar: afinal, a que *reacções* se reporta a lei? Bastarão alguns protestos verbais? Assobios? Insultos?

Creio que uma resposta plausível será entender que a reacção desencadeada poderá assumir diversas formas:

- poderá ser uma reacção-resposta de natureza idêntica à da aludida conduta atentatória da integridade física, constituindo a acção de grupo que a causou uma espécie de *provocação*;
- poderá ser uma reacção de movimentação em massa, como ocorre quando a acção atentatória da integridade física levada a cabo pelos agentes do crime desencadeia uma reacção de pânico, com movimentação desordenada de espectadores, que se atropelam uns aos outros [23].

Em todo o caso, exige-se a *colocação em perigo da segurança no interior do recinto desportivo* e terá de haver, segundo julgo, alguma adequação entre a acção dos agentes e as reacções provocadas, sem o que poderíamos cair numa forma de responsabilização criminal objectiva. As reacções que consistam em meros protestos verbais de espectadores, sem outras consequências, não me parecem suficientes para preencherem a previsão legal.

4.7. O artigo 27.º prevê a medida de coacção de interdição de acesso a recintos em espectáculos desportivos da modalidade em que ocorrerem os factos [24].

Esta medida de coacção poderá ser aplicada quando se verifiquem os requisitos gerais contemplados no artigo 204.º do Código de Processo Penal e se esteja perante a existência de *fortes* indícios da prática de crime previsto na Lei n.º 16/2004.

---

[23] O caso de Heysel foi, a este propósito, elucidativo, pois as ofensas à integridade física e as mortes ocorridas resultaram, essencialmente, da movimentação em massa e do que é designado como fenómeno de *sinergia aditiva*: o conjunto dos corpos que se comprimem uns contra os outros cria uma carga mais importante do que a soma dos corpos tomados individualmente. Uma massa humana em movimento, com falta de comunicação entre os que vão na dianteira e os que seguem atrás, por vezes numa movimentação desordenada e unidireccional, pode criar um efeito em cadeia descontrolado, conducente a um resultado letal.

[24] O artigo 14.º da Lei Orgânica n.º 2/2004, de 12 de Maio, estabeleceu a medida de coacção de interdição de acesso a recintos desportivos, pelo período de vigência desse diploma.

Entre os perigos enunciados no citado artigo 204.º parece ganhar relevância, para a aplicação da medida de coacção em apreço, o da alínea c) – perigo de continuação da actividade criminosa.

A esta medida de coacção aplicam-se os prazos máximos previstos para a prisão preventiva (artigo 215.º do CPP).

No artigo 28.º o legislador prevê a aplicação, como pena acessória, da medida de interdição de acesso a recintos desportivos, na modalidade em que ocorreram os factos, por um período de um a cinco anos, se pena mais grave não lhe couber por força de outra disposição legal.

Como é evidente, existe uma identidade estrutural entre a medida de coacção e a pena acessória, traduzindo-se ambas na limitação//privação do direito de acesso a recintos desportivos. Ora, visando as medidas de coacção dar resposta a necessidades (processuais) de natureza cautelar, importa que a sua aplicação não se traduza na imposição de uma medida de segurança ou de uma pena antecipada.

Daí ser forçoso que se tenha em conta que a aplicação da medida de coacção depende da verificação, *em concreto*, não só de fortes indícios da prática de crime, mas também dos perigos que as medidas de coacção visam acautelar.

4.8. Uma última palavra para o artigo 30.º, referente à prestação de trabalho a favor da comunidade.

O artigo 58.º, n.º 1, do Código Penal, preceitua o seguinte:

"Se ao agente dever ser aplicada pena de prisão em medida não superior a 1 ano, o tribunal substitui-a por prestação de trabalho a favor da comunidade sempre que concluir que por este meio se realizam de forma adequada e suficiente as finalidades da punição".

Nos termos do n.º 5, a pena de prestação de trabalho a favor da comunidade só pode ser aplicada com aceitação do condenado.

Na Lei n.º 16/2004, o legislador entendeu prever expressamente a substituição da pena de prisão não superior a 1 ano por prestação de trabalho a favor da comunidade. E ao proceder desta forma, o legislador sinalizou a sua preferência por esta pena de substituição, como forma de sanção para os crimes atrás referidos.

A comparação do teor do artigo 30.º com o mencionado artigo 58.º do Código Penal revela algumas pequenas diferenças que documentam essa preferência. Enquanto no artigo 58.º a substituição ocorre sempre que o tribunal concluir que por esse meio se realizam, adequada e suficientemente, as finalidades da punição indicadas no artigo 40.º, n.º 1, do Código Penal, a formulação do artigo 30.º prescreve que a substituição deverá ocorrer (é a regra), salvo havendo oposição do condenado ou se o tribunal concluir que por via da prestação de trabalho a favor da comunidade não se realizam, de forma adequada e suficiente, as finalidades da punição. Esta subtil alteração de formulação, ainda que não configurando um regime legal que seja substancialmente diferente do que consta do Código Penal, visa enfatizar a importância que o legislador confere à prestação de trabalho a favor da comunidade como pena substitutiva da pena de prisão, no âmbito dos crimes associados ao desporto.

PAINEL III. SOCIEDADES DESPORTIVAS

Massimo Coccia
Multi-owner Ship of Professional Sports Clubs

Ricardo Costa
A Posição Privilegiada do Clube Fundador na Sociedade Anónima Desportiva

MULTI-OWNERSHIP OF PROFESSIONAL SPORTS CLUBS

Massimo Coccia [*]

1. Premise

Professional sports clubs are not all shaped in the same legal manner around Europe. Most professional clubs are incorporated as stock companies and sometimes their shares are even listed on some stock exchanges, but there are countries where some or all the clubs are still unincorporated associations with sometimes thousands of members who elect the association's board. Nonetheless, the common aspect is that nowadays professional sports clubs are all shaped like undertakings. Differently from the ordinary undertakings, though, professional sports clubs operate in a very different setting than that of the business activities functioning in other markets and are submitted to different kinds of regulations.

2. Sports and Competition Law

With regard to competition law, sports clubs must comply – as everybody else – with public legislation such as European Union law, State law and even local law. Sports clubs must also comply with private legislation, such as the relevant regulations set out by international and national sports federations as well as by leagues organizing competitions.

---

[*] Partner of law firm "Coccia De Angelis & Associati" in Rome, Italy; Adjunct Professor of International Law at the University of Viterbo, Italy.

From a competition law point of view, and in general terms, the cooperation between undertakings is looked suspiciously. Cooperation may lead to horizontal collusions, price fixing, restriction of output and apportionment of territories. Indeed, horizontal price fixing and output limitation are ordinarily condemned as a matter of law under an "illegal per se" approach because the probability that these practices are anticompetitive is so high. However, with regard to sports undertakings, it is worth to underline certain peculiarities.

Sports – in particular with regard to professional sports championships – is very much different from other economic sectors. As was remarked by a leading United States antitrust scholar (and later federal judge) "[S]ome activities can only be carried out jointly. Perhaps the leading example is league sports. When a league of professional lacrosse teams is formed, it would be pointless to declare their cooperation illegal on the ground that there are no other professional lacrosse teams" (R.H. BORK, *The antitrust paradox. A policy at war with itself*, 2nd edition, New York, 1993, 278).

Indeed, the sports sector is an economic sector where cooperation between undertakings is necessary to provide a product. In sports, what a league and its member teams market is competition itself (i.e. contests between competing teams). Of course, this would be completely ineffective if there were no rules on which the competitors agreed to create and define the competition to be marketed. Sports undertakings must agree upon a myriad of rules affecting such matters as the format of the competition, the number of players allowed on a roster, ticketing, schedules of tournaments, and the like.

Given the above premise, it is evident that the analysis of competition or antitrust issues concerning sports clubs must take into account some peculiarities.

3. The CAS case on multi-ownership of sports clubs: *AEK Athens and Slavia Prague v. UEFA*

The issue of multi-ownership of football club came about in Europe during the season 1997-98, when ENIC plc – a company incorporated under the laws of England and listed on the London Stock Exchange – acquired controlling interests in the clubs AEK Athens (Greece), Slavia Prague (Czech Republic), Vicenza Calcio

(Italy), FC Basel (Switzerland) and a minority interest in the Scottish club Glasgow Rangers FCI.

In the 1997-98 European football season, AEK, Slavia and Vicenza took part in the UEFA Cup Winners' Cup and all qualified for the quarter final. At this stage, the three ENIC-owned clubs were not drawn to play against each other and only one of them reached the semifinals. Being confronted with a situation where three out of eight clubs left in the same competition belonged to a single owner, UEFA started to consider the problems at stake.

On 19 May 1998, the UEFA Executive Committee addressed the issue of multi-club ownership and adopted a regulation entitled «*Integrity of the UEFA Club Competitions: Independence of the Clubs*», reading as follows:

"<u>A. General Principle</u>

It is of fundamental importance that the sporting integrity of the UEFA club competitions be protected. To achieve this aim, UEFA reserves the right to intervene and to take appropriate action in any situation in which it transpires that the same individual or legal entity is in a position to influence the management, administration and/or sporting performance of more than one team participating in the same UEFA club competition.

<u>B. Criteria</u>

With regard to admission to the UEFA club competitions, the following criteria are applicable in addition to the respective competition regulations:

1. No club participating in a UEFA club competition may, either directly or indirectly:

  (a) hold or deal in the securities or shares of any other club, or

  (b) be a member of any other club, or

  (c) be involved in any capacity whatsoever in the management, administration and/or sporting performance of any other club, or

  (d) have any power whatsoever in the management, administration and/or sporting performance of any other club participating in the same UEFA club competition.

2. No person may at the same time, either directly or indirectly, be involved in any capacity whatsoever in the management, administration and/or sporting performance of more than one club participating in the same UEFA club competition.

3. In the case of two or more clubs which are under common control, only one may participate in the same UEFA club competition. In this connection, an individual or legal entity has control of a club where he/she/it:

(a) holds a majority of the shareholders' voting rights, or

(b) has the right to appoint or remove a majority of the members of the administrative, management or supervisory body, or

(c) is a shareholder and alone controls a majority of the shareholders' voting rights pursuant to an agreement entered into with other shareholders of the club in question.

4. The Committee for the UEFA Club Competitions will take a final decision with regard to the admission of clubs to these competitions. It furthermore reserves the right to act vis-à-vis clubs which cease to meet the above criteria in the course of an ongoing competition".

With this regulation, UEFA basically forbade two or more clubs under common control to participate in the same UEFA competition.

On 15 June 1998, AEK and Slavia filed with the Court of Arbitration for Sport ("CAS") a request for arbitration primarily petitioning that the above mentioned regulation be declared void or annulled. The two clubs argued that the contested UEFA regulation was unlawful because it violated, in particular, European Community ("EC") competition law.

In the clubs' opinion, the contested regulation could not be considered as a mere sporting rule but as a rule deeply affecting the football market restricting the access of potential investors in clubs. According to the clubs, UEFA's predominant purpose in adopting the contested regulation was to preserve its monopolistic control over European football competitions. The two clubs submitted that a code of ethics would have been adequate enough to address the issue of conflict of interests in the event that two commonly owned clubs were to participate in the same UEFA competition.

On the other hand, UEFA asserted that the contested regulation had to be considered as a pure sporting rule serving the legitimate interest of protecting the integrity of European football competitions and avoiding conflicts of interest. Therefore, according to UEFA, the contested regulation could not be subjected to scrutiny under EC competition law. Moreover, UEFA argued that, in any event, a code of ethics would have been inadequate to the said purpose.

The CAS issued an award (CAS 98/200, 20 August 1999) which excluded that the contested UEFA regulation could be deemed as a pure sporting rule. The CAS went into analyzing the UEFA regulation in the light of Article 81 of the EC Treaty, which prohibits *"as incompatible with the common market: all agreements between undertakings, decisions by associations of undertakings and concerted practices which may affect* trade *between Member States and which have as their object or effect the prevention, restriction or distortion of competition within the common market"*. In particular, the analysis concerned the *"object"* and the *"effect"* of the contested regulation.

With regard to the *object* of the UEFA regulation, much of the debate in the case focused on the question of the "integrity of the game". The CAS excluded that the main problem lied in direct match-fixing (meaning by this the explicit instructions and bribes given to some players so that they lose a match). The CAS found that the main problem – in terms of conflict of interest – lied in the aggregate of three issues: (i) the allocation of resources by the common owner among its clubs, (ii) the administration of the commonly owned clubs in view of a match between them, and (iii) the interest of third clubs.

(i) With regard to the *allocation of resources by the common owner among its clubs*, in sports it is essential that the enterprises (i.e. the professional clubs) compete on the market with similar possibilities of success. However, for the shareholders of a corporation controlling two clubs, it would probably be a more efficient and more productive allocation of the available resources (and thus an economically sound conduct) to allocate the best players in the team which, in that moment, has a higher possibility of success. As a consequence, the fans of either club would always be inclined to doubt whether any transfer of players or other management move is decided only in the interest of the club they support rather than in the interest of the other club controlled by the same owner.

(ii) Then, with regard to the *administration of the commonly owned clubs in view of a match between them*, the shareholders of the common parent company might have an economic interest in seeing a given controlled club prevail over another because of the better financial rewards which can be reaped from the success of the first one. Therefore, multi-club owners or executives might favor one club over another even without direct match-fixing. In this respect, for example, the common owner may award players and trainers of one club with higher performance-related bonuses, may transfer the best players from one club to another or may pass confidential information from one club to the other.

(iii) Finally, with regard to the *interest of third clubs*, whenever competitions have qualification rounds based on groups of teams playing each other in round-robin format, the interest of unrelated third clubs ending up in a qualification group together with two commonly owned clubs is quite evident. For example, a third club's interest might be affected when, before playing the last match or matches of a round-robin group, one of the two commonly owned clubs has already virtually qualified or been eliminated and the other is still struggling; in this case the multi-club owner might be tempted to induce the first club to favor the other club in the last match or matches.

With regard to the *effect* of the contested UEFA regulation, the CAS pointed out in its award that such regulation would prevent a process of concentration of club ownership into fewer hands, given that there would be a sporting barrier to any sudden entry into the market. Indeed, in the absence of the contested regulation the number of independent clubs (meaning clubs not sharing the owner with other clubs) could sooner or later decline, with the effect that prices could in due course tend to show an increase. Accordingly, the CAS stated that the contested regulation preserved or even enhanced economic competition between club owners and economic and sporting competition between clubs.

Furthermore, given the above remarks, the CAS found also that the contested regulation met the requirements of objective necessity and of proportionality. Consequently, the CAS held that the contested UEFA regulation did not infringe the competition rules set out by the EC Treaty.

4. The European Commission case: *ENIC vs. UEFA*

On 25 June 2002, the European Commission confirmed the decision of the CAS by rejecting the complaint lodged by ENIC against UEFA in respect of the above contested regulation.

The Commission did not detach itself very much from the arguments put forward by the CAS in the above described case, and concluded as follows:

(a) The object of the contested rule (a decision by an association of associations of undertakings) is not to distort competition;

(b) Its possible effect on the freedom of action of clubs and investors is inherent to the very existence of credible UEFA competitions and,

(c) In any case, it does not lead to a limitation on the freedom of action of clubs and investors that goes beyond what is necessary to ensure its legitimate aim of protecting the uncertainty of the results and giving the public the right perception as to the integrity of the UEFA competitions with a view to ensure their proper functioning.

The above decision was adopted by the European Commission taking into account, *inter alia*, the grounds of a previous judgment of the European Court of Justice which stated as follows:

"not every agreement between undertakings or any decision of an association of undertakings which restricts the freedom of action of the parties or of one of them necessarily falls within the prohibition laid down in Article [81.1] of the Treaty. For the purposes of application of that provision to a particular case, account must first of all be taken of the overall context in which the decision of the association of undertakings was taken or produces its effects. More particularly, account must be taken of its objectives, which are here

connected with the need to make rules relating to organisation, qualifications, professional ethics, supervision and liability, in order to ensure that the ultimate consumers [...]are provided with the necessary guarantees in relation to integrity and experience [...]. It has then to be considered whether the consequential effects restrictive of competition are inherent in the pursuit of those objectives" (case C-309/99, *Wouters*, judgment of 19 February 2002).

5. Conclusion

In the light of the above mentioned cases, it might be asserted that there are not only ethical but also economic reasons for national and international sports organizations and for national public authorities to issue restrictive measures to regulate, in compliance with national and European competition laws, the control of professional sports clubs participating to the same competitions. Like in other sectors of the economy – for instance in the television sector – it appears appropriate that in sports it is avoided a concentration of ownership in a few hands.

A POSIÇÃO PRIVILEGIADA DO CLUBE FUNDADOR NA SOCIEDADE ANÓNIMA DESPORTIVA

Ricardo Costa * [1]

1. A implantação das sociedades desportivas como *forma estrutural-organizativa* dos clubes desportivos

1.1. Contexto histórico-social de crise dos clubes desportivos

A década de 80 do século passado solidificou uma preocupação estadual em relação ao endividamento "institucionalizado" dos clubes desportivos, em particular daqueles que se dedicavam à prática de modalidades desenvolvidas em competições profissionais, designadamente no futebol.

---

* Assistente da Faculdade de Direito da Universidade de Coimbra (rcosta@fd.uc.pt). Mestre em Direito (Ciências Jurídico-Empresariais, FDUC). Colaborador permanente da *Desporto & Direito – Revista Jurídica do Desporto*.

[1] Este texto corresponde, na sua maior parte, à contribuição do Autor para um Parecer Jurídico elaborado em co-autoria com o Prof. Doutor José Carlos Vieira de Andrade (FDUC), a este Professor solicitado com o fim de se dilucidar uma matéria submetida à apreciação do TC.

Eis um resumo da tramitação judicial. Foi decretado o arresto de participações sociais (acções de categoria "A") da titularidade de um clube desportivo em SAD por si constituída, tendo por base a demanda de um crédito privado sobre esse clube. Dessa decisão foi interposto recurso de agravo, tendo por base, entre outros fundamentos: (i) a *insusceptibilidade de apreensão judicial dessa categoria de acções*, de acordo com o disposto no art. 12.º, n.º 2, do Decreto-Lei n.º 67/97, de 3 de Abril (RJSAD), que só a admite em benefício

Com receitas exíguas – quotas dos associados, venda de bilhetes de ingresso nos espectáculos e jogos desportivos, receitas obtidas com a exploração do jogo do bingo e com as apostas mútuas (em pequena percentagem), receitas publicitárias, rendimentos derivados da alienação dos direitos de transmissão televisiva e dos direitos laborais de "cedência e transferência" de atletas (numa percentagem mais relevante, nomeadamente se atentarmos nos clubes de maior expressão nas várias modalidades) –, *muito desse défice surgia na relação dos clubes com credores públicos, especialmente a Administração Fiscal e a Segurança Social.* A asfixia agravou-se com sucessivos erros de gestão dos órgãos sociais dos clubes (sempre preocupados com o "resultado desportivo de curto prazo" em vez da solidez económico-financeira a médio e longo prazo), a bonomia das comparticipações financeiras e doações imobiliárias do Estado e das autarquias locais ou regiões autónomas, a percepção "à cabeça" dos rendimentos das transmissões televisivas convencionadas por prazos razoavelmente longos. E o quadro comprometia-se com a convicção generalizada sobre a irresponsabilidade dos associados e dos membros dos órgãos dos clubes pelas respectivas dívidas [2], que

---

de pessoa colectiva de direito público; (ii) a *impossibilidade de apreensão judicial das mesmas acções*, uma vez que a alienação posterior das mesmas conduziria à violação da percentagem mínima (15%) de participação directa do clube, na qualidade de clube fundador, no conjunto das participações representativas do capital social da SAD, tal como exige o art. 30.º, n.º 1, do RJSAD. O Tribunal da Relação competente veio julgar não provido o agravo, considerando, entre outros pontos, que o *supra* mencionado art. 12.º, n.º 2, é, no que respeita à inapreensibilidade judicial das acções da categoria "A" por parte de credores privados, *inconstitucional*, por violação dos arts. 13.º, 18.º, n.ºs 2 e 3, e 62.º da CRP. Foi interposto recurso desta decisão para o TC, que, através do Ac. n.º 620/2004, de 20 de Outubro, veio concluir pela não inconstitucionalidade da norma questionada.

[2] Não obstante esta convicção, estamos em crer que ao clube, como associação civilística sem fins lucrativos, pode ser aplicado analogicamente o regime da sociedade civil simples ou pura (ou até o da sociedade comercial em nome colectivo) – recorde-se que associações e sociedades entram, em atenção à nota essencial do seu substrato, na categoria das pessoas colectivas *corporações* (cfr. CARLOS MOTA PINTO, *Teoria Geral do Direito Civil*, 3.ª ed., Coimbra Editora, Coimbra, 1985, pp. 267-268, 270-272, 281-282). Por um lado, isto implica que os associados respondam pessoal e solidariamente pelas obrigações clubísticas, ainda que possam sempre invocar previamente o *beneficium excussionis* do património associativo (ora convoquem-se os arts. 997.º, n.ºs 1 e 2, do CCiv. – mas atenção ao n.º 3, que permite a exclusão estatutária dessa responsabilidade aos sócios não administradores, desde que a administração não pertença exclusivamente a terceiros –, e 175.º, n.º 1, do CSC). Por outro lado, os membros das administrações (as "direcções"), para

apenas estariam devidamente salvaguardadas se fossem acompanhadas pela convenção de garantias pessoais ou reais desses membros.

Parecia mais ou menos evidente que a estrutura associativa *pura* não era adequada para o desenvolvimento de determinados desportos de elevada exigência:

- a) o desporto derivara em actividade económica e os clubes estavam a exercê-la em moldes empresariais, de elevado risco, o que saía fora dos limites de actuação típica de uma associação de fim interessado ou egoístico não económico-lucrativo;
- b) o endividamento excessivo e galopante (patente na política de contratação e remuneração dos atletas) tornava urgente a procura de instrumentos jurídicos que permitissem a obtenção de "capital fresco";
- c) os administradores ("directores") dos clubes tinham uma escassa formação especializada e eram eleitos em nome de critérios que escapavam a pouco mais do que a sua popularidade e fortuna pessoal;
- d) os patrocinadores necessitavam de garantias de estabilidade do clube patrocinado;
- e) o processo de tomada de decisões dos clubes baseava-se no controlo das assembleias dos "sócios", que eram muitas vezes insuficientemente esclarecidos e outras vezes movidos por interesses "menos racionais" e "mais emotivos";
- f) a *evasão fiscal* e o *incumprimento das contribuições sociais* eram dados públicos e notórios; os créditos respectivos eram acumulados em virtude da passividade na sua reivindicação (correspondente ao *poder desportivo* e *projecção sociológica* dos devedores), o que gerava uma desigualdade no tratamento e uma certa desvirtuação da competição desportiva[3].

---

além do acomodado pelo art. 164.º, n.º 1, do CCiv. para a sua responsabilidade em relação à associação (mas veja-se igualmente o art. 987.º, n.º 1, do CCiv.), podem ser responsabilizados para com associados, credores e terceiros em geral mediante o recurso aos arts. 79.º e 78.º (este mais duvidosamente) do CSC (neste sentido, cfr. OLIVEIRA ASCENSÃO, *Direito Civil. Teoria Geral*, vol. I, *Introdução. As pessoas. Os bens*, 2.ª ed., Coimbra Editora, Coimbra, 2000, pp. 277-279).

[3] Cfr., entre nós, RICARDO CANDEIAS, *Personalização de equipa e transformação de clube em sociedade anónima desportiva (contributo para um estudo das sociedades*

Os clubes desportivos – enquanto "célula base do associativismo desportivo"[4], dedicado ao fomento e prática de actividades desportivas – demandavam, assim, uma nova forma jurídica para o seu enquadramento, assumida que estava a sua pouca vocação para a gestão empresarial da indústria que o desporto (profissional) exigia[5].

Assim, eram objectivos fulcrais, citados à época:

a) "alcançar-se um patamar organizacional que possibilite maior rigor, transparência e responsabilização na gestão dos clubes";

b) *"defender os credores do clube,* ganhar uma mais valia em termos de segurança do tráfico e (...) *estabelecer as garantias necessárias à continuação do clube desportivo naquilo que ele representa para os associados e a sociedade em geral..."*[6].

1.2. As pronúncias da LBSD, os diplomas de regulação das sociedades desportivas e a nova LBD: evolução e actualidade

1.2.1. A Lei de Bases do Sistema Desportivo (Lei n.º 1/90, de 13 de Janeiro) representou a primeira posição dos poderes públicos no sentido de combater a situação dos clubes atrás descrita, ao determinar, no primitivo n.º 2 do seu art. 20.º, que «Legislação especial definirá as condições em que os clubes desportivos, *sem quebra da sua natureza e estatuto jurídico,* titulam e promovem a constituição de sociedades com fins desportivos, para o efeito de proverem a necessidades específicas da organização e do funcionamento de

---

desportivas), Coimbra Editora, Coimbra, 2000, pp. 38-39. Para o mesmo panorama em Espanha, v., entre outros, OLGA FRADEJAS RUEDA, "La sociedad anónima deportiva", *RDS* n.º 9, 1997, pp. 207-208, ANDRÉS GUTIÉRREZ GILSANZ, "La conversión de clubes deportivos en sociedades anónimas deportivas", *RDS* n.º 17, 2001, p. 180.

[4] JOSÉ MANUEL MEIRIM, *Marco jurídico das organizações desportivas portuguesas,* CEFD, Lisboa, 2002, p. 22.

[5] Cfr., para este último ponto, JOÃO LEAL AMADO, *Vinculação* versus *Liberdade. O processo de constituição e extinção da relação laboral do praticante desportivo,* Coimbra Editora, Coimbra, 2002, pp. 29-31, 52-53.

[6] Ambas as transcrições, com sublinhado nosso, são da lavra de JOSÉ MANUEL MEIRIM, *Clubes e Sociedades Desportivas. Uma nova realidade jurídica,* Livros Horizonte, Lisboa, 1995, pp. 52 e 53.

sectores da respectiva actividade desportiva»[7]. Estas necessidades provinham, como se compreende do já exposto, da "desconformidade entre as estruturas organizativas e de gestão das associações (...) e os interesses mercantilizantes que caracterizam o fenómeno desportivo actual"[8]. De todo o modo, o n.º 3 do mesmo preceito impunha que o figurino societário observasse, em homenagem ao estatuto de utilidade pública dos clubes[9], «os direitos dos associados, o interesse público e o património desportivo edificado».

O primeiro diploma de *desenvolvimento* de tal desiderato foi o Decreto-Lei n.º 146/95, de 21 de Junho[10], que optou por uma figura *personalizada de cariz associativo, mas em trânsito para uma configuração societário-comercial* (aplicavam-se subsidiariamente as normas reguladoras das sociedades anónimas), para dar corpo à sociedade desportiva.

Esta disciplina não inspirou, porém, a criação de qualquer sociedade desportiva. E a principal razão desse fracasso[11] deveu-se a uma

---

[7] O n.º 1 do art. 20.º da LBSD intimava os clubes, tradicionais ou geradores de sociedades desportivas, a respeitar três vertentes: serem «pessoas colectivas de direito privado», constituírem-se «sob forma associativa» e «sem intuitos lucrativos». Assim se compreende o itálico.

[8] RICARDO CANDEIAS, p. 40.

[9] Boa parte deles goza desse estatuto, declarado desde que verificados os pressupostos e o procedimento delineados no Decreto-Lei n.º 460/77, de 7 de Novembro.

[10] Para uma breve viagem sobre este primeiro regime jurídico das SADs, v. JOSÉ MANUEL MEIRIM, "A Lei de Bases do Sistema Desportivo e o desporto profissional", *BMJ* n.º 469, 1997, pp. 21 e ss, RICARDO CANDEIAS, pp. 43 e ss.

[11] E aqui subvalorizamos inequivocamente a suposta contribuição para esse falhanço prático do Decreto-Lei n.º 146/95 do carácter facultativo da constituição das SADs, por um lado, e a impossibilidade de distribuição de dividendos (os lucros deveriam ser reinvestidos na actividade desportiva geral do clube, tal como definia o art. 20.º, n.º 4, 1.ª parte, da LBSD, na sua versão originária – aqui se plasmava claramente a vertente *não tipicamente societária* da figura), o que se alterou com o actual RJSAD, nos termos do seu art. 23.º, permissivo da distribuição de lucros pelos accionistas de uma SAD. Para comentários sobre igual evolução no direito italiano, que também começou, na Lei n.º 91, de 23 de Março de 1981, por impedir a distribuição de lucros aos sócios das sociedades desportivas, acabando por admiti-la pela Lei n.º 586, de 18 de Novembro de 1996, v. GIUSEPPE CHIAIA NOYA, "La nuova disciplina delle società sportive professionistiche", *Riv. Dir. Sport.* n.º 4, 1997, pp. 632 e ss. Duas questões para se perceber a subvalorização: a falta de imposição significa necessariamente *desvalor na força jurídica do modelo*, mesmo que a alternativa societária implicasse um regime de funcionamento e de responsabilidade pela gestão mais exigente?; ainda que tenha mudado a lei e se tenham constituído depois várias SADs, tem-se nelas verificado o pressuposto objectivo dessa distribuição (o ganho de cada exercício traduzido num incremento patrimonial), em benefício dos accionistas-investidores?

das normas em que mais se revelava a preocupação do legislador quanto às obrigações do clube perante o Estado. De facto, o art. 21.º, n.º 2, do diploma em causa estatuía que as receitas da SAD que resultassem da venda de ingressos no espectáculo desportivo, da publicidade no recinto desportivo ou de direitos de transmissão do espectáculo *respondiam perante os credores do clube relativamente às obrigações contraídas depois de 1 de Janeiro de 1989 e até ao momento de constituição da SAD*. Como foi notado, "significava isto que a sociedade desportiva que viesse a constituir-se nasceria com um encargo financeiro de elevado montante, *dado o peso das dívidas públicas* do clube desportivo fundador"[12].

Serve esta apreciação, mais do que tudo, para registarmos que, desde a origem normativa das SADs, o legislador pretendeu concebê-las como um *instrumento de saneamento económico e financeiro dos clubes, que não actuasse em prejuízo dos seus principais credores, os credores públicos*. Era, pois, visível a intenção de *essa forma organizativa proporcionar a consolidação do interesse público perseguido por essa categoria de credores* no momento da *reconversão* dos clubes desportivos.

1.2.2. A posterior formulação do art. 20.º da LBSD, operada pela Lei n.º 19/96, de 25 de Junho, mudou a rota[13].

Deixou de aspirar à inclusão dos clubes na mesma categoria, natureza e espécie de pessoa colectiva. Avançou, por isso, para uma

---

[12] JOSÉ MANUEL MEIRIM, *Regime jurídico das Sociedades Desportivas anotado. Decreto-Lei n.º 67/97, de 3 de Abril – Estudo e Anotação*, Coimbra Editora, Coimbra, 1999, n. (1), p. 14, itálico nosso. No mesmo sentido, JOSÉ MANUEL CHABERT, "As Sociedades Desportivas", *Revista Jurídica* n.º 22, Março de 1998 (consultada em
...), p. 9/15: "(...) se se tivessem constituído sociedades desportivas ao abrigo deste diploma, as mesmas arrancariam já falidas, por terem de responder à partida pelos passivos dos clubes fundadores. *Dificilmente se conceberia um sistema mais desencorajante para quem porventura viesse a pretender constituir uma sociedade desportiva!*" (sublinhado da nossa responsabilidade). Em sentido adverso à força deste argumento, atendendo às possibilidades de regularização das dívidas fiscais e contributivas então oferecidas pelo Decreto-Lei n.º 225/94, de 5 de Setembro, cfr. RICARDO CANDEIAS, n. (114), pp. 46-47.

[13] Com interesse, v. a Exposição de Motivos referente à prévia Proposta de Lei n.º 12/VII (no que interessa às sociedades desportivas, consulte-se JOSÉ MANUEL MEIRIM, *Regime jurídico...*, cit., p. 28).

organização compreensiva dos clubes desportivos num quadro de compartimentação que assenta no preenchimento *tendencial* do critério da *participação em competição desportiva profissional*.

Assim, se o clube não participasse nesse tipo de competição, seria associação de direito privado sem fins lucrativos (art. 20.º, n.º 2, LBSD). Se o desiderato fosse a competição profissional, o clube (ou a sua equipa profissional) assumiria, nos termos do art. 20.º, n.º 3, LBSD, a forma de sociedade desportiva com fins lucrativos ou de associação sem fins lucrativos subordinada a um *regime especial de gestão* (um *tertium genus* criado para a sensibilização dos dirigentes para a atractividade das sociedades desportivas[14])[15].

Em face destas *modalidades possíveis de clube* se compreende a definição *aberta* que o art. 20.º, n.º 1, da LBSD dava de clubes desportivos – «pessoas colectivas de direito privado que tenham como escopo o fomento e a prática directa de actividades desportivas» –, nela se incluindo tanto a associação como a sociedade, logo, tanto o fim interessado ou egoístico não económico-lucrativo como o escopo de lucro. Por outras palavras, a LBSD apresentava uma expressa dualidade entre clubes *não societários*, sujeitos ou não a estatuto especial *ex lege* em função do tipo competitivo a que se oferecem, e clubes *societários*, como *possíveis formas tipológicas* de clube desportivo.

Estava aberto o caminho para a adopção de uma sociedade comercial (anónima) como forma de enquadrar a actividade de um clube desportivo. Foi isso que fez o Decreto-Lei n.º 67/97; e fê-lo em obediência ao quadro de condicionantes (típico de uma Lei de Bases) que o n.º 4 do art. 20.º da LBSD, na sequência das preocupações já conhecidas do anterior n.º 3 do mesmo preceito, prescrevia: «a defesa dos direitos dos associados e dos credores do interesse público [*sic*] e a protecção do património imobiliário», a que acresceu «o estabelecimento de um regime fiscal adequado à especificidade destas sociedades»[16]. E é sob o comando desta Lei de Bases e

---

[14] V. o seu desenvolvimento nos arts. 37.º e ss do RJSAD.
[15] Neste sentido, cfr. JOSÉ MANUEL MEIRIM, *Regime jurídico...*, cit., p. 170; na sua linha, RICARDO COSTA, "Clubes desportivos e sociedades desportivas: primeiras reflexões na *entrada em jogo* da nova Lei de Bases do Desporto", *Desporto & Direito – Revista Jurídica do Desporto* n.º 2, 2004, p. 304.
[16] V. a Lei n.º 103/97, de 13 de Setembro (e ainda o art. 24.º do RJSAD).

das suas injunções que deve ainda compreender-se e interpretar-se o RJSAD, tal como o faremos no ponto 2.

1.2.3. A LBSD que enquadrou a regulação da sociedade anónima desportiva foi recentemente revogada. Hoje vigora um outro quadro normativo matricial para o fenómeno desportivo, a nova (e muito criticada) Lei de Bases do Desporto (Lei n.º 30/2004, de 21 de Julho). E diga-se, para o que nos interessa *hic et nunc*, que a LBD insiste em vascolejar na matéria dos clubes e das sociedades desportivas.

Na realidade, perante a dualidade aceite pela pretérita LBSD entre clubes *não societários*, sujeitos ou não a estatuto especial *ex lege* em função do tipo competitivo a que se oferecem, e clubes *societários*, a LBD radicaliza a distinção e retira as sociedades desportivas do núcleo de *formas* de clube desportivo. Nesse sentido, os dois *entes subjectivos de agrupamento desportivo* passam a ser regulados com individualidade.

Assim, clube desportivo é, de acordo com o art. 18.º da LBD, apenas *pessoa jurídica associativa* – tal como era no primitivo art. 20.º, n.º 1, da LBSD. Sociedade desportiva é, segundo os termos do art. 19.º, n.º 1, «a pessoa colectiva de direito privado, constituída sob a forma de sociedade anónima, cujo objecto é, nos termos regulados por diploma próprio, a participação em competições profissionais e não profissionais, bem como a promoção e organização de espectáculos desportivos e o fomento ou desenvolvimento de actividades relacionadas com a prática desportiva profissionalizada dessa modalidade»[17].

Desta *repartição normativa* deduz-se que os dados do anterior sistema de organização se prolongam, mas perde-se clareza, quanto

---

[17] Esta definição reproduz o conceito de sociedade desportiva fornecido pelo art. 2.º do RJSAD, que mereceu crítica de José Manuel Meirim, "A Lei de Bases...", *loc. cit.*, pp. 32-3 e n. 46: (i) "Deste conceito é possível retirar outro exemplo de má técnica legislativa que, no caso, torna a pôr em causa uma postura lógica inspiradora do diploma, em particular, a *diferenciação entre os intervenientes em competições desportivas de carácter profissional e os clubes não intervenientes em tais competições*", uma vez que, relembrava então o Autor, "a nova redacção da Lei de Bases, no seu art. 20.º, aponta claramente para uma *diferenciação de estatuto formal* desses diferentes tipos de clubes"; (ii) "o conceito (...) perde muito do seu conteúdo inovador e específico, o mesmo é dizer, pouco auxilia uma tarefa definidora" (sublinhados da nossa responsabilidade).

à *esfera de actuação dos clubes e das sociedades desportivas*, num dos propósitos orientadores da LBSD de 1990: "levar o sistema desportivo a estruturar e regulamentar autonomamente o chamado desporto profissional em relação ao desporto não-profissional"[18].

Não que a LBD não queira assentar a sua estruturação na "clara conceptualização de desporto profissional"[19]. O Capítulo VI regula a «actividade desportiva» e esta é dividida pelo art. 50.º em não profissional (arts. 51.º e ss), profissional (60.º e ss) e de alta competição (art. 62.º)[20]. O art. 61.º reporta-se a clubes ou sociedades desportivas de natureza profissional para efeitos da respectiva participação na competição desportiva profissional. E a actividade desportiva profissional é previamente definida pelo desenvolvimento de «competições desportivas reconhecidas como tendo natureza profissional» (art. 60.º)[21].

O desporto profissional é, neste contexto, expressamente consentido a clubes e a sociedades desportivas, *desde que de natureza profissional*. Logo, para o efeito de participar em competição profissional, deixa de haver uma *preferência* pela sociedade desportiva, instrumento supostamente privilegiado para essa participação, tanto mais que o clube desportivo que nessa competição interviesse estava subordinado a um regime que *o pressionava a assumir a forma societária*.

---

[18] José Manuel Chabert, p. 4/15. Com efeito, o Autor sustenta essa linha orientadora em três frentes de análise: (i) ao nível dos *praticantes desportivos*, demonstrada pela disciplina especial que deve seguir a relação de trabalho entre praticantes profissionais e respectivas entidades patronais; (ii) ao nível dos *clubes desportivos*, certificada pela sua forma societária comercial ou subordinação a um regime especial de gestão no seio das competições profissionais; (iii) ao nível das *federações desportivas*, que deixam de ser a associação adequada à coligação dos clubes que disputem competições profissionais, para dar lugar, ainda que nela integradas, às ligas profissionais (cfr. pp. 4-5/15, sublinhado nosso).

[19] Cfr. Exposição de Motivos da Proposta de LBD (Proposta de Lei n.º 80/IX da Assembleia da República), ponto 4.

[20] Nesta Secção inclui-se uma norma atinente à participação nas selecções ou em outras representações nacionais (art. 63.º).

[21] Os critérios de qualificação e o processo de reconhecimento do carácter profissional das competições desportivas encontram-se actualmente previstos no DL n.º 303/99, de 6 de Agosto, para onde se compreende hoje feita a remissão operada pelo art. 1.º, n.º 2, do RJSAD. Para um comentário, v. José Manuel Meirim, "Desenvolvimentos recentes do Direito do Desporto português", *RMP* n.º 79, Julho-Setembro de 1999, pp. 105 e ss. Veja-se, ainda, o art. 61.º, n.º 3, da LBD.

Neste ponto residia o *móbil profissionalizante* da organização de clubes e sociedades desportivas na LBSD. Ora, a LBD assume claramente a falência do critério do *profissionalismo da competição* para decretar, em princípio, a *espécie de clube desportivo*. Antes tínhamos o sujeito a *estruturar-se* em função do tipo de competição: tendencialmente (ou idealmente), clube desportivo para o tipo amador, sociedade desportiva ou clube desportivo atípico para o tipo profissional (e só sociedade desportiva se já tiver disputado antes a modalidade em escalão profissional: cfr. art. 4.º do RJSAD). De acordo com a LBD, é o tipo de competição que *molda* (ou dita a necessidade de se moldar) o sujeito, *sem que se mude a sua estrutura subjectiva*: o art. 61.º, n.º 1, refere *indistintamente* clubes e sociedades *profissionais*, tendo em conta o facto de participarem em competições dessa espécie, tendo para isso, tanto os clubes como as sociedades, que preencher *previamente* um conjunto de condições cumulativas [22].

Em suma, agora temos clubes desportivos não societários e sociedades desportivas (num primeiro perfil, que toca a *forma do agrupamento desportivo*) e clubes e sociedades desportivas profissionais e não profissionais (num segundo perfil, que tange ao *tipo de competição* em que se entre). [23]

Por outro lado, o n.º 2 do art. 19.º da LBD descreve um conjunto de imposições quanto ao regime disciplinador das sociedades com fins desportivos, que devem ser vistas em dois grupos essenciais: as que seguem o disposto na revogada LBSD e as que tentam introduzir novas exigências de evolução ao regime ordinário das sociedades desportivas.

As alíneas *a)* a *c)* em pouco inovam – correspondem quase na íntegra às *cláusulas de salvaguarda* já existentes no art. 20.º, n.º 4,

---

[22] Que são, em correspondência às als. do n.º 1 do art. 61.º da LBD: integrar a sua equipa exclusivamente com praticantes desportivos profissionais ou em via profissionalizante; ter ao seu serviço um quadro de técnicos profissionais de acordo com o modelo aprovado pela respectiva federação; dispor de estruturas de formação de praticantes e participar em competições dos escalões formativos, em número a definir pela respectiva federação; manter uma estrutura administrativa profissionalizada adequada à gestão da sua actividade; apresentar uma situação económico-financeira estabilizada através de orçamentos adequados ao nível das receitas e despesas previstas e com contabilidade organizada.

[23] Reproduzimos aqui o essencial do que já tínhamos desenvolvido no nosso "Clubes desportivos e sociedades desportivas...", *loc. cit.*, pp. 306 e ss.

da LBSD. Mantém-se a necessidade de tutela dos direitos dos associados e dos credores de interesse público e de protecção do património (sem distinção) do clube (na LBSD fazia-se referência apenas ao património imobiliário).

Comente-se, desde já, a reiterada injunção de proceder no regime das SADs à tutela dos «credores de interesse público». A LBD insiste nela, ainda que se refira, melhor, a «credores *de* interesse público» (art. 19.º, n.º 2, al. *b)*), quando antes a LBSD mencionava os «credores *do* interesse público». Supera-se uma gralha, parece-nos, mas não se melhora a fórmula: o legislador não devia deixar de querer continuar a dizer que uma das directrizes para o regime ordinário das sociedades desportivas era a *salvaguarda do interesse público* (assim como está no art. 20.º, n.º 1, LBSD, versão primitiva), *de que são portadores certos credores*. É este, aliás, o entendimento que se depreende do comentário de JOSÉ MANUEL MEIRIM, que sufragamos, em comentário à mencionada prescrição da LBSD: "(...) o referido regime jurídico dos clubes e sociedades desportivas deverá *salvaguardar a defesa do interesse público*"; "Conhecida a situação de endividamento público de um conjunto significativo de clubes e em montantes nada desprezíveis, vemos perigar o *interesse público* localizado na Administração Fiscal e na Segurança Social, quando a operação de criação da sociedade desportiva deixa permanecer esse endividamento nos clubes desportivos (fundadores), nascendo a sociedade desportiva sem quaisquer ligações a esse passivo público"[24].

Esta precisão serve para anotarmos (o que nos interessará mais à frente) que a injunção constante da LBSD e da LBD relativa aos *credores portadores de interesse público* deve ser interpretada como um claro indício de que o legislador pretendia assegurar a tutela dos credores *estaduais*: a mesma tutela que perseguira, exacerbadamente, no Decreto-Lei n.º 146/95 (v. *supra*, 1.2.1.); a mesma tutela que, também na dimensão de *desenvolvimento normativo*, não poderia ser menosprezada *na ponderação de interesses e compromissos – do clube fundador, dos accionistas restantes, do Estado e de terceiros – que o legislador fez no momento de regular o modelo organizativo societário dos clubes desportivos.*

---

[24] JOSÉ MANUEL MEIRIM, *Regime jurídico...*, cit., p. 166, sublinhado do Autor.

Por sua vez, as als. *d)* a *g)* do art. 19.º, n.º 2, da LBD trazem uma nova ordem de preocupações e possibilidades.

A al. *d)* obriga a medidas de transparência contabilística (adicionais, se bem se entende). A al. *f)* alude à protecção do nome – da sociedade anónima, que tem firma, do clube fundador, que tem denominação, ou será o *bom nome* da sociedade e/ou do clube fundador, enquanto direito de personalidade tutelado juscivilisticamente[25]? –, imagem e actividades.

A al. *e)*, por seu turno, também demonstra adesão ao já regulado no RJSAD, quando menciona «Incompatibilidades e impedimentos dos sócios e titulares dos órgãos de gestão na contratação com o clube», com certeza no fito de alargar o preceituado no art. 14.º do RJSAD, onde se enumeram as incompatibilidades dos administradores das sociedades desportivas.

Por fim, a al. *g)* menciona a possibilidade de constituição de SGPS *de* sociedades desportivas[26] cujo capital (destas sociedades, entende-se) «seja exclusivamente detido por este tipo de pessoas colectivas» – presumimos que seja a SGPS, ainda que o pronome utilizado não seja o indicado (devia ser «esse»).[27]

2. Os princípios explicativos do RJSAD

2.1. Consideração preliminar

No seu conjunto, as várias soluções que o RJSAD nos oferece surgem-nos com uma *coerência material interna* assegurada por alguns princípios que explicam o regime. Destes, interessa-nos aquele que oferece *um privilégio* e *um mínimo de subsistência ao clube fundador* no funcionamento e composição de uma SAD como *ideia central* da sua concepção.

---

[25] Cfr. os arts. 160.º, n.ºˢ 1, 2, 2.ª parte, e 484.º, do CCiv., e v., na doutrina, RABINDRANATH CAPELO DE SOUSA, *O Direito Geral de Personalidade*, Coimbra Editora, Coimbra, 1995, pp. 596-8, em especial as ns. (262) e (263).

[26] O sublinhado deve-se à circunstância de a letra da al. *g)* apontar «sociedades de gestão de participações sociais *em* sociedades desportivas», mas deve tratar-se de gralha na redacção.

[27] Para uma apreciação crítica deste novo lote de orientações para o regime jurídico das SADs, v. RICARDO COSTA, "Clubes desportivos e sociedades desportivas...", *loc. cit.*, pp. 318 e ss.

2.2. O princípio da subsidiariedade em relação ao regime da sociedade anónima

A *segunda vida* da fórmula societária de estruturação dos clubes desportivos assenta o seu fio regulador no *princípio da subsidiariedade* da disciplina ordinária das sociedades anónimas (arts. 271.º e ss do CSC, *ex vi* art. 5.º, n.º 1, do RJSAD). O que quer dizer que, mais uma vez, as especificidades do desporto justificaram a criação de um *estatuto normativo próprio*, que derroga, em nome dessas especificidades, o direito comum. Também aqui, portanto, surge uma sociedade anónima com *objecto especial*[28] – participação em competições desportivas de uma modalidade (profissionais e não profissionais[29]), promoção e organização de espectáculos desportivos,

---

[28] Para um elenco de sociedades comerciais *especiais* em função do objecto social, v. PINTO FURTADO, *Curso de Direito das Sociedades*, 5.ª ed., Livraria Almedina, Coimbra, 2004, pp. 41 e ss.

[29] Apesar de a linha de fronteira entre clube societário e não societário ser, à luz dos n.ºˢ 2 e 3 do art. 20.º da LBSD, a profissionalização da prova onde o clube intervém, esse marco não resistia, no entanto, a uma leitura mais atenta dos preceitos da LBSD, pelo menos no que se referia à possibilidade de um clube que participasse numa competição profissional ter de adoptar a forma societária. De facto, o art. 20.º, n.º 3, assumia essa possibilidade como *facultativa* – «(…) os clubes desportivos, ou as suas equipas profissionais profissionais, que participem em competições desportivas de natureza profissional *poderão* adoptar a forma de sociedade desportiva com fins lucrativos (…)» (itálico nosso) –, na dependência, portanto, da vontade dos clubes. Por outro lado, era esta mesma vontade (deliberativa) que decidiria se a conversão em sociedade desportiva seria protagonizada pela respectiva equipa profissional, em detrimento do sujeito clube-associação e em benefício da manutenção deste com a mesma qualidade jurídico-subjectiva. Finalmente, note-se que o não exercício da faculdade levaria à submissão do clube *não societário* a um regime especial de gestão, mas sem que se perdesse esse estatuto associativo, antes esse estatuto seria o pressuposto de aplicação desse regime. Em suma, como aliás era confirmado pelo n.º 6 do art. 20.º da LBSD, as competições desportivas profissionais poderiam ser disputadas por sociedades desportivas e por clubes desportivos associativos com "estatuto reforçado" (a qualificação é de JOSÉ MANUEL MEIRIM, *Marco jurídico…*, cit., p. 23).

Esta configuração foi criticada precisamente com base nesta realidade: "não se opera uma completa distinção entre a estrutura jurídica dos clubes que participem ou não participem em competição desportiva profissional", já que se mantém "a possibilidade de os clubes desportivos participarem em competições desportivas profissionais sob a forma de associação sem fins lucrativos, embora sujeitos a um regime especial de gestão" (JOSÉ MANUEL MEIRIM, *últ. ob. cit.*, pp. 23-24), ainda que, como era mais razoável, o n.º 3 do art. 20.º da LBSD indicasse "uma *preferência* pelas sociedades desportivas com fins lucrativos" (JOSÉ MANUEL MEIRIM, *Regime jurídico…*, cit., p. 171, itálico do Autor) em face desta última alternativa.

fomento ou desenvolvimento de actividades relacionadas com a prática desportiva dessa modalidade (art. 2.º do RJSAD) –, a implicar a incorporação de certos eixos *derrogatórios* da disciplina comum da "anónima", em prol da (desejada) adaptação ao mundo do desporto.

Também neste regime, portanto, se verificou uma tensão entre o ordenamento geral ou comum e o ordenamento sectorial (como é o desportivo), resolvida com a proeminência das normas estabelecidas pelo ordenamento especial, ditadas por *interesses (sobretudo económicos) que giram em torno de uma nova organização dos clubes*, e, no restante, a indicação subsidiária das normas "estaduais"[30]. Assim, a remissão para a experimentada *ossatura* desse tipo social tem o importante significado de constituir uma *subsidiariedade mínima ou de garantia*[31], funcionalmente adequada para, em termos de técnica legislativa, assegurar uma intervenção normativa centrada nas questões que se entendiam merecedoras de regulação *especial ou excepcional* no quadro de um *novo arquétipo* destinado a reger o desenvolvimento das actividades desportivas[32].

2.3. O princípio de intervenção pública em sede de associativismo desportivo

2.3.1. Nas palavras de João Leal Amado, "os fins do ordenamento desportivo deixaram de ser algo de relativamente indiferente

---

Tais reparos e observações, no entanto, pouco adiantaram em sede de disciplina das SADs (e por isso fizemos este excurso pela anterior Lei de Bases). O art. 10.º do RJSAD reza assim: «É lícita a constituição das sociedades desportivas fora do âmbito das competições profissionais» (e veja-se ainda a referência a este preceito no definidor art. 2.º; mas repare-se na redacção do art. 33.º, ao qual subjaz a SAD como modelo de actuação no profissionalismo). E a nova LBD confirma, como vimos, que as sociedades desportivas, pela definição dada no art. 19.º, n.º 1, são criadas para participar em competições desportivas profissionais e não profissionais.

[30] Em geral sobre essa tensão, v. Marcello Clarich, "La sentenza *Bosman*: verso il tramonto degli ordinamenti giuridici sportivi?", *Riv. Dir. Sport.* n.º 3, 1996, pp. 405-407.

[31] V. Adolfo Menéndez Ménendez, "Princípios fundamentales de las nuevas sociedades anónimas deportivas", *Transformación de clubes de fútbol y baloncesto en sociedades anónimas deportivas*, Editorial Civitas, Madrid, p. 89.

[32] Como veremos a seguir, o RJSAD é mais um produto do direito do desporto como um "direito estadual especial" que derroga o "direito estadual geral": assim, cfr. Jean-Pierre Karaquillo, *Le droit du sport*, 2.ª ed., Dalloz, Paris, 1997, pp. 107-108.

para o legislador; agora eles também são fins públicos, isto é, o Estado assume a actividade desportiva, toma-a a sério, preocupa-se com a tutela da competição, procura preservar a sua autenticidade, afirma e faz seu o valor da «verdade desportiva»"[33].

E, com efeito, esta orientação, conjugada com o *carácter específico da normatividade jurídico-pública em matéria desportiva*[34], é importante para percebermos que o RJSAD, em articulação com a LBSD, se deve entender como uma expressão normativa do reconhecimento do desporto como *actividade ou matéria de interesse público*[35] e, no quadro das tarefas que o art. 79.º da CRP atribui ao Estado-legislador para densificar materialmente o *direito ao desporto*, da urgência em ser instituída uma nova forma de *agrupamento desportivo*[36]. Ao que acresce o facto de resultar do texto constitucional a recusa de um desporto estatizado, exclusivamente centrado no papel do Estado: antes se afirma um imprescindível *princípio de colaboração* entre os poderes públicos e, entre outras entidades, as organizações desportivas privadas[37].

Neste sentido, o escopo da intervenção é, no caso do RJSAD, o de criar uma estrutura nova de constituição, funcionamento e responsabilidade para os clubes que levam a cabo actividades desportivas (em particular para competições profissionais), que assegure que a gestão económica do desporto, capaz de gerar recursos de grande

---

[33] JOÃO LEAL AMADO, *Vinculação* versus *Liberdade...*, cit., p. 73.

[34] Sobre o tratamento da especialidade e autonomia do "ordenamento desportivo", v., na doutrina nacional, JOSÉ MANUEL MEIRIM, *A federação desportiva como sujeito público do sistema desportivo*, Coimbra Editora, Coimbra, 2002, pp. 51 e ss.

[35] Sobre o ponto, v. JOSÉ MANUEL MEIRIM, *últ. ob. cit.*, pp. 169-170.

[36] Entre outras matérias carentes de regulação que foram acrescendo ao domínio simples do desporto-actividade física (relações laborais, segurança nos recintos desportivos, prevenção e combate ao *doping*, censura da corrupção no fenómeno desportivo, seguros desportivos, etc.). Em face do "vasto conjunto normativo tendo por objecto a actividade desportiva, acompanhado, aliás, por uma não despicienda jurisprudência e por uma doutrina que paulatinamente vai emergindo, não surpreende que se venha falando (…) no surgimento de um novo ramo de direito, de carácter transversal – o Direito do Desporto ou Direito Desportivo –, ramo de direito transversal, não apenas pela (…) *prolixidade legislativa*, mas também por uma acentuada *pluralidade normativa* (…)": JOÃO LEAL AMADO, *Vinculação* versus *Liberdade...*, cit., pp. 26-27, sublinhado do Autor. Desenvolvidamente sobre o tema, v. JOSÉ MANUEL MEIRIM, *últ. ob. cit.*, pp. 47 e ss, 70 e ss.

[37] Cfr. JOSÉ MANUEL MEIRIM, "O quadro jurídico do Sistema Desportivo português", *RJD* n.º 9, 2003, p. 137.

repercussão social, informativa e publicitária, seja equiparável em rigor e transparência a qualquer outro sector económico-empresarial. Assim se transporta o *princípio de intervenção pública*, suportado constitucionalmente no art. 79.º, n.º 2, da CRP[38], para a regulação dos clubes desportivos[39, 40].

Este princípio, aplicado agora ao interesse estadual em revigorar o associativismo desportivo protagonizado pelas SADs, deve ainda enquadrar-se na obrigação que ao Estado incumbe de, na tarefa de *definição e desenvolvimento do sistema desportivo*, fomentar a actividade dos clubes (pela participação em sociedades desportivas, neste caso) e optimizar os recursos humanos e as infra-estruturas disponíveis – v. os arts. 2.º, n.º 2, als. *c)* e *f)*, e 11.º, n.º 1, da LBSD, e, mais escondidos e vagos, os arts. 12.º, n.º 1, e 51.º da nova LBD.

Tanto mais que o *financiamento* da actividade desportiva sempre tem passado por um significativo *componente estadual*[41]: nos benefícios fiscais, na consignação de receitas obtidas nas apostas mútuas, na concessão de exploração do jogo do bingo, nas comparticipações financeiras (por exemplo, mediante a celebração de contratos-programas, regulada no Decreto-Lei n.º 432/91, de 6 de Novembro), na doação de imóveis para edificação de equipamentos desportivos[42]. É dizer que o desporto como fenómeno social sempre

---

[38] Ao Estado compete, assim, «em colaboração com as escolas e as associações e colectividades desportivas, promover, estimular, orientar e apoiar a prática e a difusão da cultura física e do desporto». Como efeito desta constitucionalização do direito ao desporto dá-se a habilitação necessária da acção do Estado no desporto, a denominada, em geral, *intervenção pública no fenómeno desportivo* (cfr. JOSÉ MANUEL MEIRIM, *A Federação Desportiva...*, cit., pp. 170-171). Intervenção que se alarga à *dimensão profissional* do fenómeno desportivo (assim, cfr. JOSÉ MANUEL MEIRIM, "Desporto e Constituição", *Sub Judice* n.º 8, 1994, p. 51), tal como indicava o art. 2.º, n.º 1, da LBSD, que vinculava o Estado a estimular a prática desportiva e a prestar apoio aos praticantes desportivos, não só na «vertente de recreação», mas também na «vertente de rendimento» (vertentes reiteradas pelo art. 11º, n.º 1, do abolido diploma).

[39] Para a mesma tese no direito estrangeiro, v. ADOLFO MENÉNDEZ MÉNENDEZ, p. 91, PABLO MAYOR MENENDÉZ, "Las sociedades anónimas deportivas: naturaleza jurídica. Consecuencias sobre su régimen jurídico", *Régimen jurídico del fútbol profesional*, Editorial Civitas, Madrid, 1997, pp. 96-97.

[40] Uma referência a este princípio surge, com contornos pouco claros, no art. 11º da LBD, e, com relação ao apoio necessário à dotação de infra-estruturas desportivas, no art. 81.º.

[41] V. JOSÉ MANUEL MEIRIM, *Clubes e Sociedades Desportivas...*, cit., pp. 27 e ss.

[42] Já agora, v. os arts. 33.º e 34.º da LBSD, e os arts. 65.º e 66.º da LBD.

se sustentou, em boa parte, com dinheiro e património públicos, sendo natural que o Estado queira garantir um sistema de prossecução da actividade desportiva que seja apto a dar mais segurança quanto à boa utilização dos dinheiros públicos.

Confrontamo-nos, assim, em matéria de regulação de sociedades desportivas, com uma faceta *particular* do "estreitamento das relações entre direito (estadual) e desporto", motivado inevitavelmente pelo "processo de profissionalização e comercialização a que este último foi, e continua a ser, submetido"[43]. Em suma, mais uma manifestação clara de que, no que respeita ao desporto, *"comercialização + mediatização + profissionalização = juridificação"*[44].

2.3.2. Esta dimensão interessa-nos na exacta medida em que justifica a intervenção *conformadora* do legislador na definição do regime jurídico das actividades desportivas.

O desporto "tornou-se um fenómeno demasiado sério, em si e nas suas numerosas implicações (até pelos consideráveis interesses, de ordem patrimonial e não só, que movimenta), para ser inteiramente abandonado às instituições desportivas e ao autogoverno federativo"[45] e dispensar a actuação *orientadora* dos poderes públicos. A necessidade de um novo figurino para o desporto profissional era uma dessas operações, marcada pela natural demarcação dos esquemas desportivos tradicionais – mas sem a necessidade de efectuar um *corte radical com o sujeito fundamental do desporto tradicional, associativo e federado.*

Parece-nos manifesto que foi neste contexto que o Estado-legislador actuou. Quando avança para a legitimação e pressupostos de adopção de formas societárias para o exercício da actividade desportiva por parte dos clubes associativos, fá-lo no intuito de o empreender à luz de um *modelo pré-determinado e caracterizado pela manutenção do essencial clubístico da sociedade desportiva* – concebendo esta ainda como clube, ou, melhor, *como instrumento de actuação do clube.*

---

[43] João Leal Amado, *Vinculação versus Liberdade...*, cit., p. 27.

[44] A fórmula telegráfica é de João Leal Amado, *últ. ob. e p. cits.*, sublinhado como no original.

[45] João Leal Amado, "Desporto e Direito: Aversão, indiferença ou atracção?", *O Desporto para além do óbvio*, Instituto do Desporto de Portugal, Lisboa, 2003, p. 85.

Deste modo, compreende-se que, para a densificação desse modelo, *a lei adopte as medidas necessárias para acautelar que a constituição de SADs*, nomeadamente quando partam de clubes preexistentes e estes se mantenham, *salvaguarde a continuidade das práticas desportivas* (sobretudo, as do clube accionista de SADs), a fim de não comprometer o cerne (até legal) da função do clube desportivo: «o fomento e a prática directa de actividades desportivas» (arts. 20.º, n.º 1, da LBSD, 18.º, da LBD).

Para isso, o RJSAD concretizou as *cláusulas de salvaguarda* impostas pela LBSD (v. *supra*, 1.2.2.). Entre outros exemplos, podem destacar-se:

i) os arts. 7.º a 9.º, que determinam o montante mínimo de capital social (muito superior ao mínimo comum: v. art. 276.º, n.º 3, do CSC) e as circunstâncias imperativas do seu aumento sucessivo (sob pena de exclusão das competições profissionais), em claro amparo dos interesses de terceiros na solvência e liquidez da SAD e na atribuição (e preservação) da capacidade financeira à (da) SAD para a prossecução do seu objecto [46];

ii) a necessária emissão de acções de natureza nominativa (art. 12.º, n.º 3), que permitem conhecer, desde logo ao clube fundador (e aos seus associados), a todo o tempo, a identidade dos seus titulares (que consta dos títulos, no caso de serem acções tituladas, ou dos registos em conta a que a sociedade tem acesso, no caso de serem escriturais) [47];

iii) os direitos especiais conferidos ao clube fundador (mediatamente aos seus associados) da sociedade resultante de personalização de equipa (arts. 30.º, n.ºs 2 e 3, 12.º, n.º 1, al. *b*));

---

[46] Para comentários destas normas (em especial a propósito da *congruência* entre o capital e o objecto social), v. RICARDO CANDEIAS, pp. 72-74, NUNO BARBOSA, "Morrer da cura: a aplicação do art. 35.º CSC à SAD", *Desporto & Direito – Revista Jurídica do Desporto* n.º 4, 2004, pp. 9-10, 16-17.

[47] V. os arts. 52.º, n.º 1, 61.º, ss, 97.º, n.º 1, al. *c)*, e n.º 3, do CVM.

iv) o direito de preferência dos associados do clube fundador na constituição com apelo a subscrição pública e nos aumentos de capital (arts. 17.º e 28.º);
v) a competência da assembleia geral para deliberar sobre a alienação ou oneração de bens imóveis da sociedade desportiva (art. 18.º, n.ᵒˢ 1 e 5), em detrimento dos poderes que o órgão de administração teria para o fazer de acordo com o regime geral das sociedades anónimas (v. arts. 373.º, n.ᵒˢ 2 e 3, 405.º, n.º 1, 406.º, al. *e*), do CSC);
vi) a impossibilidade de o clube transmitir o direito de propriedade sobre as instalações desportivas, que poderão ser gozadas e fruídas pela SAD (constituída por personalização de equipa) mediante um outro instrumento contratual de carácter oneroso (*maxime*, a locação) – art. 35.º [48];
vii) a afectação exclusiva ao clube fundador das instalações desportivas no caso de a sociedade desportiva resultante de personalização de equipa se extinguir (art. 34º);

bem como

viii) a insusceptibilidade de as acções do clube fundador serem apreendidas judicialmente ou oneradas a não ser a favor de pessoa colectiva pública (art. 12.º, n.º 2).

A intervenção normativa em sede de sociedades desportivas mostra ainda um conjunto de soluções que indiciam a preocupação de que este modelo das SADs não conduza ao desvirtuamento da

---

[48] Parece ser esta a limitação que deriva da interpretação mais adequada do art. 35.º, adequação que se estriba no facto de o RJSAD dever obediência à tutela do «património imobiliário» do clube (art. 20.º, n.º 4, LBSD). Note-se, em acrescento, que o revogado Decreto-Lei n.º 146/95 tinha uma norma com sensivelmente a mesma resolução (era o art. 13.º, n.º 3), que completava o n.º 1 do mesmo preceito, que impedia a translação do património edificado para a sociedade desportiva. Ora, relembre-se que ambos os diplomas de desenvolvimento do art. 20.º da LBSD em matéria de disciplina de sociedades desportivas foram balizados pela tutela do património imobiliário do clube fundador. V. no mesmo sentido FERNANDO MADALENO, *As Sociedades Desportivas*, Edições Chambel, Queluz, 1997, Parte II, *sub* art. 35.º, p. 63, RICARDO CANDEIAS, n. (242), p. 101.
Depois, em coerência, quando o art. 34.º dispõe que, em caso de extinção da SAD, as instalações desportivas se atribuem ao clube fundador, essas instalações desportivas são as que pertenceram por constituição e aquisição operadas pela SAD *fora do âmbito dos direitos e obrigações transferidos pelo clube fundador para a SAD*.

verdade exarada nas competições desportivas. Estas soluções, pela sua importância, justificam a autonomização de uma valoração axiológica genérica do RJSAD – princípio da *transparência desportiva*[49] –, destinada a acolitar, no âmbito da gestão das SADs e das participações múltiplas, directas ou indirectas, em SADs, a salubridade dos procedimentos dos intervenientes nas competições desportivas. Registe-se as disposições que se seguem: (i) o art. 14.º enumera um conjunto de incompatibilidades para os administradores das SADs; (ii) «A sociedade desportiva não pode participar no capital social de sociedade com idêntica natureza» (art. 19.º); (iii) os titulares de acções em mais do que uma SAD, uma vez exercidos os seus direitos sociais numa delas, não podem exercê-los em outra ou outras SADs que se dediquem à prática da mesma modalidade, com excepção do direito ao lucro e à faculdade de transmissão das acções (v. *infra*, 2.4.4.); esta restrição vincula também o cônjuge, parente ou afim em linha recta, qualquer pessoa com quem viva em economia comum, bem como sociedades relativamente às quais o sócio inibido se encontre numa posição de domínio ou de grupo (art. 20.º, n.ºs 1 e 2).

2.4. O privilégio e a subsistência do clube fundador de SAD

2.4.1. O art. 3.º do RJSAD elenca as formas possíveis de constituição de uma sociedade desportiva.

Pode criar-se uma SAD *ex novo* (al. *c)*) (em princípio sem uma relação de causalidade com um clube preexistente) – *primeira modalidade*; pode criar-se – *segunda modalidade* – uma SAD que resulta da denominada «personalização jurídica» de equipa que participe, ou pretenda participar, em competições desportivas (al. *a)*) ou da "transformação" de um clube que participe, ou pretenda participar, em competições desportivas (al. *b)*).

Nesta segunda modalidade, a nota comum é a relação causa-efeito entre a existência de um clube desportivo que participe ou queira participar em provas desportivas e a SAD que nele se funda e dele se emancipa. A diferença reside no facto de a "transformação" implicar a extinção (deliberada) do clube como pessoa jurídica, enquanto que a "personalização" permite ao clube manter a sua

---

[49] A este propósito, v. RICARDO CANDEIAS, pp. 43 – e n. (103) –, 45.

individualidade e personalidade jurídica, em coexistência com a nova SAD, para a qual se destaca parte do seu património.

É precisamente nesta última variante que mais cuidados se visualizam no sentido de preservar e reforçar os poderes e as prerrogativas do clube em face dos restantes accionistas, e, mediatamente, as expectativas dos respectivos associados. Cuidados que visam fidelizar a SAD ao clube fundador e assegurar "a manutenção de uma política de estreita proximidade entre ambos"[50] – princípio do *privilégio do clube fundador*.

A maior parte deles já foram descritos (v. *supra*, 2.3.2.), mas outros ainda se podem acrescentar: por exemplo, a necessária inclusão na firma das SADs (constituídas, nesta hipótese, tanto por personalização como por transformação) de uma menção que as relacione com o clube que lhe deu origem (art. 6.º, n.º 2); o facto de o clube fundador, em SAD derivada de equipa, ser o único accionista que está dispensado de realizar obrigatoriamente a sua entrada com dinheiro (arts. 11.º e 31.º).

Podemos avançar, por isso, que a teleologia do RJSAD no que respeita às situações de *personalização de equipa* parece ser esta: o clube destaca uma unidade patrimonial-económica autónoma (a *equipa*)[51], com a contrapartida de poder assumir uma *posição accionista de referência* na SAD, que vai absorver o instrumento do clube para efeitos de participação em competições desportivas e organização dos espectáculos desportivos. Esta *relação de troca* é compreensível: o clube "abdica" de participar directamente na gestão do seu envolvimento em competição desportiva, na exacta medida em que transfere para o novo sujeito a constituir o instrumento (a equipa) que lhe permite intervir nessa competição desportiva – e, com ele, o *direito a essa participação competitiva* (v. art. 33.º do RJSAD). E é no âmbito desse novo sujeito que passa a gerir o seu envolvimento desportivo *de uma forma mediata e primordialmente interessada*.

Por outro lado, conjugando esta *ratio* com o art. 30.º, n.º 1, do RJSAD, concluímos que o legislador protege os interesses do clube e dos seus associados mediante a imposição da titularidade (directa, em princípio) de um patamar mínimo (15%) e máximo (40%) de

---

[50] RICARDO CANDEIAS, p. 82.
[51] Para a definição desta realidade no direito português, v. RICARDO CANDEIAS, pp. 95 e ss.

participações representativas do capital social da SAD. Por um lado, não se estabelece um máximo excessivamente elevado, que obste à entrada de outros investimentos (originária ou sucessivamente) no capital da SAD; por outro lado, não se determina um mínimo demasiado diminuto, para que não se perca uma imputação das decisões da SAD à vontade do clube e dos seus associados (positiva ou negativa, mas auscultada; sempre detentora de iniciativa impugnadora).

Dito de outro modo: embora tudo dependa da opção do clube e das eventuais e sucessivas operações de aumento do capital social da SAD, qualquer SAD resultante de personalização de equipa tem de preservar a (ou o princípio da) *subsistência mínima do clube fundador* na estrutura accionista se quiser assegurar a sua estabilidade.

É este um juízo, aliás, assumido claramente pela doutrina jusdesportiva: *"qualquer regulamentação* [do modelo societário] *tem que ter presente a ideia base da defesa da subsistência do clube desportivo* – a não ser que se queira pôr em questão a própria noção legal e sociológica que suporta a decisão da LBSD sobre a natureza do clube desportivo" [52].

Na conjugação dos princípios referidos e no sistema normativo desenhado pelos preceitos onde se reflectem, encontram-se, pois, *alguns dos objectivos principais da intervenção* do legislador nesta matéria, com base nos quais se compreende a própria concepção de uma certa modalidade de SAD – um *prolongamento inequívoco* de um clube desportivo e dos seus fins, de maneira que na SAD participe *"imprescindivelmente* e com *particular autoridade"* o clube associativo [53].

Com efeito, dentro do *modelo elástico* oferecido pela LBSD, que permitia formas organizativas diferenciadas – clube associativo simples, clube associativo submetido a regime especial de gestão, clube societário –, o denominador comum é *o clube*. Quando se organiza uma sociedade desportiva, ainda está em causa, directamente, um clube e, indirectamente, a vontade e os interesses dos

---

[52] JOSÉ MANUEL MEIRIM, *Clubes e Sociedades Desportivas...*, cit., p. 53, sublinhado como no original. (Ainda que anterior às duas regulações das sociedades desportivas e trabalhando sobre a versão originária da revogada LBSD, esta parece-nos ser uma afirmação de valia e actualidade intocáveis.)

[53] A parcela transcrita pertence a PINTO FURTADO, p. 193, o itálico é nosso.

seus associados, porque ainda se está a organizar um clube, partindo dele a fundação da SAD. *Se o clube não tomar uma posição de privilégio e não se mantiver como referência na SAD,* esta perde a sua *razão de existir,* sofre uma *descaracterização institucional.*

Ora, o que se faz no RJSAD é acentuar de várias formas essa *caracterização da SAD como organização participada em primeira linha por um clube.* Concebe-se uma subespécie da *facti species* geral (o clube desportivo), que se destaca das restantes subespécies pela valorização de um elemento de facto – a necessidade de o preparar de outra forma para a participação em competições profissionais – e pela consequente sujeição a uma disciplina especial. Mas sempre, para utilizar uma afirmação exemplar, como "uma forma específica de organização que seja criada a partir da realidade «clube desportivo» e, como tal, sujeita aos princípios que o enformam no aspecto finalístico"[54].

Não hesitamos em afirmar que este seja o enquadramento da SAD que temos, à luz da LBSD que tínhamos. Tendo em conta a *divisão* empreendida nos seus arts. 18.º e 19.º, n.º 1, será intenção da nova LBD mudar esta linha de fundo e legitimar modificações substanciais no RJSAD?

2.4.2. É à luz daquele enquadramento que se percebe com mais nitidez, desde logo, a participação do clube na sociedade desportiva, em obediência ao princípio da *especialidade do fim,* exigido pelo art. 160.º do Código Civil como critério de validade dos actos e negócios dos clubes associativos. Nos termos desse preceito, «[a] capacidade das pessoas colectivas abrange todos os direitos e obrigações necessários ou convenientes à prossecução dos seus fins» (n.º 1).

De facto, às associações não é vedada a participação em actos constituintes de sociedades, apesar de o seu objecto directo não consistir na obtenção e distribuição de lucros pelos associados, *sempre que tal se mostre ajustado ao desenvolvimento e/ou continuidade material da actividade directamente dirigida à realização dos fins próprios da associação*[55].

---

[54] JOSÉ MANUEL MEIRIM, *Clubes e Sociedades Desportivas...,* cit., p. 16.

[55] Cfr., em geral, MANUEL DE ANDRADE, *Teoria Geral da Relação Jurídica,* vol. I, *Sujeitos e Objecto,* Livraria Almedina, Coimbra, 1992 (reimp. 2003), pp. 122, 123-124, e, em particular, COUTINHO DE ABREU, *Curso de Direito Comercial,* vol. II, *Das Sociedades,*

Assim se pode conceber a participação do clube na SAD e a translação de bens que ela pode implicar (realização de entradas) como instrumento ou recurso para obter rendimentos que fomentem *os fins desportivos* estatutariamente definidos no pacto associativo[56]. Outra questão é se essa participação lhe proporciona a obtenção efectiva de rendimentos...

2.4.3. Neste contexto se compreende ainda (regressando ao RJSAD) a faculdade que assiste ao clube fundador de poder participar no capital da SAD mediante a constituição de uma SGPS na qual tenha posição maioritária, seja como quotista, seja como accionista (art. 30.º, n.º 4)[57].

Esta prescrição permite *alargar* a posição do clube em SAD (fundada por personalização de equipa) *até um limite próximo dos 60% do capital*[58], que lhe estaria vedado perante a posição máxima directa de 40% que a lei lhe determina. Ainda que esta possibilidade deva ser criticada[59], o certo é que o n.º 4 do art. 30.º legitima que, por exemplo, o clube X seja o único sócio da sociedade «X Investimentos e Participações, SGPS, Unipessoal, Lda.» e ambos os sujeitos constituam a sociedade desportiva «X, Futebol, SAD», na qual o clube X participa em 40% do capital (v. art. 30.º, n.º 1, do RJSAD) e a SGPS participa em 55%, estando os restantes 5% disseminados por dirigentes e sócios do clube fundador.

Esta hipótese apenas confirma que a lei permite a constituição originária de SADs *materialmente unipessoais*[60], em que o verdadeiro

---

Livraria Almedina, Coimbra, 2002 (1.ª e 2.ª reimp. 2003), p. 96, JOSÉ MANUEL MEIRIM, *Clubes e Sociedades Desportivas...*, cit., pp. 20, 39-40.

[56] Neste expresso sentido, cfr. PINTO FURTADO, p. 193.

[57] Uma SGPS pode ser constituída por ambas as formas societárias, nas correspondentes modalidades unipessoal e plural: v. arts. 2.º, n.º 1, e 8.º, n.º 1, do DL n.º 495/88, de 30 de Dezembro, alterado pelo DL n.º 318/94, de 24 de Dezembro, e pelo DL n.º 378/98, de 27 de Novembro.

[58] Sendo a SAD sociedade anónima, v. art. 273.º, n.º 1, do CSC.

[59] Contra a possibilidade de o clube fundador ser titular, *directa e indirectamente*, de uma participação no capital social superior a 40% do total capitalístico, advogando uma redução teleológica do n.º 1 do art. 30.º do RJSAD, v. JOSÉ MANUEL MEIRIM, *Regime jurídico...*, cit., pp. 32, n. (42), 135-137.

[60] Sobre o ponto, v. RICARDO COSTA, *A Sociedade por Quotas Unipessoal no direito português. Contributo para o estudo do seu regime jurídico*, Livraria Almedina, Coimbra, 2002, pp. 42-43, n. (76) – p. 114, n. (159) – p. 182, pp. 403-409.

sócio interessado é um só – o clube fundador – e os restantes sócios são uma sociedade participada (exclusivamente, na forma ou na substância) pelo clube fundador (que se vê por "desconsideração da personalidade" da SGPS[61]) e testas-de-ferro[62] que contribuem para compor a pluralidade mínima exigida para a constituição de uma sociedade anónima[63]-[64]. E, dado que as circunstâncias exemplificadas se inspiram na prática, fica demonstrado o modo como se tem aplicado a faculdade oferecida por lei: ainda e sempre para benefício do clube fundador.

2.4.4. No mesmo sentido concorre a limitação de exercício dos direitos provenientes das acções das SADs, que o art. 20.º, n.º 1, do RJSAD coloca aos titulares de participações em várias SADs. Já referido a propósito da transparência, diríamos que não é estranha a tal disciplina uma certa preocupação pelo clube fundador de SAD a preferir por esses titulares.

Se o clube fundador é o accionista de referência, há uma *identificação garantida* da SAD com o clube. Quando o sujeito A é accionista de uma SAD, é ao clube que a promoveu que deve fidelidade. Se A é accionista de mais do que uma SAD *dedicada ao desenvolvimento competitivo da mesma modalidade*, essa fidelidade deve inibi-lo de *exercer a sua posição de socialidade* – em síntese, reclamar os direitos e cumprir as obrigações decorrentes da sua

---

[61] V. COUTINHO DE ABREU, pp. 174-175, 181.

[62] Já não são testas-de-ferro as Regiões Autónomas e os municípios que têm participado na constituição de SADs (v. art. 26.º do RJSAD), as pessoas singulares associadas do clube e outros sócios "capitalistas" (veja-se, para a hipótese de constituição com apelo a subscrição pública, os arts. 28.º, do RJSAD, 279.º, ss, do CSC, 108.º, ss, 156.º, ss, do CVM); os últimos, de toda a maneira, têm surgido fundamentalmente nas operações ulteriores de aumento de capital.

[63] Esta composição durará, em regra, até ao momento de um aumento subsequente do capital, que propicia a entrada de novos sócios que não coincidem nem são controlados pelo clube fundador (situação mitigada no caso de serem seus associados).

[64] Tivemos acesso a mais que um pacto social constituinte de uma SAD que, a este propósito, têm uma cláusula (a que colocamos óbvias reservas...: v. *infra*, 3.1.) assaz patenteadora do que vai dito: «São acções da categoria "A" as subscritas directamente pelo ... [clube fundador] ou por uma sociedade gestora de participações sociais em que esse clube detenha a maioria do capital social e enquanto se mantiverem na titularidade do clube ou da referida sociedade (...)».

participação social – *em todas elas menos uma*, sob pena *de se correr o risco de uma actuação sistematicamente favorável a uma ou várias delas e desfavorável às restantes.*

Deste modo, o accionista "múltiplo" deve escolher qual a SAD onde exerce essa posição com plenitude, sem limitações e sem incorrer numa actuação marcada por um conflito de interesses. Nas outras, recolhe os lucros que lhe cabem e pode transmitir as suas acções – o que, para a resolução do conflito, é inócuo.

Esta imposição visa garantir a verdade desportiva, é certo, mas está desenhada em grande parte de maneira a que se assegurem os *interesses desportivos* dos clubes fundadores das SADs, que poderiam ser prejudicados com uma actuação nociva dos accionistas em conflito de interesses [65].

2.4.5. Se a ideia central do regime é, como vimos, a tutela do clube fundador, ao olharmos empiricamente para a configuração de algumas das nossas SADs, podemos dizer que a realização dessa matriz é *ainda mais reforçada* do que aquilo que resultaria do respeito pela lei.

Na prática encontramos a *confirmação*, em termos ainda mais acentuados, do privilégio do clube fundador – isto é, a fisionomia em concreto dada por alguns estatutos às SADs acrescenta algo de inequívoco quanto ao reforço do *intuitus personae* referido à "individualidade" do sócio clube.

Isso revela-se, trazendo à colação alguns excertos de pactos que consultámos, quando a sociedade desportiva é interpretada no momento constituinte *fundamentalmente* como uma participada do clube, onde este tem o controlo da expressão da sua vontade deliberativa, por via da sua convocação e participação de e nas assembleias (exemplos I e II), e/ou da gestão, por via da presença no seu órgão colegial de desempenho (exemplo(s) III).

---

[65] Por exemplo, no exercício do direito à informação sobre a vida da sociedade: arts. 21.º, al. *c)*, 288.º, ss, 214.º, n.º 5 (por analogia e para certas hipóteses), do CSC.

Exemplo I:

«A Assembleia Geral reunirá: (...) b) Em sessão extraordinária, sempre que o Conselho de Administração ou o Conselho Fiscal o julguem conveniente e solicitem por escrito ao Presidente da Mesa, ou quando tal reunião for requerida pelo Clube Fundador ou por accionistas que representem, pelo menos, o mínimo de capital social imposto por lei para este efeito».

Exemplo II:

«A Assembleia Geral pode deliberar, em primeira convocação, qualquer que seja o número de accionistas presentes ou representados, excepto quando se pretenda deliberar sobre qualquer dos assuntos referidos no n.º ... da cláusula ... [reprodução quase integral do art. 30.º, n.º 2, al. *a)*, do RJSAD, e «orçamento anual da sociedade»], caso em que se exigirá que estejam presentes ou representados accionistas que detenham, pelo menos, acções correspondentes a metade do capital social, e, em qualquer caso, apenas se o Clube Fundador se encontrar devidamente representado»[66];

«É necessária a unanimidade dos votos emitidos correspondentes às acções de categoria "A" e uma maioria qualificada de dois terços dos votos emitidos para se considerarem aprovadas as deliberações da Assembleia Geral, que versem sobre as seguintes matérias: ... [reprodução quase integral do art. 30.º, n.º 2, al. *a)*, do RJSAD].

Exemplo(s) III:

«A sociedade é gerida por um Conselho de Administração composto por três ou cinco membros, sendo um o Presidente e os restantes vogais»;

«Os membros do Conselho de Administração serão, obrigatoriamente, associados do Clube Fundador»;

«O Presidente do Conselho de Administração e dois dos respectivos Vogais serão indicados pelo Clube Fundador»;

«O Conselho de Administração não pode deliberar na ausência do respectivo Presidente».

---

[66] V. art. 18.º, n.º 3, do RJSAD.

3. Duas refracções normativas da posição privilegiada do clube fundador: a titularidade de acções especiais privilegiadas e o benefício do art. 12.º, n.º 2, do RJSAD

3.1. Análise dos arts. 12.º, n.º 1, e 30.º, n.ºs 2 e 3, do RJSAD

O art. 12.º do RJSAD determina a existência nas SADs constituídas por personalização da equipa do clube fundador de duas categorias de acções: as acções *especiais* de categoria "A", destinadas a serem subscritas pelo clube, e as restantes acções de categoria "B" (ordinárias ou, nada obsta, especiais por estipulação estatutária), tituladas por sujeitos diferentes do clube fundador.

Atendendo à posição com que o art. 30.º pretende manifestamente beneficiar o accionista de referência desta forma de SAD, as acções de categoria "A" são *privilegiadas*: conferem direitos especiais ao sócio titular desta categoria de acções, atribuindo-lhe uma posição mais favorável (em relação aos titulares de acções ordinárias), que não pode, em princípio, ser suprimida ou limitada sem o consentimento do respectivo titular[67].

Os direitos especiais são o de *vetar as deliberações da assembleia geral que tenham por objecto a fusão, cisão, transformação* [para que tipo ou espécie societária?] *ou dissolução da sociedade e alteração dos seus estatutos, o aumento e a redução do capital social e a mudança da localização da sede* (art. 30.º, n.º 2, al. *a)*), e o de *poder designar pelo menos um dos membros do órgão de administração, que, por sua vez, no âmbito das decisões desse órgão, tem direito de veto das deliberações de tal órgão sobre as mesmas matérias* (art. 30.º, n.º 2, al. *b)*).

Acontece que, no caso da sociedade anónima, os direitos especiais encontram-se adstritos às participações e não aos sócios considerados em si mesmos. Ora, não é manifestamente assim na circunstância das acções de categoria "A" de uma SAD, uma vez que os

---

[67] V. arts. 302.º, do CSC, e 45.º, do CVM. Cfr. RAÚL VENTURA, "Direitos especiais dos sócios", *O Direito*, 1989, I, pp. 212-214, COUTINHO DE ABREU, pp. 207-208, 228, ALEXANDRE SOVERAL MARTINS, *Valores mobiliários [acções]*, IDET, Cadernos n.º 1, Livraria Almedina, Coimbra, 2003, pp. 27-29.

direitos especiais atribuídos *ex lege* são criados em atenção à *qualidade do sujeito titular das acções*[68]. Sendo claramente acções especiais privilegiadas por esta via, sendo, não obstante estarmos perante acções, o privilégio ditado pela tutela dos interesses de um accionista particular e referencial, os direitos especiais indicados pelo art. 30.º, n.º 2 estão claramente próximos dos que são estatutariamente atribuídos a sócios quotistas.[69]

Esta particularidade *subjectivizante* das SADs (que também neste ponto as identifica com o figurino mais personalístico da sociedade por quotas[70], pois os direitos especiais não se objectivam nas participações em causa[71]) é uma óbvia manifestação do princípio do *privilégio* do clube *fundador*[72]. Mas encontra-se neste ponto particularmente *reforçado*.

---

[68] Cfr. RICARDO CANDEIAS, n. (191), pp. 78-79.

[69] Esta configuração da referência da especialidade dos direitos (e sua aproximação à sociedade por quotas) justifica que se sustente a intransmissibilidade dos direitos especiais no momento da transmissão das acções de categoria "A" (v. art. 21.º do RJSAD) a que respeitam, tal como se estivéssemos perante direitos especiais de natureza *não patrimonial* atribuídos a participações de uma sociedade por quotas, tal como estatui a segunda parte do art. 24.º, n.º 4, do CSC. Todavia, na circunstância de uma SAD, o facto de o adquirente dessas acções não conservar esses direitos não significa que, ainda que convertendo-se essas acções em acções de categoria "B" (porque o titular muda: v. art. 12.º, n.º 1, al. *b*), do RJSAD), elas passem a ser automaticamente acções ordinárias dessa categoria (tal como defende RICARDO CANDEIAS, n. (191), p. 79). Tudo depende do caso concreto; para serem acções privilegiadas (categoria "B") basta que lhe tenham sido atribuídos *ab initio* no pacto social (ou venham a ser em vida da SAD) outros direitos especiais de natureza *patrimonial*, como quinhoar mais que proporcionalmente nos lucros e no saldo de liquidação (mantemos a filosofia do art. 24.º, n.º 4, do CSC), que acompanham nessa hipótese a transmissão das acções. Subjacente a esta compreensão está a admissibilidade que fazemos de haver *subcategorias* de acções da categoria "B" – ordinárias, privilegiadas, diminuídas –, todas elas uniformizadas pelo facto de não serem tituladas pelo clube, dentro de um quadro de definição de duas *categorias principais* de acções assentes na qualidade do titular das acções, clube fundador e outros (com interesse para o nosso juízo, v. PAULO OLAVO CUNHA, *Os direitos especiais nas sociedades anónimas: as acções privilegiadas*, Almedina, Coimbra, 1993, pp. 143-147). Contra: RICARDO CANDEIAS, n. (186), pp. 75-76.

[70] Outras amostras: os arts. 7.º, 11.º, 18.º, n.º 1, sempre do RJSAD.

[71] Para este assunto, cfr., por todos, PAULO OLAVO CUNHA, pp. 217-221.

[72] O Preâmbulo do DL n.º 67/97 apresenta como uma das especificidades do regime das SADs o "sistema de fidelização da sociedade ao clube desportivo fundador, através, *designadamente*, da atribuição de direitos especiais às acções tituladas pelo clube fundador" (itálico nosso).

Por definição legal, os direitos especiais estão dependentes da sua *estipulação originária no negócio constituinte da sociedade* ou da sua *introdução nos estatutos sociais por alteração desse mesmo negócio* (arts. 24.º, n.º 1, 272.º, al. *c)*, do CSC).

Ora, o art. 30.º, n.º 2, do RJSAD refere que «as acções de que o clube fundador seja titular conferem *sempre*» esses direitos especiais. O que significará que, nesta matéria, encontramos uma das várias distorções ao regime comum das anónimas: mesmo que não se estipulem no contrato de sociedade, expressamente ou por remissão para a lei, esses direitos especiais serão eficazes perante a SAD.

Estamos, por esta razão, perante direitos especiais *sui generis*.

Em primeiro lugar, é compreensível que, em virtude dessa *especialidade necessária* das acções de categoria "A", se assegure, mesmo sem previsão estatutária (e para *acautelar* a falta dela), um *contrapeso* à eventual perda do controlo por parte do clube fundador na SAD – recorde-se que a «(...) a participação directa do clube fundador no capital social não poderá ser, a todo o tempo, (...) superior a 40% do respectivo montante» (art. 30.º, n.º 1, do RJSAD)[73].

Depois, é significativo que as acções de categoria "A" sejam criadas em consideração a *um sujeito previamente determinado*, em função do carácter essencial *da qualidade desse sujeito como entidade-pessoa prevalecente no objecto-actividade da SAD* – que, por isso, a lei privilegia *com um conjunto de poderes para além daqueles que se prevejam no pacto social e/ou independentemente dessa previsão*.

A concepção destes direitos como direitos *especialíssimos* é, além disso, a que se adapta melhor ao n.º 3 do art. 30.º. Aqui se estabelece que, para além do disposto no n.º 2, ou seja, para além dos direitos especiais *imperativamente atribuídos ao clube fundador* pela lei, podem os estatutos da SAD subordinar à autorização do clube fundador as deliberações da assembleia geral relativas às matérias especificadas no pacto. Ou seja, *por aplicação da regra geral do art. 24.º, n.º 1, do CSC, podem os estatutos prever outros direitos especiais que se acrescentam aos enumerados no art. 30.º, n.º 2, do RJSAD, em particular os de índole autorizadora do clube*

---

[73] Neste sentido, cfr. JOSÉ MANUEL MEIRIM, *Regime jurídico...*, cit., p. 137.

fundador para certos assuntos a seleccionar. O que quer dizer que a disciplina apenas vem "recordar" aos accionistas da SAD que podem servir-se da faculdade comum para *especializar ainda mais* as acções de categoria "A".
Por fim, não obsta a esta qualificação o disposto no art. 24.º, n.º 1, do CSC. O CSC e o RJSAD são actos normativos de força hierarquicamente idêntica, pelo que uma solução derrogatória como a estatuída pelo Decreto-Lei n.º 67/97, enquanto lei especial, é perfeitamente legítima, preferindo, na sua aplicação, à lei geral.

3.2. O benefício do art. 12.º, n.º 2, do RJSAD

3.2.1. Um outro reflexo do *privilégio do clube fundador* é a restrição operada pelo n.º 2 do art. 12.º: «As acções da categoria "A" só são susceptíveis de apreensão judicial ou oneração a favor de pessoas colectivas de direito público».

Tratando-se de uma situação de favor atribuída à categoria de acções tituladas pelo clube, e sendo plasmada pela lei, será este mais um direito especial *sui generis* conferido ao accionista de referência da SAD criada a partir de equipa? Será um benefício equiparável aos direitos especiais previstos no art. 30.º, n.º 2, RJSAD, que deverão seguir o respectivo regime?

Entendemos que não. Os direitos especiais que privilegiam certas categorias de acções são poderes e faculdades integrantes da participação social, em ordem à intervenção, ao gozo patrimonial e ao controlo na e da sociedade, em condições avantajadas em relação aos outros sócios; melhor, atribuem mais direitos do que os legalmente estabelecidos para as acções em geral, o que respeita ao exercício da posição dos sócios em face da sociedade e no raio de influência do seu funcionamento[74].

Em rigor, não é isso que caracteriza o privilégio estatuído pelo art. 12.º, n.º 2. No juízo do legislador, as acções especiais do clube fundador não deverão, *em regra*, ser objecto de *oneração*[75] – em

---

[74] Como "direitos de socialidade" (RAÚL VENTURA, p. 214), inscrevem-se "na moldura ou esfera corporativa" (FERRER CORREIA, *Lições de Direito Comercial*, vol. II, *Sociedades Comerciais. Doutrina Geral*, Universidade de Coimbra, 1968, p. 352).

[75] Enquanto manifestação de aquisição derivada constitutiva de direitos reais, caracterizada pela limitação ou compressão de um direito previamente existente, mais amplo e

particular, não devem sobre elas ser constituídos um direito de usufruto em favor de sujeito diferente do clube accionista ou um penhor dado em garantia de um crédito existente sobre o clube (v. o art. 23.º do CSC[76]) – ou de *apreensão judicial* (no âmbito de processos cautelares ou executivos, destinados a garantir ou reparar um direito de crédito não cumprido pelo clube) – inibe-se a apropriação material ou desapossamento das acções no âmbito de um procedimento de penhora (impenhorabilidade)[77] ou de uma situação de arresto cautelar[78]. [79]-[80]. A *excepção* é a legitimidade desta oneração

---

legitimador das faculdades do direito constituído: cfr. CARLOS MOTA PINTO, pp. 360-361, 363, CARVALHO FERNANDES, *Teoria Geral do Direito Civil. II. Fontes, conteúdo e garantia da relação jurídica*, 3.ª ed., Universidade Católica Editora, Lisboa, 2001, pp. 626, 627-628. E é neste âmbito que também outros diplomas se referem à oneração de bens para significar a constituição de direitos reais *menores* sobre eles (à luz do denominado princípio da elasticidade para a sua constituição e extinção). Por exemplo, ocorre-nos, só para o CCiv., os arts. 905.º e ss, 1682.º, 1682.º-A, 1687.º, n.ºˢ 3 e 4.

[76] V., ainda, os arts. 92.º, n.º 4, 293º, 325.º, 462.º, sempre do CSC, e 68.º, n.º 1, al. *g)*, 70.º, 81.º, 103.º, do CVM. Sobre a constituição de usufruto e penhor sobre participações sociais, v., com as referências legais pertinentes, COUTINHO DE ABREU, pp. 346 e ss, RICARDO COSTA, *A Sociedade por Quotas Unipessoal...*, cit., pp. 420 e ss.

[77] V. os arts. 817.º e 822.º do CCiv., arts. 811.º e ss, em geral, e, em particular, os arts. 857.º e 861.º-A, n.º 12, do CPC.

[78] V. os arts. 619.º e ss, do CCiv., arts. 406.º e ss, do CPC. Em termos de bens não sujeitos a arresto, regem as normas sobre a impenhorabilidade, em função da remissão feita pelos arts. 622.º, n.º 2, do CCiv., e 406.º, n.º 2, do CPC, para o regime da penhora.

[79] Não nos referimos propositadamente à providência cautelar de arrolamento (arts. 421.º, ss, do CPC). Esta, ainda que dirigida à descrição e especificação de bens, tem em comum com o arresto (bem como, já agora, com a providência inominada de *apreensão de bem litigioso* – art. 381.º, n.º 1, do CPC) o escopo de evitar o desaparecimento de bens que estão na titularidade ou posse do requerido, sendo para isso *apreendidos*. Esta apreensão serve para o depósito dos bens arrolados, operação pela qual se consideram entregues ao depositário (para a mobilização comparativa do arresto e do arrolamento, v. LEBRE DE FREITAS/A. MONTALVÃO MACHADO/RUI PINTO, *Código de Processo Civil Anotado*, volume 2.º, *Arts. 381.º a 675.º*, Coimbra Editora, Coimbra, 2001, *sub* art. 406.º, p. 122, *sub* art. 421.º, pp. 156-157). No entanto, parece que a «apreensão judicial» que o art. 12.º, n.º 2, inibe apenas se justifica nos casos de arresto ou penhora. De facto, só nestes se apreendem bens do devedor para os vender e, com o produto da venda, permitir pagar o credor. Logo, só nestas hipóteses se muda a titularidade dos bens apreendidos, que é aquilo que o preceito referido visa evitar (v. *infra*, 4.2.1.). Enquanto isso, no arrolamento apenas se assegura a conservação da coisa, diversa de dinheiro, enquanto a especificação ou a titularidade do direito sobre ela estiver em discussão na acção principal de que o arrolamento depende.

[80] A diversos negócios e actos de oneração e apreensão judicial se referem *em bloco* o art. 3.º, n.º 1, al. *f)*, do CRCom. (de quotas e seus direitos, no entanto), bem como o art. 68.º, n.º 1, al. *g)*, do CVM.

ou apreensão judicial se o sujeito interessado nessa constituição de direitos ou apreensão for uma pessoa colectiva pública.

No entanto, esta regra de insusceptibilidade de oneração e de apreensão (*maxime*, impenhorabilidade) selectivas não tem que ver com o exercício da posição de sócio do clube fundador no seio da SAD, mas com *um privilégio atribuído a um específico património do clube fundador* – as acções da SAD que fundou –, ainda e sempre em nome da preservação da posição accionista do clube fundador no seio do substrato pessoal da SAD. E com esta singularidade, ditada pela razão de ser do próprio princípio: a *excepção*, portanto, a oneração e a apreensão judicial, não pode ultrapassar o limite legal que assegura ao clube uma posição equivalente ou superior a 15% do capital da SAD.

Conclui-se, pois, que a ilegitimidade de apreensão judicial ou de oneração das acções de categoria "A" a favor de sujeitos que não sejam pessoas colectivas públicas *não é um direito especial do clube-accionista*, embora não deixe de ser uma vantagem que lhe assiste, *fundada no princípio do privilégio desse mesmo clube e condicionada pelo princípio da subsistência do mesmo*[81].

3.2.2. A estatuição do art. 12.º, n.º 2, do RJSAD levantou no nosso foro a questão de saber se este preceito violaria a Constituição. Assim seria na medida em que consubstanciaria uma *limitação excessiva dos direitos patrimoniais dos credores privados*, que não seria justificável por nenhum interesse público, designadamente por imperativos de ordem desportiva. Ademais, estaríamos perante uma *discriminação sem qualquer fundamento* desses credores relativamente às pessoas colectivas públicas. Numa acção judicial em que se colocava em causa a impenhorabilidade de acções da categoria "A" a favor dessa classe de credores, uma nossa instância de recurso invocou a ofensa do art. 62.º – que garante o direito de propriedade privada –, dos n.ºs 2 e 3 do art. 18.º – que se referem às condições de legitimidade das leis restritivas de direitos, liberdades e garantias –

---

[81] Esta vantagem (assim como, já agora, qualquer direito especial) não se confunde com as "vantagens especiais" dos sócios a que o CSC faz referência nos arts. 16.º, n.º 1, e 19.º, n.º 4. V. OLIVEIRA ASCENSÃO, *Direito Comercial*, vol. IV, *Sociedades Comerciais. Parte Geral*, Lisboa, 2000, p. 513, COUTINHO DE ABREU, pp. 214-215.

e o art. 13.º – que consagra o princípio da igualdade (sempre em referência à CRP).

3.2.2.1. É, todavia, mais curial defender a coerência e a razoabilidade da *diferenciação de tratamento em função dos sujeitos beneficiários* tendo justamente como pano de fundo a *posição privilegiada* e a *necessidade de subsistência do clube fundador* previstas no RJSAD, em particular na hipótese de (não) apreensão judicial dessas acções e da (consequente) limitação da garantia patrimonial dos credores privados.[82]

Segue-se a justificação (necessariamente sucinta):

a) Ao abrigo do art. 62.º da CRP, da garantia constitucional do direito de propriedade privada deve extrair-se a garantia do direito do credor à satisfação do seu crédito, englobando a possibilidade da sua realização coactiva, à custa do património do devedor. Esta garantia executiva não deve ser considerada como um *direito análogo aos direitos, liberdades e garantias*, de modo que qualquer restrição legislativa a essa garantia tenha de ser justificada nos termos e com o alcance do art. 18.º da Constituição, pelo que há-de reconhecer-se ao legislador um *poder de conformação* dos termos e de determinação do próprio alcance dessa garantia, sem a descaracterizar.

E, na realidade, verifica-se que são múltiplos os preceitos que estabelecem reduções a essa garantia do credor – seja pela configuração de certos bens como impenhoráveis (e, logo, insusceptíveis de arresto), seja pela autonomia resultante da separação de patrimónios – para satisfação de diversas finalidades de interesse público[83].

---

[82] Assim foi sustentado por VIEIRA DE ANDRADE no Parecer Jurídico formulado justamente para o caso *sub judice*, a que já fizemos referência *supra*, n. 1.

[83] Não deve, aliás, esquecer-se que a tutela da propriedade privada também protege o direito do devedor à integridade do seu património, cujo sacrifício só é admissível, no todo ou em parte, desde que seja necessário à satisfação do direito do credor. Sobre o ponto, v. PAULA COSTA E SILVA, "As garantias do executado", *Themis – Revista de Direito* n.º 7, *A reforma da acção executiva*, FDUL/GPLPMJ, Livraria Almedina, Coimbra, 2004 (2.ª reimp. da ed. de 2003), pp. 201 e 208.

Assim, a impenhorabilidade, absoluta ou relativa, de bens está prevista, em termos gerais, nos arts. 822.º, 823.º, 824.º e 824.º-A, do CPC[84], e tem sido decretada em várias matérias, como prevê o art. 822.º, por «disposições especiais»[85]-[86].

Desse modo, o art. 12.º, n.º 2, do RJSAD é, para este efeito, uma dessas *normas especiais*, constituindo uma situação específica de impenhorabilidade *relativa* – as acções do clube fundador na SAD só podem ser penhoradas ou arrestadas em determinada circunstância, ditada, na hipótese, pela *específica qualidade pública* do credor insatisfeito.

b) Não obstante, o poder de conformação que assiste ao legislador não pode desrespeitar o *conteúdo essencial* dessa garantia, não a descaracterizando, sendo proibidos, designadamente, sacrifícios arbitrários, discriminatórios, excessivos ou materialmente infundados dos direitos do credor. *Id est*, o preceito em apreço não deve efectuar uma discriminação arbitrária ou desrazoável, sob pena de desrespeito pelo princípio da igualdade, que, numa perspectiva *jurídico-substancial*, demanda que a *opção legislativa* não se apresente *intolerável ou inadmissível*. Para a valoração de um juízo sobre a (des)igualdade, é referenciado, como critério decisivo, a ponderação da *finalidade e razão de ser* da decisão jurídica. E o juízo apenas irá no sentido da desconsideração da igualdade quando não se encontre

---

[84] A este propósito, VIEIRA DE ANDRADE aduzio no mesmo documento que o TC, no Acórdão n.º 177/2002, de 23 de Abril, declarou, com força obrigatória geral, a inconstitucionalidade do segmento do art. 824.º do CPC que permitia a penhora, ainda que parcial, de prestações sociais, por entender que a penhora de rendimentos inferiores ao salário mínimo nacional "afecta sempre de forma inaceitável a satisfação das necessidades do executado e seu agregado familiar" – ainda que o preceito permitisse a isenção pelo juiz, esse mínimo não deveria poder ser sequer *ponderado* com "a natureza da dívida exequenda". Quer isto dizer que o TC sacrificou *absolutamente* a garantia patrimonial do credor nessas situações, o que não seria aceitável se estivesse em causa um direito, liberdade e garantia.

[85] Para uma descrição, v., por todos, FERNANDO AMÂNCIO FERREIRA, *Curso de Processo de Execução*, Livraria Almedina, Coimbra, 2003, p. 168-169.

[86] A doutrina entende que a ressalva operada no art. 822.º («além dos bens isentos de penhora por disposição especial»), "embora inserta na norma sobre a impenhorabilidade absoluta", "é mais geral: nem o art. 823.º nem o art. 824.º a retomam; no entanto, *há que ter em conta as disposições especiais que isentam certos bens de penhora por determinadas dívidas ou apenas em parte*" (LEBRE DE FREITAS/ARMINDO RIBEIRO MENDES, *Código de Processo Civil Anotado*, volume 3.º, *Arts. 676.º a 943.º*, Coimbra Editora, Coimbra, 2003, *sub* art. 822.º, p. 344, sublinhado da nossa responsabilidade).

para a opção do legislador um *fundamento material* para as *diferenças de regime e de tratamento*.

Pois bem. No que respeita à subtracção aos privados de uma garantia com que razoavelmente poderiam contar, sobretudo em comparação com a posição dos entes públicos, perante os quais não vale a impenhorabilidade das acções do clube na SAD, podemos afirmar que a solução legal não é arbitrária – visa assegurar a *projecção* e a *subsistência do clube associativo na SAD* – e que esse objectivo é entendido pelo legislador como um *objectivo de interesse público*, em consideração do papel de utilidade pública reconhecida ao clube para realização dos interesses desportivos, no contexto da LBSD[87]. Logo, é possível encontrar um critério *teleologicamente fundado* para o tratamento diferenciador previsto no conteúdo do art. 12.º, n.º 2 do RJSAD – uma razão de ser e um objectivo que, repetimos, o legislador elege como sendo de *interesse público*, em função das tarefas que são constitucionalmente cometidas ao Estado.

De facto, ao decidir que a impenhorabilidade das acções de categoria "A" por credores privados (concentremo-nos nesta parte do privilégio) seria *a regra* nas SADs constituídas por personalização de equipa, o RJSAD pretende preservar *uma parte do património do devedor* – as acções correspondentes à participação do clube no capital da SAD – do ataque destinado à satisfação dos credores do clube, admitindo-o apenas no caso de os credores serem pessoas colectivas públicas (*a excepção*).

Este regime, assumido em dois patamares de escolha legislativa (a *tal regra e sua excepção*), justifica-se, como vimos, à luz dos interesses em jogo e da finalidade prosseguida pelo legislador: a de *permitir ao clube manter na sua titularidade as acções de categoria "A", para dessa forma manter a influência na SAD dessa associação de utilidade pública*. A circunstância de admitir a penhora e, portanto, a eventual futura substituição do clube por outros sócios, quando se trate de créditos de pessoas colectivas públicas, é ainda uma solução que se ancora numa razão de interesse público – *sacrifica-se a utilidade pública da participação do clube a um interesse público*.

---

[87] Relembre-se que o art. 79.º, n.º 2, da CRP, convida o Estado a uma parceria com as associações e colectividades desportivas na promoção, estímulo, orientação e apoio à prática e à difusão da cultura física e do desporto.

No entanto, mesmo assim, no entendimento que demos ao regime legal, a inultrapassável *subsistência* do clube na SAD obriga a que a apreensão *excepcional* das acções de categoria "A" esteja sempre condicionada pela *intocabilidade de uma posição do clube numa percentagem mínima de 15% do capital*. Daí que, sendo *imperativa* a norma do art. 30.º, n.º 1, do RJSAD, qualquer venda (executiva, como também voluntária) será sempre nula na parcela em que conduza à violação desse patamar mínimo (art. 294.º do CCiv.).

Nessa medida, concluímos com VIEIRA DE ANDRADE, torna-se coerente e não é tão extensa como podia parecer à primeira vista a desigualdade ou diferenciação entre os credores públicos e os credores privados.

3.2.2.2. Poderá, no entanto, sustentar-se que não é bem assim ou que, apesar de tudo, seria desrazoável, por ser excessiva, esta protecção dos interesses do clube na SAD. Nesse sentido se destacam alguns argumentos, que vamos agora considerar.

a) Dir-se-á, desde logo, que o privilégio do clube fundador é desmedido neste quadro, uma vez que, ainda que pudesse ser compreensível para a insusceptibilidade de oneração, não se vislumbra razão para evitar a apreensão judicial, tanto mais que o RJSAD, no seu art. 21.º, estabelece que o acto constituinte da SAD não pode limitar a transmissão de acções.

Em resposta, poderá salientar-se que este tratamento é tão excessivo como os restantes preceitos que protegem *reforçadamente* o clube fundador. Sem ir mais longe, o exemplo mais flagrante é a previsão legal de direitos especiais que privilegiam as acções de categoria "A", mesmo que não tenham sido previstas no contrato de sociedade e, possivelmente, em acrescento aos direitos especiais estatutariamente convencionados. A *linha de fundo* é sempre a mesma e compreende-se: *a constituição e manutenção de uma relação preferencial societária com o clube fundador, que utiliza a participação em SAD como uma actividade-meio ou actividade-recurso para a prossecução do seu objecto estatutário* (em função do princípio da especialidade de fim).

Outra coisa é o clube transmitir *voluntariamente* as suas acções (pode, e até deve, fazê-lo, *v. g.*, para prosseguir a sua actividade principal, escolhendo outros sócios para a sua "empresa" societária). É com esse alcance que o art. 21.º afasta as possíveis limitações que o contrato de sociedade podia conter para a transmissão de acções nominativas, previstas no art. 328.º, n.º 2, do CSC. Mas é só isso o que o art. 21.º pretende. Usá-lo como argumento para demonstrar que limitar a apreensão ou oneração das acções de SADs é incompatível com a sua estatuição *provaria demais*: mesmo que, seguindo o regime comum, se pudessem efectuar limitações estatutárias à transmissão de acções nominativas, condicionando-a ao consentimento da sociedade ou a outros requisitos, elas seriam sempre *inoponíveis em processo executivo* (art. 328.º, n.º 5, do CSC). Isto significa muito simplesmente que restringir a transmissão de acções nominativas não contende com a sua penhorabilidade ou susceptibilidade de arresto, pelo que é irrelevante para esta apreensão a opção legal sobre essa faculdade restritiva.

Não é, pois, certo que o art. 21.º implique necessariamente a livre susceptibilidade de apreensão de todas as acções de uma SAD, só por a apreensão ser a providência necessária e anterior à transmissão a operar em benefício do credor.

Na realidade, não deve confundir-se *pressuposto para apreensão* com *decisão-regra de impossibilidade de apreensão*. Claro que uma penhora ou um arresto só faz sentido se incidir sobre bens susceptíveis de subsequente alienação[88]. Por isso, em princípio, o regime da *penhorabilidade* deve seguir o definido pela lei substantiva para a *alienabilidade*, a não ser que *lei substantiva* decrete a indisponibilidade dos direitos sobre certo bem do património do devedor (art. 821.º, n.º 1, do CPC)[89].

No regime do RJSAD, porém, não se estabelece esta indisponibilidade, pelo que não se actua sobre o pressuposto para apreensão das acções de categoria "A". Apesar de o pressuposto existir, o RJSAD rompe, num outro patamar, com a indissociação entre o regime da alienabilidade e o da penhorabilidade, ao destinar *expressamente* que as acções da categoria "A", ainda que alienáveis sem

---

[88] Cfr. LEBRE DE FREITAS, "Da impenhorabilidade do direito do lojista de centro comercial", *Estudos sobre direito civil e processo civil*, Coimbra Editora, Coimbra, 2002, p. 577.
[89] Cfr. LEBRE DE FREITAS, *últ. ob. cit.*, pp. 578, 582-583, 586-587.

limitações, não são *em regra* apreensíveis[90]. Só quando a regra se excepciona em favor dos credores públicos é que a penhorabilidade volta a seguir a alienabilidade incondicionada.

b) Outro argumento utilizado é o de que o art. 20º, n.º 4, da própria LBSD determinaria a tutela dos credores do clube, sem distinguir entre privados ou públicos, o que constituiria, para além de uma ofensa à Lei de Bases, um claro indício de desrazoabilidade do tratamento diferenciado estabelecido pelo RJSAD em relação aos credores privados.

Vimos já que não é bem assim.

O art. 20.º, n.º 4, não ordena a protecção dos credores *de um modo indistinto*. Destacámos que o denominador comum a ambas as disciplinas de regulação das sociedades desportivas que deram corpo às coordenadas da LBSD foi a preocupação em tratar preferencialmente os credores estaduais, *maxime*, o Fisco e a Segurança Social. E recorde-se agora que foi para essa finalidade urgente que mais se salientou o saneamento económico e financeiro dos clubes que as SADs proporcionariam. E esta observação ajudou-nos a precisar que a referência feita na LBSD a credores devia ser interpretada *apenas* em relação aos *credores portadores de interesse público* (v. *supra*, 1.2.3.).

Ora, os sujeitos que se definem pela prossecução, de forma imediata, necessária e por direito próprio de um interesse público – critério de satisfação de necessidades colectivas, em que o processo de satisfação é assumido pela colectividade, ela própria –, serão as

---

[90] E, se afirmámos antes o *intuitus personae* realçado pelo RJSAD nos vários momentos de protecção do clube fundador (v. *supra*, em especial, 2.3.2., 2.4.3. e 2.4.4.), esta impenhorabilidade das acções tituladas pelo sócio *privilegiado* joga com as soluções ditadas, para as denominadas "sociedades de pessoas", pelos arts. 999.º, do CCiv. (para a sociedade civil simples), 183.º, n.º 1, 474.º, do CSC (para a sociedade em nome colectivo e a sociedade em comandita simples), que disciplinam a matéria da (im)penhorabilidade das respectivas participações. Percebe-se o interesse do RJSAD, comum ao interesse dessas formas societárias (ainda que para todos os sócios de responsabilidade ilimitada): se é fortemente atendível a qualidade de um sócio no exercício da actividade social, é perceptível que se impeça a entrada coactiva na SAD de sujeitos por ele indesejados (o que nos afasta de um raciocínio baseado na indissociação entre venda voluntária e venda executiva forçada das acções de categoria "A").

pessoas colectivas públicas, no exercício da função administrativa do Estado-colectividade[91].

Assim se explica, a nosso ver, a diferenciação prescrita pelo art. 12.º, n.º 2, do RJSAD, enquanto *juízo excepcional* de tutela dos credores públicos. Não em sentido contrário à LBSD, antes em absoluto respeito para com ela e justificando o afastamento do princípio do *privilégio do clube fundador* em sede de apreensão judicial das respectivas participações em SAD.

Assim como se justifica a regra da impenhorabilidade, em função do privilégio do clube fundador na composição e subsistência de SAD constituída por personalização de equipa, assim também se compreende a excepção em favor das pessoas colectivas públicas *em nome da prossecução do interesse público*.

Ora, como dissemos antes, não nos parece que seja irrazoável o benefício das entidades de interesse público em matéria patrimonial. É uma ideia que atravessa o ordenamento jurídico e que não é obviamente desprovida de razão.

Talvez se pudesse dizer, no entanto, que o interesse público em causa nas relações do Estado com os clubes societários que a Lei de Bases quis (e quer) proteger não obrigaria a que o âmbito subjectivo do benefício fosse tão longe. Talvez não fosse necessária a inclusão, para salvaguarda do interesse público, de *todas* as pessoas colectivas públicas, sem distinção.

O argumento poderia, assim, conduzir a uma *restrição teleológica* do âmbito da excepção para considerar os créditos do *Estado--comunidade* – os que se destinam à promoção e satisfação de necessidades colectivas primárias, como os créditos fiscais e da Segurança Social –, bem como porventura outros créditos públicos necessariamente associados às actividades dos clubes desportivos – por exemplo, os relativos ao policiamento dos espectáculos desportivos realizados em recintos desportivos (Decreto-Lei n.º 238/92, de 29 de Outubro – v. art. 3.º).

Mas não foi essa a opção normativa do RJSAD, que, tal como a generalidade dos preceitos relativos a impenhorabilidade, prefere

---

[91] Neste sentido, cfr. MARCELO REBELO DE SOUSA, *Lições de Direito Administrativo*, vol. I, Lex, Lisboa, 1999, pp. 145-149; em complemento, v. igualmente FREITAS DO AMARAL, *Curso de Direito Administrativo*, vol. I, Livraria Almedina, Coimbra, 2001, pp. 41-43.

abranger indistintamente todas as pessoas colectivas públicas – só que tal não é suficiente para que se possa concluir pela falta de razoabilidade da diferenciação em favor dos créditos públicos.

c) Poderia sustentar-se, por fim, que a restrição operada pelo art. 12º, n.º 2, deixa os credores privados do clube numa posição muito frágil e *desequilibradamente* prejudicados no seu direito de efectivação de créditos incumpridos, uma vez que será corrente que os clubes realizem as suas entradas no momento da constituição da SAD, participem em aumento de capital ou transfiram direitos através de ou relativos a bens em espécie penhoráveis da sua titularidade (à falta de dinheiro; v. o art. 31.º do RJSAD), ficando o seu património com significância quase reduzido às acções da SAD.

Diga-se, contudo, que este cenário não é uma fatalidade, embora se possa confirmar *em concreto*. De facto, a transferência de direitos e obrigações do clube para a SAD é em parte *obrigatória* (art. 33.º) e, quando feita a título *facultativo*, não depende do consentimento da contraparte (art. 32.º)[92].

Refira-se, porém, que desta transmissão está excluída a alienação do direito de propriedade sobre as instalações desportivas – se há casos de alienação, a realização de entrada ou venda devem ser consideradas nulas, por aplicação do art. 35.º do RJSAD e do art. 294.º do CCiv. –, que podem ser colocadas à disposição da SAD a vários títulos, mas sempre onerosamente. Ora, esta contrapartida (importante) é um bem penhorável por qualquer credor do clube (por exemplo, se for arrendamento, a renda percebida pelo clube está submetida ao procedimento do art. 861.º do CPC).

De todo o modo, tem de reconhecer-se que quanto maior for a transferência de activos do clube para a SAD, mais frágil se torna a posição dos seus credores, pelo menos os que antes não garantiram sobre outros meios patrimoniais os seus créditos – e que isso atinge em especial os credores privados.

---

[92] Incluem-se, por exemplo, as posições que o clube detém nos denominados "passes" dos atletas, nos contratos de transmissão televisiva, de patrocínio e *merchandising*, de publicidade estática e de concessão de bares e quiosques nos estádios e nos outros recintos desportivos, etc. Note-se, porém, que o n.º 4 permite que os credores não fiquem totalmente desprotegidos. Sobre o ponto, v. RICARDO CANDEIAS, n. (242), p. 101.

Só que essa diminuição da garantia privada não se revela *intolerável*, na medida em que o preceito legal que a determina apresenta uma justificação para ela e, de todo o modo, corresponde apenas a uma parcela do património dos clubes, com um limite máximo legal.

E, por outro lado, também não pode considerar-se *desrazoável* a diferenciação que conduz à protecção acrescida dos credores de interesse público, até porque ela não é única no *ordenamento normativo das SADs*. Registe-se que, em *socorro* dessa classe de credores, o legislador veio declarar *a responsabilidade subsidiária da SAD em relação às dívidas fiscais e à Segurança Social do clube fundador*, até ao limite do valor dos activos que tenham sido transferidos pelo clube a favor da SAD (art. 7.º da Lei n.º 103/97: regime fiscal específico das SADs). Uma *válvula de escape* que assiste àqueles credores públicos para compensarem a *diminuição da garantia patrimonial que resulte dessa transferência de bens e direitos*: é óbvio. Mas notório é que, uma outra vez e em consonância com a filosofia subjacente ao art. 12.º, n.º 2, do RJSAD, também nesta matéria se conformou uma norma em inequívoca protecção dos direitos de crédito de uma certa categoria de credores do clube devedor e constituinte de SAD. O que quer dizer, em termos de unidade interpretativa dos dois preceitos, que as soluções normativas de ponderação dos interesses do clube fundador e dos interesses dos seus credores batem certo e são uniformes.

SIGLAS E ABREVIATURAS

Al./Als.	Alínea/Alíneas
Art./Arts.	Artigo/Artigos
CCiv.	Código Civil
CRCom.	Código do Registo Comercial
CPC	Código de Processo Civil
CSC	Código das Sociedades Comerciais
CRP	Constituição da República Portuguesa
CVM	Código dos Valores Mobiliários
LBD	Lei de Bases do Desporto (2004)
LBSD	Lei de Bases do Sistema Desportivo (1990, 1996)
Riv. Dir. Sport.	Rivista di Diritto Sportivo
RDS	Revista de Derecho de Sociedades
RJD	Revista Jurídica del Deporte
RJSAD	Regime Jurídico da Sociedade Anónima Desportiva
SAD/SADs	Sociedade Anónima Desportiva/Sociedades Anónimas Desportivas
SGPS	Sociedade Gestora de Participações Sociais (também no plural)
TC	Tribunal Constitucional

PAINEL IV. EMPRESÁRIO DESPORTIVO

Nuno Barbosa
Uma Deontologia para o Agente de Jogadores

André Dinis de Carvalho
Relações Contratuais Estabelecidas entre o Desportista Profissional e o Empresário Desportivo

UMA DEONTOLOGIA PARA O AGENTE DE JOGADORES

Nuno Barbosa *

> «Celui qui, dans toute autre occasion, dirait: "cela est comme je le dis, parce que je dis que cela est ainsi", celui-là ne paraîtrait pas avoir dit grand'chose»
>
> BENTHAM, Jeremy, *Deóntologie, ou Science de la Morale*, I, Charpentier, Libraire Éditeur, Paris, 1834, p. 16 (tradução francesa da obra *Deontology or the Science of Morality).*

0. Introdução: objecto de estudo

A recentíssima Lei de Bases do Desporto determina que a profissão de agente de jogadores terá um regime jurídico próprio[1]. Iremos ter, pois, um *direito profissional do agente de jogadores.* E esse direito profissional não poderá deixar de englobar uma parte respeitante à *deontologia profissional,* isto é, ao conjunto de regras de conduta próprias da profissão.

O presente trabalho tem por propósito trazer à ordem do dia a discussão sobre essas regras de conduta. De fora, ficarão os direitos

---

* Advogado (nunobarbosa@rpda-law.com). Mestre em Direito (Ciências Jurídico-Empresariais, FDUC). Colaborador permanente da *Desporto & Direito, Revista Jurídica do Desporto.*

[1] Cf. art. 37.º, 4, da Lei n.º 30/2004, de 21 de Julho (LBD).

do agente de jogadores. E de fora ficarão também os deveres do agente de jogadores que sejam neutros do ponto de vista da conduta exigida, como sejam as regras de acesso à actividade.

1. Oportunidade de uma deontologia para o agente de jogadores

Mas justifica-se um direito profissional e uma deontologia para o agente de jogadores? Creio bem que sim.

Em primeiro lugar, trata-se de uma profissão que nos últimos anos adquiriu uma importância muito significativa, quer pelas verbas envolvidas, quer pelo número de profissionais existentes: «agents are discovering that there are more representatives than players available for representation, in the field» pode ler-se no site da Federação Inglesa de Futebol, numa página intitulada «Becoming an Agent»[2].

Em segundo lugar, o número de notícias vindas a público sobre conflitos envolvendo agentes é preocupante. Há agentes que, contra a vontade expressa do jogador, usam procurações para vincular o seu representado a clubes onde este não quer jogar; há clubes que contratam agentes para que estes convençam o seu representado a forçar a saída do clube onde joga; há jogadores que são tentados com prendas valiosíssimas para mudarem de agente; há atletas que vêm a público afirmar que usaram substâncias dopantes por acção do seu agente; as autoridades policiais investigam agentes por envolvimento em manipulações de resultados desportivos; temos agentes que representam o jogador na negociação com um clube e, no final, é o clube que paga a comissão ao agente por este ter defendido os interesses do jogador; temos agentes que são accionistas de referência em SADs, ao mesmo tempo que representam jogadores dessas SADs. Por fim, num artigo publicado na revista *Football Insider*,

---

[2] Cf. www.thefa.com/TheFA/RulesAndRegulations/Agents/Postings/2004/04/...
No recente texto de JOHN T. WOLOHAN, «The Regulation of Sports Agents in the United States», in *The International Sports Law Journal*, 2004, 3-4, p. 49, o Autor lembra que num estudo feito, em 1986, pela National Football League Player's Association se concluiu que o número de agentes licenciados era superior ao número de jogadores. E uma tão grande concorrência constitui, na opinião do Autor, terreno propício para o aparecimento da corrupção.

relata-se o caso de um agente FIFA que, tendo recebido uma importante comissão de um clube, viu-se confrontado com as seguintes exigências: um consultor reclamava 25% da comissão, um agente não licenciado reclamava 50% da comissão, um amigo da família do jogador cuja transferência deu origem à comissão exigia também 50% da mesma e, finalmente, um parente do jogador pedia 60% da referida comissão. Todos alegadamente tinham sido decisivos para convencer o jogador a assinar o contrato. Porém, a soma das partes que cada um reclamava era superior à totalidade da comissão. O agente estava abismado com todas estas pretensões [3].

Ora, esta crescente necessidade de regras para o exercício da profissão de agente de jogadores não passou despercebida. O Comité Executivo da FIFA aprovou um regulamento quadro para reger a actividade dos agentes de jogadores [4]; algumas federações, como a Federação Italiana de Futebol, elaboraram um regulamento próprio para esta actividade; em França, a Lei n.º 84-610, de 16 de Julho de 1984, contém, no seu preceito 15-2, algumas regras profissionais para o agente de jogadores; nos EUA existe o «Uniform Athlete Agents Act» e o «Sports Agent Responsibility and Trust Act»; finalmente, em Portugal, o regime jurídico do contrato de trabalho do praticante desportivo dedica um capítulo aos «empresários desportivos» [5].

2. Agente de Jogadores e Agente de Clubes

Roberto Cañas-Quirós, num artigo que tem por título *Ética general y ética profesional*, afirma que «todas as profissões implicam uma ética, porquanto se relacionam, de uma forma ou de outra, com seres humanos». Depois, acrescenta que nas profissões onde essa relação é mais directa ou imediata, mais evidentes são as implicações

---

[3] Cf. RICHARD LINDLEY, «The Football Transfer Jungle», in *Football Insider*, n.º 59, Janeiro 2004, p.17.

[4] Sobre a conformidade deste Regulamento com o *direito comunitário da concorrência*, leia-se o Acórdão do Tribunal de Primeira Instância das Comunidades Europeias (Quarta Secção), de 26 de Janeiro de 2005.

[5] Cf. Lei n.º 28/98, de 26 de Junho, arts. 22.º a 25.º.

éticas e maior é a necessidade de regras deontológicas[6]. Ora estas reflexões acerca da ética profissional são precisamente o meu ponto de partida para a discussão que proponho sobre a deontologia do agente de jogadores.

Olhando para os actos próprios do agente de jogadores, vemos que a sua actuação pode ser situada em dois planos distintos. Por um lado, o agente pode ser incumbido de auxiliar um jogador na negociação de contratos de trabalho desportivos. Por outro, o agente pode actuar por conta de um clube com vista a facilitar a transferência ou a contratação de um jogador. Nesta segunda função, o agente pratica actos típicos de um mediador – desenvolve contactos com potenciais interessados, no intuito de angariar um cliente, põe em contacto as duas partes e presta o seu auxílio na negociação. Ao invés, na primeira, o agente assume mais o papel de um prestador de serviços, cujo fim é essencialmente aconselhar uma das partes na defesa dos seus interesses. Ora, a relação de um agente com um clube é substancialmente diferente da relação entre o agente e o jogador. A primeira é momentânea, ao passo que a segunda é tendencialmente duradoura. Na primeira, a relação humana é menos directa, pois o negócio é feito entre os dois clubes, envolvendo um terceiro que é o jogador. Na segunda, a relação humana é mais intensa, pois trata-se de negociar o contrato do próprio jogador. Daí que neste último caso as implicações éticas e as exigências deontológicas sejam mais evidentes[7]. Vejamos, a seguir, alguns casos.

---

[6] Cf. ROBERTO CAÑAS-QUIRÓS, «Ética general y ética profesional», in *Revista Acta Académica,* Universidad Autónoma de Centro América, n.º 23, Novembro 1998, p. 14.

[7] Por outro lado, o facto de o tradicional agente de jogadores individual estar a ser substituído por sociedade de agentes que prestam os mais variados serviços aos jogadores, desde o auxílio na negociação dos contratos desportivos até à consultadoria financeira, fiscal, negociação de contratos de patrocínio, exploração do seu direito à imagem, etc., leva a que se comecem a colocar novas questões deontológicas, cf. JOHN T. WOLOHAN, *loc. cit.,* p. 55.

3. Deveres do agente para com os jogadores

3.1 A defesa da ética desportiva

Uma regra de conduta intuitiva que deve existir sempre no exercício da profissão de agente de jogadores prende-se com a ética desportiva. Atente-se nestes dois exemplos: nos jogos olímpicos de Atenas de 2004, uma atleta chinesa acusou o seu agente de, juntamente com um médico, lhe ter administrado substâncias dopantes sem o seu conhecimento; em Itália, um agente esteve envolvido numa tentativa de falsear os resultados desportivos de um *play-out* da Série C[8].

O que é que estes dois exemplos evidenciam?

Que o agente, pela profissão que exerce, está numa posição particularmente privilegiada para praticar actos violadores da ética desportiva.

De facto, a actividade do agente permite-lhe ter um conhecimento profundo das competições desportivas, uma grande proximidade com os sujeitos desportivos e, por último, uma relação de especial confiança e intimidade com os seus clientes: os atletas.

Assim, uma regra de conduta própria da profissão de agente de jogadores será a de se abster de adoptar qualquer comportamento violador da ética desportiva, na sua tríplice vertente de dopagem, corrupção e violência, incluindo-se o especial dever de não induzir o seu representado a ter esses mesmos comportamentos.

Os diplomas legais portugueses disciplinadores da ética no desporto já fazem referência, explícita ou implicitamente, ao agente de jogadores. No que toca à corrupção no fenómeno desportivo, vejam-se os arts. 3.º e 4.º do DL n.º 390/91, de 10 de Outubro; quanto à dopagem, atente-se nos arts. 5.º, 8.º, 1, e 23.º, 2, 3 e 6, do DL n.º 183//97, de 26 de Julho e ao art. 5.º do DL n.º 390/91, de 10 de Outubro.

Mas a resposta já não será tão intuitiva se colocarmos a defesa da ética desportiva num outro plano. Isto é, será exigível ao agente de jogadores que dê conhecimento às autoridades competentes dos

---

[8] Quanto a este último caso, cf. Andrea Zoppini, «I procuratori sportivi nell'evoluzione del diritto dello sport», in *Rivista di Diritto Sportivo*, Anno LI, n.º 4, Outubro-Dezembro 1999, p. 642.

actos praticados pelos seus clientes que sejam violadores da ética desportiva? A questão tem alguma pertinência. O DL n.º 183/97, de 26 de Julho, que contém o regime jurídico atinente à prevenção e combate à dopagem, refere que os sujeitos desportivos (incluindo o agente de jogadores) devem, «no âmbito das respectivas responsabilidades e tarefas, tomar todas as providências adequadas a desaconselhar e a prevenir» o uso de substâncias dopantes por parte do praticante desportivo. Além disso, o mesmo diploma estabelece uma obrigação para os técnicos e profissionais de saúde «de fazer sujeitar a controlo antidopagem os praticantes desportivos em relação aos quais se suspeite que possam estar a utilizar produtos, substâncias ou métodos considerados dopantes»[9]. Em Itália, exige-se até ao agente de pugilistas que denuncie o seu representado caso este recorra a substâncias dopantes[10].

Qual deve ser então a conduta exigível ao agente? Estará obrigado, por exemplo, a dar conhecimento às autoridades competentes do uso de substâncias dopantes por parte do seu cliente ou pelo contrário não lhe é exigível que fiscalize o consumo de *doping*?

A resposta terá de ser encontrada pela consideração em cada época do interesse que deve prevalecer, se o interesse público de defesa da verdade desportiva, se o interesse de salvaguarda da relação de confiança entre o agente e o seu cliente.

Se entendermos, como Roberto Cañas-Quirós, que entre os princípios fundamentais da deontologia profissional se conta o princípio da fidelidade ao cliente, teremos de concluir que não se pode obrigar o agente a revelar os factos violadores da ética desportiva relativos ao seu cliente[11].

3.2 *A defesa da liberdade do jogador*

O esquema contratual normalmente utilizado entre agente e jogador assenta num contrato em que o primeiro se obriga a promover

---

[9] Cf. art. 23.º, 3 e 4.

[10] Cf. GIACOMO BORRIONE, «Osservazioni sul contratto di procura sportiva nel pugilato professionistico», in *Rivista di Diritto Sportivo*, Anno LI, n.º 4, Outubro-Dezembro 1999, p. 659.

[11] Cf. *loc. cit.*, p. 14.

a carreira desportiva do segundo, a angariar clientes que estejam interessados nas suas prestações desportivas e a negociar os respectivos contratos. O segundo, em contrapartida, obriga-se a pagar ao agente a respectiva remuneração. O contrato envolve normalmente o direito de o agente representar o atleta, pelo que é celebrada concomitantemente uma procuração, em regra "irrevogável", visto também ser conferida no interesse do procurador[12].

Mas a prática tem demonstrado que nem sempre a vontade do jogador é tida em conta pelo agente. Leia-se o seguinte exemplo.

O agente, em representação do atleta, celebra um contrato promessa de contrato de trabalho desportivo com um clube interessado no jogador, onde está incluída uma cláusula penal elevadíssima. O jogador quando descobre a identidade do clube contratante perde o interesse. Mas é confrontado com a cláusula penal.

Esta situação toca o problema do respeito pela liberdade do atleta na escolha do clube. E esta liberdade assume uma preponderância que ultrapassa o campo meramente económico, pois na opção que o jogador faz são tidos em consideração aspectos como o treinador da equipa, as competições em que a equipa estará envolvida e respectivas aspirações, a composição do plantel, as possibilidades de jogar, a localização e as instalações do clube, entre outras. Ora, numa profissão em que o agente está incumbido de auxiliar o jogador na celebração do contrato de trabalho desportivo, a liberdade pela escolha última do clube é algo que o agente não deve nunca desrespeitar. Assim, a meu ver, um regime jurídico da profissão de agente terá de consagrar a proibição de este praticar actos que diminuam, directa ou indirectamente, a liberdade do jogador na escolha do clube a que se vinculará.

3.3 *Conflitos de interesse: a retribuição do agente*

Outro plano onde se jogam importantes questões deontológicas é o da existência de conflitos de interesse. E no âmbito dos conflitos de interesse eu destacaria dois domínios onde o problema é vivido com maior acuidade: o domínio da retribuição e o domínio da participação do agente em SADs. Vejamos o primeiro.

---

[12] Cf. art. 265.º, 3, do Código Civil.

Suponham-se estes dois casos: um jogador em fim de contrato encarrega o seu agente de procurar um clube interessado em celebrar com o jogador um contrato de trabalho desportivo. Feitas as suas diligências, o agente encontra um interessado e negoceia os termos do referido contrato, nomeadamente a sua duração, o vencimento que o jogador irá auferir e eventualmente um prémio de assinatura. Concluídas as negociações o contrato é celebrado e o agente, que participou nesta relação em defesa dos interesses do jogador, recebe a sua retribuição do clube contratante.

Um segundo caso: o clube A quer contratar um jogador que joga no clube B. Para o efeito encarrega um agente de negociar os termos da transferência. O agente tem que chegar a acordo com o clube B e tem de chegar a acordo com o jogador. No final, se a transferência se concretizar o agente receberá uma comissão do clube A. Mas imagine-se que o jogador em questão tem também um agente para defender os seus interesses, o qual já se vê é chave fundamental para o sucesso no negócio. Ora pode dar-se o caso de este agente procurar inviabilizar o negócio entre o clube A e clube B e procurar um clube C interessado no jogador. Se o conseguir, receberá ele a comissão pela transferência.

O que é que estes dois casos têm em comum? Em ambos, o jogador tem um agente encarregue de defender os seus interesses; em ambos, o agente é retribuído pela contraparte.

Assim, é de pensar que o facto de o agente receber a sua remuneração do clube contratante cria uma especial intimidade e uma recíproca boa vontade pouco favorável aos interesses do jogador por si representado. Daí que uma regra de conduta exigível ao agente que tem um contrato de representação de um jogador será precisamente a de não ser retribuído pelo clube que contrate o jogador, por existir manifesto conflito de interesses. E esse conflito de interesses enfraquece a independência do agente, levando a que este possa ser tentado a privilegiar o seu interesse pessoal em detrimento do interesse do jogador, violando assim a confiança em si depositada por este.

Note-se, todavia, que este conflito já não se vislumbra tão nitidamente em relação ao clube vendedor. Imagine-se que o agente representa o jogador na celebração do contrato de trabalho desportivo com um clube interessado e simultaneamente representa o clube vendedor na transferência. Nesta hipótese, o agente actua, para o clube vendedor, como um típico angariador; para o jogador, a sua função é a de negociar os termos da nova relação laboral desportiva. No primeiro caso, a preocupação do agente é o sucesso da transferência entre clubes, no segundo, o seu objectivo é celebrar o melhor contrato de trabalho possível para o jogador. A pergunta que se impõe é esta: será que o facto de o agente estar interessado na realização da transferência pode levá-lo a ser menos diligente na defesa dos interesses do jogador? Ou, dito de outro modo, será que o facto de o agente receber uma comissão em caso de sucesso da transferência diminui a sua independência para defender os interesses do jogador?

Creio que sim, embora reconheça que o conflito de interesses neste caso é menor.

Pois bem, é possível que um adequado conjunto de regras sobre a remuneração dos agentes elimine este conflito de interesses.

Algumas das regras existentes já o procuram fazer. Assim, o art. 24.º da Lei n.º 28/98, de 26 de Junho, estatui que os agentes só podem ser remunerados «pela parte que representam». O art. 12.º, 3, do Regulamento Relativo aos Agentes de Jogadores aprovado pela FIFA refere que o agente «apenas poderá receber remuneração do cliente que tenha contratado os seus serviços e de nenhuma outra parte» e o art. 14.º, al. d), acrescenta que o agente tem por obrigação «representar os interesses de apenas um das partes, em cada negociação de transferência». O art. 15-2, III, da Lei francesa n.º 84-610, de 16 de Julho de 1984, diz que o agente apenas pode agir por conta de uma das partes da relação contratual, e só essa o pode remunerar. Por sua vez, o art. 10.º, 3, do Regulamento para o Exercício da Actividade de Agente de Jogadores, aprovado pela Federação Italiana de Futebol, refere que o «agente só pode ser retribuído pelo jogador ou pelo clube que usufrui dos seus serviços».

A meu ver, a regra que melhor permitiria eliminar o conflito de interesses acima referido seria a seguinte: o agente que tenha um contrato de representação com um atleta apenas pode ser retribuído por este, estando-lhe vedado receber alguma outra contrapartida de qualquer um dos clubes envolvidos na transferência. Reconheço, todavia, que a consagração de uma tão ampla limitação poderia fazer com que os clubes que desejassem transferir os seus jogadores se vissem impossibilitados de recorrer aos serviços de um agente. Daí que talvez se devesse admitir que o agente que representa um jogador possa ser contratado pelo seu clube para o tentar transferir, mas neste caso, dever-se-ia proporcionar ao jogador algum meio de defesa, eventualmente dar-lhe a possibilidade de resolver o contrato com o agente.

Por outro lado, a defesa do interesse do jogador reclama que a retribuição do agente seja aferida em função das remunerações daquele. Assim, em primeiro lugar, o cálculo da retribuição deve ter base o vencimento do jogador e, em segundo lugar, o pagamento deve ser feito em prestações que se vençam ao longo do período do contrato. Mais discutível é a questão de saber se a obrigação de pagar só existe em relação aos montantes efectivamente recebidos pelo jogador, isto é, se o risco de incumprimento por parte da entidade patronal também deve ser transferido para o agente[13].

3.4 Conflitos de interesse: o agente accionista de SAD

A possibilidade de o agente ser accionista de uma SAD é outra fonte de conflitos de interesse.

Quando uma SAD negoceia um contrato de trabalho desportivo com um jogador, os interesses de cada uma das partes conflituem: a SAD quer pagar-lhe o menos possível; este, por sua vez, aspira à máxima retribuição. Os interesses em conflito vão encontrar-se no agente do jogador que seja accionista da SAD. O agente, por ser sócio, partilha, em maior ou menor medida, do interesse da SAD. Mas enquanto representante do jogador deve defender o interesse deste em receber a maior retribuição possível pela sua prestação desportiva. E este conflito é mais intenso quanto maior for a percentagem do agente no capital da SAD.

Do ponto de vista deontológico, como é que se deve perspectivar este problema?

Há, pelo menos, duas soluções possíveis.

A primeira consiste em eliminar o problema à partida, limitando a participação de agentes no capital social das SADs.

---

[13] Quer o art. 12.º, 5, do Regulamento Relativo aos Agentes de Jogadores aprovado pela FIFA, quer o art. 10.º, 5, do Regulamento para o Exercício da Actividade de Agente de Jogadores aprovado pela Federação Italiana de Futebol permitem que a remuneração do agente seja paga de uma só vez, no início do contrato, ou em prestações anuais durante o período de vigência do mesmo.

Outra consiste em criar para o agente o dever de informar o jogador sobre o montante da sua participação na SAD. A omissão deste dever pode ser sancionada por diversas vias, nomeadamente com a possibilidade de o jogador resolver o contrato que o liga ao agente. Pode igualmente ponderar-se uma eventual repercussão no contrato de trabalho desportivo celebrado entre o jogador e a SAD na qual o agente participa. A este propósito, gostaria de apresentar um caso passado nos EUA que envolveu os Detroit Lions e o agente Argovitz[14]. Este agente aconselhou um seu cliente a celebrar um contrato de trabalho desportivo com um clube chamado Houston Gamblers. Simplesmente o agente tinha uma participação neste último clube. O jogador, por seu turno, conhecia esse facto, mas desconhecia que essa participação era muito significativa. Isso levou a que o tribunal permitisse que o jogador se desvinculasse do Houston Gamblers e da relação que tinha com o seu agente.[15]

4. Deveres recíprocos dos agentes

Existem diversas situações em que agentes diferentes estão envolvidos no mesmo negócio. Isso acontecerá quando na transferência de um jogador cada um dos clubes contratantes tem o seu agente, quando no referido negócio o clube comprador tem um agente enquanto que o jogador tem outro agente, quando o clube encarrega

---

[14] Cf. JONH C. WEISTART / CYM H. LOWELL, *The Law of Sports. 1985 Supplement*, The Michie Company, Charlosttesville, Virgínia, 1985, p. 53.

[15] O facto de o agente ser um accionista de referência em SAD pode levar ainda a outro tipo de conflitos de interesse. Suponha-se o seguinte exemplo, naturalmente hipotético: o clube de uma determinada SAD tem um jogo decisivo, que poderá determinar a sua subida ou descida de divisão. Por sua vez, alguns jogadores titulares do clube adversário são representados por um agente que é accionista de referência da SAD em questão. O agente ver-se-ia confundido por uma dualidade de preferências, ambas perfeitamente legítimas: de um lado, enquanto representante dos jogadores do clube adversário, gostaria, obviamente, que eles tivessem o melhor desempenho possível; mas, por outro lado, era tentado a desejar-lhes uma tarde particularmente desinspirada. Claro que este conflito de interesses não é preocupante, porquanto as contradições emocionais do agente são um problema exclusivamente seu, sem reflexos no mundo desportivo. O problema só surgiria caso os jogadores por si representados fossem de tal forma afectados por essa angústia interna do agente que acabassem mesmo por ter uma partida anormalmente desinpirada...

vários agentes da transferência de um dado jogador, etc. Em todas estas ocasiões, é exigível que os agentes tratem com lealdade e consideração os colegas e que respeitem os respectivos compromissos contratuais [16].

Mas é sobretudo na concorrência entre agentes para obter a melhor carteira de clientes que se sente uma maior necessidade de clarificação.

Na verdade, parte importante dos problemas envolvendo agentes e jogadores diz respeito à desvinculação do jogador do contrato celebrado com o agente. Não é caso raro um agente presentear os jogadores com bens de elevado valor no intuito de os convencer a celebrar um contrato de representação. O problema surge quando o jogador está vinculado a outro agente. Por vezes, o jogador, na mira de obter uma melhor representação e estimulado pelas ofertas que lhe são feitas, não hesita em desvincular-se do seu agente, trocando-o por um outro. Este problema, tão delicado quanto frequente, tem-se revelado uma importante fonte da litigiosidade entre agentes, jogadores e clubes.

Como equilibrar os dois interesses envolvidos: o do jogador em cessar a relação com o agente actual e o do agente que, tendo prestado os serviços a que se vinculou, quer preservar o direito à sua retribuição?

Eu penso que este problema seria atenuado se se consagrassem as seguintes regras. O contrato entre o agente e o jogador deveria ter um prazo máximo previsto na lei e a sua renovação deveria carecer de forma escrita. Deste modo, preservar-se-ia a liberdade do jogador. Em contrapartida, durante o período do contrato o jogador, poderia denunciá-lo a todo o tempo, mais uma vez em nome da defesa da sua liberdade, simplesmente em caso de denúncia o agente preservaria o direito à sua retribuição [17].

---

[16] Esse mesmo *dever de lealdade* para com os colegas está consagrado no ponto IV do Código Deontológico do Regulamento Relativo aos Agentes de Jogadores, aprovado pela FIFA, e no ponto IV do Código de Conduta Profissional do Regulamento para o Exercício da Actividade de Agente de Jogadores, aprovado pela Federação Italiana de Futebol.

[17] A este propósito, cf. as soluções consagradas no art. 12.º, 6, do Regulamento Relativo aos Agentes de Jogadores aprovado pela FIFA e nos arts. 11.º e 13.º do Regulamento para o Exercício da Actividade de Agente de Jogadores, aprovado pela Federação Italiana de Futebol.

5. Deveres dos agentes para com os clubes

O facto de um agente receber uma comissão na transferência do jogador que representa, seja a comissão paga pelo novo clube, seja a comissão paga pelo clube que transfere, leva a que os agentes vejam com bons olhos essas transferências.

A imprensa relata com alguma frequência casos em que um clube contacta um agente apresentando-lhe uma proposta para o jogador que este representa. Na sequência desse contacto, o jogador começa a adoptar comportamentos que, do ponto de vista do clube empregador, são inaceitáveis. E o fim da história é invariavelmente o mesmo: o jogador acaba por ser transferido.

Facilmente se percebe o prejuízo que o clube no qual o jogador joga sofre. Este passa a ter um rendimento menor, o seu comportamento pode ter reflexos na prestação global da equipa e, finalmente, o clube acaba por ter de transferir o jogador em condições menos vantajosas.

Assim, do ponto de vista deontológico, uma das condutas exigíveis ao agente é a de respeitar a relação laboral desportiva entre o jogador que representa e o respectivo clube, nomeadamente abstendo-se de praticar qualquer acto susceptível de induzir o jogador a violar os seus deveres para com o clube.

Este dever vem aliás consagrado no Regulamento Relativo aos Agentes de Jogadores aprovado pela FIFA, cujo art. 14.º, al. c), refere que o agente está obrigado a «nunca contactar um jogador vinculado a um clube por meio de um contrato, com o objectivo de o persuadir a rescindir o seu contrato prematuramente ou a não cumprir com as obrigações e deveres estipulados no mesmo». A mesma regra é reiterada no Código Deontológico anexo a este regulamento, cujo ponto IV refere como uma das obrigações dos agentes a de «abster-se de qualquer acção que possa induzir os clientes a desvincular-se de terceiros»[18].

Mais uma vez se verifica a importância de um adequado conjunto de regras sobre a remuneração do agente para a concretização de fins deontológicos. De facto, ao consagrar-se a regra de que um agente

---

[18] Veja-se ainda o art. 3.º, 7, do Regulamento para o Exercício da Actividade de Agente de Jogadores, aprovado pela Federação Italiana de Futebol.

de jogador apenas por este pode ser retribuído, que o cálculo dessa retribuição tem de ter por base o vencimento do jogador e que o pagamento da mesma é feito ao longo do período de duração do contrato do jogador, diminui-se o interesse do agente pelas transferências de jogadores.

Naquela que é considerada a primeira obra sobre *deontologia*, Bentham Jeremy tem a seguinte tirada: «Celui qui, dans toute autre occasion, dirait: "cela est comme je le dis, parce que je dis que cela est ainsi", celui-là ne paraîtrait pas avoir dit grand' chose»[19].

Venha então o debate, pois as perspectivas que aqui trouxe não são um ponto de chegada, mas sim o apito inicial para um jogo de ideias sobre a tão complexa como interessante profissão de agente de jogadores!

---

[19] Cf. JEREMY BENTHAM, *Deóntologie, ou Science de la Morale*, I, Charpentier, Libraire Éditeur, Paris, 1834, p. 16 (tradução francesa da obra *Deontology or the Science of Morality*).

RELAÇÕES CONTRATUAIS ESTABELECIDAS ENTRE O DESPORTISTA PROFISSIONAL E O EMPRESÁRIO DESPORTIVO

André Dinis de Carvalho *

Pensamos que não haverá quaisquer dúvidas quanto à importância crescente da indústria subjacente ao Desporto profissional, que traz um inevitável investimento financeiro nesta área de actividade. É perante este estado de coisas que vemos emergir uma figura hoje em dia incontornável, o empresário desportivo, que será alguém devidamente investido dos necessários poderes pelas partes contratuais (clube ou atleta) para a negociação (e até conclusão) de contratos [1].

O empresário desportivo não tem suscitado, entre nós, uma significativa atenção por parte dos juristas. Com a importante ressalva do estudo que lhe é dedicado por João Leal Amado, na parte final da sua dissertação de doutoramento, o empresário desportivo tem escapado, por via de regra, a uma análise correspondente à importância inegável que é a sua, no mundo desportivo actual. Curiosamente, também na sua génese o empresário desportivo afirmou-se nos bastidores, sem atrair demasiado as luzes da ribalta. No início, nos EUA, o aparecimento do empresário desportivo foi olhado com

---

* Advogado, Mestre em Direito pela Universidade Católica Portuguesa (adinisdecarvalho-5147p@adv.oa.pt).

[1] Neste sentido, cfr. Dictionnaire permanent droit du sport, *Intermédiaire du sport* e E. Bayle, *Les intermédiaires*, Revue Juridique et Économique du Sport, 1995, n.º 35, págs. 55 ss.

maus olhos pelos representantes dos clubes, que se negavam, mesmo, a negociar com representantes dos desportistas, exigindo a negociação directa com estes, evidentemente muito mais proveitosa, dada a grande disparidade de negociação *inter partes*, por vezes existente à época.

Quanto à expansão da figura do empresário desportivo e para o sucesso que esta conheceu, por exemplo, nos EUA, podemos assinalar, desde logo, a organização e expansão de associações de desportistas, que paulatinamente se transformaram em verdadeiros sindicatos. Em segundo lugar, a acentuada competição entre os clubes que, através da criação de ligas profissionais diversificadas, acabou por redundar numa disputa, em termos salariais, entre os clubes filiados em diferentes ligas. Acresce ainda que a espiral de crescimento dos salários dos jogadores criou a estes novos problemas ou, se se preferir, novas oportunidades, em matérias tão diversificadas como o investimento dos rendimentos auferidos e o seu tratamento fiscal. Também os *mass media* criaram, mais uma vez, novas oportunidades e novos problemas, designadamente em matéria de gestão de imagem. A negociação da contratação dos desportistas sofreu também uma alteração sensível: por um lado, esta negociação tornou-se, do ponto de vista do desportista, significativamente mais livre, já que os tribunais americanos, a partir de 1972, se pronunciaram reiteradamente pela inconstitucionalidade de cláusulas de reserva e cláusulas de opção; por outro lado, importa também sublinhar que a profissionalização crescente da própria negociação tornou mais aconselhável que esta fosse realizada por outrem que não o desportista, num processo que, aliás, impede (ou, ao menos, atenua) que, em relação às vicissitudes da renegociação de um contrato, por exemplo, e ao seu impacto emocional, estes se possam repercutir directamente, e de maneira mais ou menos emotiva, na prestação do desportista e na sua relação com o clube [2].

A figura do empresário desportivo, que assim foi emergindo, acabou por apresentar uma polivalência, uma multiplicidade de facetas, que se traduziu, desde logo, num amplo leque de designações.

---

[2] Neste sentido, cfr. ICÍAR ALZAGA RUIZ , *La figura del representante de deportistas en el derecho estadounidense*, Revista Jurídica del Deporte, 2003-2, n.º 10, págs. 201 ss.

Sendo certo que, como JOÃO LEAL AMADO referiu[3], o empresário desportivo se apresenta no mercado como um representante do desportista que, de certo modo, reforça a posição deste no próprio mercado, e sendo igualmente certo que, como também já mencionou NUNES DE CARVALHO[4], se trata aqui de uma excepção legalmente admitida ao princípio da proibição da intermediação na celebração de contratos de trabalho, a verdade é que o empresário, tendo embora essa função de promover a celebração de contratos e de intervir nessa celebração, pode hoje desempenhar muitos outros serviços.

Tipicamente, o empresário desportivo não se apresenta como um mediador, já que não pretende ser neutro, mas antes representa os interesses de uma das partes. A sua actividade apresenta um certo paralelismo com a agência comercial, já que também o agente comercial tem como tarefa promover a celebração de contratos por conta de outrem, podendo intervir com ou sem poderes de representação. Simplesmente, a angariação de contratos não esgota, de modo algum, a actividade do empresário desportivo moderno. Este tende, frequentemente, a desempenhar tarefas que ultrapassam, em muito, a celebração deste ou daquele contrato, sucedendo inclusive que o empresário desportivo acabe por ser um verdadeiro gestor de toda a carreira do desportista. Com efeito, é frequente que o empresário desportivo desempenhe funções de assessoria fiscal ou financeira, por exemplo. Em certos casos, esta assessoria pode estender-se a domínios desportivos, sendo que o empresário aconselhará o desportista quanto às suas perspectivas de carreira e à equipa que lhe poderá interessar. Nos casos em que o desportista atinge uma certa notoriedade, é inclusive frequente que o empresário se encarregue de gerir a imagem do atleta e todos os negócios, por exemplo, de *merchandising* com ela associados. Esta diversidade de funções possíveis – sendo que terá de analisar-se, no caso concreto, quais as funções efectivamente desempenhadas pelo empresário – dificulta sobremaneira a qualificação jurídica do contrato celebrado entre o empresário e o desportista. No seu núcleo duro, dir-se-ia que existiria

---

[3] JOÃO LEAL AMADO, *Vinculação* versus *Liberdade, o processo de constituição e extinção da relação laboral do praticante desportivo*, Coimbra Editora, Coimbra, 2002, pág. 487.

[4] ANTÓNIO NUNES DE CARVALHO, *Ainda sobre a crise do Direito do Trabalho*, in II Congresso Nacional de Direito do Trabalho, Almedina, Coimbra, 1999, pág.70, nota 78.

um mandato[5] (um contrato pelo qual uma das partes, o mandante, encarrega outrem, o mandatário, de realizar um certo acto jurídico, no interesse e por conta do mandante) ou, porventura, um contrato de agência mercantil (o contrato pelo qual uma das partes, o principal, encarrega outrem, o agente, da actividade de promover a celebração de contratos por conta do principal). Contudo, importa reconhecer que a actividade do empresário desportivo não se reduz, hoje, à celebração ou à preparação da celebração do contrato, incluindo muitas outras prestações de informação, de aconselhamento, etc., o que nos sugere tratar-se aqui de um contrato misto. Afigura-se-nos, com efeito, que tais prestações de informação e de aconselhamento não são meras prestações acessórias da actividade de preparação da celebração do contrato. Em vez disso, é a celebração do contrato que se insere como um episódio, sem dúvida importante, numa relação duradoura entre as partes[6].

Muito embora não seja obrigatório, para o jogador e para os clubes, contratar os serviços de empresários desportivos, os jogadores, hoje em dia e quase sem excepção, recorrem aos seus serviços. Os jogadores são frequentemente contactados pelos empresários desportivos mal dão sinais de excelência, o que pode verificar-se a partir dos doze anos[7].

Como referem ADAM LEWIS e JONATHAN TAYLOR[8], o Regulamento da FIFA, de Março de 2001, contém 5 exigências básicas no que concerne à actividade do empresário desportivo: em primeiro lugar, um jogador só pode ser representado por um membro próximo de família (pais e irmãos), um advogado ou um empresário munido da necessária licença. Deve existir um acordo escrito entre o empresário e o jogador ou clube que ele representa, estabelecendo as

---

[5] O nosso regime legal acaba por confirmar a ideia de que estamos perante um mandato: art. 23.º n.º 4 da Lei 28/98, de 26 de Junho.

[6] Sobre estes problemas, em tese geral, cfr., entre outros, FERNANDO PESSOA JORGE, *O Mandato sem Representação*, Reimpressão, Almedina, Coimbra, 2001, PEDRO PAIS DE VASCONCELOS, *Contratos Atípicos,* Almedina, Coimbra, 1995 e RUI PINTO DUARTE, *Tipicidade e atipicidade dos contratos*, Almedina, Coimbra, 2000.

[7] Muito embora e de acordo com a Proposta de Lei de Bases do Desporto, esta venha proibir a actuação do empresário desportivo em nome e por conta de um desportista menor (n.º 3 do art. 34.º), actualmente art. 37.º da Lei de Bases do Desporto.

[8] ADAM LEWIS, JONATHAN TAYLOR, *Sport: Law and Practice*, Butterworths, Lexis Nexis, London, 2003, pág. 874.

condições financeiras da representação, e confirmando que ambas as partes estão vinculadas ao Regulamento. Em regra, e na prática, a percentagem varia entre 3 e 15% do valor da retribuição do jogador. Se o acordo nada disser sobre esta retribuição, o agente receberá, em regra, 5% do valor do contrato [9]. A remuneração de um empresário contratado pelo jogador deve ser calculada em função do salário de base bruto, obtido pelo jogador, nos termos do contrato de trabalho negociado pelo empresário (sem ter em conta todas as prestações complementares, como viatura, prémios ou alojamento). As partes devem prever, no acordo, se o pagamento tem lugar de uma só vez, à data da conclusão do contrato, ou por um pagamento periódico, no fim de cada ano contratual. Se as partes optarem por esta segunda solução, o empresário mantém o direito ao pagamento, caso a duração do contrato de trabalho exceda a duração do seu contrato com o seu cliente [10]. Este direito só se extingue no fim da relação de trabalho, ou quando o jogador conclui um novo contrato de trabalho, cuja negociação não foi conduzida por aquele empresário desportivo. Já o *FIFA players' status committee* decidiu que, mesmo um acordo de exclusividade com um determinado empresário desportivo não pode impedir o jogador de gerir, ele próprio, os seus negócios. Contudo, como também decidiu, o empresário mantém o seu direito à comissão, mesmo que não tenha intervindo numa transferência, se for introduzida uma cláusula expressa neste sentido no contrato. Se o jogador celebra um contrato com a duração de 4 anos com determinado clube e remunera o empresário com uma prestação única, calculada sobre essa duração, e é transferido ao fim de duas temporadas desportivas, graças à intervenção de outro empresário, pode considerar-se que o primeiro intermediário beneficiou, de maneira indevida, de uma remuneração sobre os dois últimos anos de contrato, que não foram, afinal, executados. Na hipótese de se tratar de um empresário desportivo contratado por um clube, a situação é diversa, devendo ser fixado o montante da retribuição logo à partida e no início das negociações [11]. Os acordos de representação de jogadores não devem durar mais do que dois anos, só podendo ser renovados

---

[9] Cfr. art. 12.º n.º 8 do Regulamento da FIFA, de Março de 2001.
[10] Cfr. art. 12.º n.º 7 do Regulamento da FIFA, de Março de 2001.
[11] Cfr. art. 12.º n.º 9 do Regulamento da FIFA, de Março de 2001.

expressamente. Um empresário desportivo só pode representar uma das partes nas negociações e só deve receber a sua retribuição da parte que representa. A razão pela qual o Regulamento da FIFA proíbe que os empresários desportivos recebam pagamentos simultaneamente de ambas as partes está em que, se o empresário soubesse que só iria receber um pagamento da equipa, ou mesmo de ambos, haveria um substancial conflito de interesses. Não seria claro se o agente estaria ou não a actuar de acordo com os melhores interesses do jogador que representa. Todos os empresários munidos de uma licença FIFA devem comprometer-se a respeitar um código de conduta e a regulamentação da FIFA aplicável aos empresários desportivos. Os empresários, para obterem esta licença, devem obter aprovação num exame [12] e contrair um seguro de responsabilidade civil ou, se tal não for possível, prestar uma garantia bancária, no valor de 100.000 Francos suíços [13]. A Circular 2001-742, da FIFA, de 1 de Março de 2001, enumera as cláusulas que têm que constar imperativamente da apólice do seguro de responsabilidade civil subscrito pelo empresário desportivo. Tais cláusulas dizem respeito à definição das actividades do empresário, ao montante coberto pela apólice, o campo de aplicação no espaço e no tempo e a referência ao Regulamento da FIFA, que força a seguradora a aceitar estas disposições.

Antes de Março de 2001, os empresários desportivos podiam solicitar uma de duas licenças: ou uma licença internacional, directamente concedida pela FIFA, ou uma licença nacional, concedida pela Federação nacional em cuja jurisdição o agente pretendia exercer

---

[12] Permitimo-nos remeter para o nosso estudo *A profissão de empresário desportivo – uma lei simplista para uma actividade complexa?*, Desporto & Direito, n.º 2, Janeiro/Abril de 2004, págs. 251 ss., pág. 263, onde referimos que "[de acordo com o preceituado pelos arts. 5.º e 6.º n.º 1 do Regulamento FIFA] as federações nacionais devem realizar exames escritos duas vezes por ano, em datas coincidentes, a nível mundial, em Março e em Setembro. O conteúdo deste exame vem regulamentado no Apêndice A do referido Regulamento FIFA. Trata-se de um exame de escolha múltipla, com 20 perguntas (15 sobre regulamentação internacional e 5 sobre a nacional), que procura examinar o candidato, tanto no que respeita à exigência de conhecimentos (apenas) razoáveis em matérias de Direito Civil (mormente direitos de personalidade) e Direito dos Contratos e, simultaneamente, procurará também avaliar os conhecimentos dos candidatos em matéria de futebol, sobretudo no campo das transferências de jogadores profissionais".

[13] Cfr. art. 7.º n.º 1 do Regulamento FIFA, de Março de 2001.

a sua actividade. De acordo com as novas regulamentações, há apenas uma licença, a licença internacional [14].

O Regulamento da FIFA e as modificações que lhe foram introduzidas pela Circular FIFA 2002/803, de 3 de Abril de 2002 visaram, em grande medida, a adequação ao Direito Comunitário. A Comissão Europeia tinha examinado a conformidade do anterior Regulamento da FIFA com o Direito Comunitário, em matéria de empresários desportivos e colocara à FIFA, precisamente, três reclamações sobre pontos eventualmente incompatíveis com o Direito Comunitário: a interdição de recorrer a serviços de intermediários sem licença; a obrigação de prestar uma garantia bancária irrevogável; a impossibilidade, para as empresas/pessoas colectivas de serem titulares de uma licença FIFA. No novo Regulamento da FIFA, deixou de se exigir a garantia bancária, e o acesso à profissão baseia-se em critérios objectivos e transparentes. Por conseguinte, a Comissão Europeia deu por encerrado o seu inquérito sobre as regras da FIFA e rejeitou as restantes queixas, considerando que o objectivo de moralizar a profissão e de a proteger contra empresários não qualificados, ou pouco escrupulosos, justifica algumas restrições à livre concorrência (Comunicado da Comissão Europeia IP/02/1289, de 18 de Abril de 2002).

Quanto ao Regulamento, este contém novas regras a propósito de várias matérias. Desde logo, em matéria de competência das Federações desportivas nacionais. São elas que estão encarregadas de conceder as licenças e de organizar e preparar os exames escritos de acesso à profissão. Depois, relativamente às garantias bancárias: o novo Regulamento deixa de fazer a exigência de uma garantia bancária de 200.000 Francos suíços, para substitui-la por um seguro de responsabilidade civil profissional (como atrás se disse, só quando não for possível celebrar esse contrato de seguro é que terá que se prestar uma garantia bancária, de valor, hoje, de apenas 100.000 Francos suíços). Cabe às Federações verificar se esse seguro foi efectivamente subscrito. Quanto às alterações introduzidas pela Circular FIFA 2002/803, veio por ela estabelecer-se que, caso um candidato resida num outro Estado da União Europeia ou do EEE [15] que não o da sua nacionalidade, está autorizado a fazer o

---

[14] ADAM LEWIS, JONATHAN TAYLOR, *ob.cit.*, pág. 876.
[15] Espaço Económico Europeu.

exame escrito na Federação do país onde tem o seu domicílio oficial, mesmo sem ter que lá residir dois anos. Por outro lado, as Federações nacionais devem aceitar os seguros subscritos junto de qualquer companhia de seguros que tenha a sua sede social em um outro Estado-Membro da União Europeia ou do EEE.

É interessante confrontar o Regulamento da FIFA com as soluções encontradas pelo legislador francês. Não é por acaso que nos referiremos à lei francesa: é que esta contém uma regulamentação muito minuciosa e que foi, aliás, objecto de alterações recentes.

O art. 15-2 da Lei 84-610, de 16 de Julho de 1984, na redacção que lhe foi dada pela Lei 92-652, de 13 de Julho de 1992, reconheceu a profissão de empresário desportivo, mas submeteu a licitude do seu exercício ao respeito de várias condições, cujo controlo confiou às autoridades judiciais e administrativas. Neste aspecto, o Desporto aproximou-se do regime de outras actividades de espectáculo[16].

O art. 15-2 da Lei 84-610 previa um controlo administrativo, nos termos do qual o Ministro dos Desportos tinha competência para sancionar, com uma interdição temporária ou definitiva de exercício da profissão, os que, com o seu comportamento, prejudicassem os interesses materiais ou morais de um ou mais desportistas ou clubes. Previam-se também sanções penais contra quem exercesse a actividade de empresário desportivo, violando disposições legais. No entanto, o regime não se revelou satisfatório, ficando, na prática, isentos de sanções muitos comportamentos ilícitos, ou que traduziam incompetência dos agentes.

Todo este dispositivo foi, por conseguinte, reformado pela Lei 99-1124, de 28 de Dezembro de 1999 e pela Lei 2000-627, de 6 de Julho de 2000, que modificou a Lei 84-610, de 16 de Julho de 1984, referente à organização e promoção das actividades físicas e desportivas. A nova regulamentação é mais completa, mais vinculante e mais coerente que a anterior. A sua apresentação exige, contudo, a análise do seu domínio de aplicação, do estatuto do empresário desportivo e do exercício das actividades destes intermediários. Quanto ao seu domínio de aplicação, o art. 15-2, I, da Lei 84-610, na nova

---

[16] Sobre este tema em particular, cfr., na doutrina francesa, a obra incontornável de FRÉDÉRIC BUY, *L'organisation contractuelle du spectacle sportif*, Presses Universitaires d'Aix-Marseille, 2002.

redacção que lhe foi dada em 2000, define empresário desportivo como qualquer pessoa que exerça, a título ocasional ou habitual, mediante remuneração, uma actividade que consiste em pôr em contacto as partes interessadas na conclusão de um contrato relativo ao exercício de uma actividade desportiva remunerada. O legislador visa todos os intermediários e não limita o domínio da aplicação da lei aos empresários desportivos profissionais, com o escopo de proteger os desportistas contra acções de indivíduos com poucos escrúpulos que podem intervir numa única operação. A lei prevê expressamente uma remuneração do agente, mas deixa às partes a liberdade de a fixarem. Contudo, o art. 15.º -2, III da Lei 84-610 (revista) impõe um tecto máximo a esta remuneração e considera que ela só deverá ser paga pela pessoa (singular ou colectiva) que escolheu o empresário desportivo. O contrato deve precisar o montante da remuneração, que não pode exceder 10% do valor do contrato concluído, ao contrário da nossa lei, já que o art. 24.º n.º 2 do Regime Jurídico do Contrato de Trabalho Desportivo – Lei n.º 28/98, de 26 de Junho (doravante designado por RJCTD) dispõe simplesmente que "salvo acordo em contrário, que deverá constar de cláusula escrita no contrato inicial, o montante máximo recebido pelo empresário é fixado em 5% do montante global do contrato". Como se vê, permite-se um acordo em sentido diverso, pelo que a norma não é imperativa... Sublinhe-se, desde logo e quanto à lei francesa, que o texto visa unicamente a actividade remunerada de intermediação. Com estas disposições, o legislador procura também reprimir as duplas remunerações dos intermediários. Em princípio, a remuneração deve ser paga desde que o contrato se realize, mesmo que não seja depois executado. Caso o empresário tenha sido mandatado por um mandante vinculado por uma convenção de exclusividade a outro empresário, o mandante expõe-se, nesse caso, ao risco de ter de pagar uma indemnização, não de montante exactamente igual ao que foi pago ao empresário que concluiu o contrato, mas pela perda de chance de receber uma tal remuneração. Pode ainda questionar-se se, quando a lei fala do *plafond* de 10% do valor do contrato concluído, tem em conta o valor da transferência entre os dois clubes ou o do contrato celebrado pelo jogador e pelo seu novo empregador. A doutrina francesa tem-se inclinado para esta segunda solução: este último é que constitui o contrato de referência para a determinação do montante da remuneração do empresário[17]. Assim, as comissões dos diferentes empresários desportivos que intervieram numa única operação devem ser fixadas tendo unicamente em conta o montante da retribuição base que o desportista receberá em toda a duração do contrato. A título de exemplo, se um futebolista profissional conclui com um clube/sociedade desportiva um contrato de trabalho por três anos, com uma remuneração anual de 150.000 euros, a comissão máxima do seu empresário será de 45.000 euros (10% do salário anual em três anos), que só o jogador poderá pagar. O clube vendedor ou comprador pode também dispor do seu próprio empresário desportivo, ao qual terá de pagar uma remuneração máxima de 45.000 euros. Em França, uma jurisprudência que já data do séc. XIX, reconhece aos tribunais o poder de reduzir os honorários dos mandatários, agentes de negócios e intermediários, como de resto de outras profissões liberais. É possível, para um juiz, reduzir o montante da remuneração de um empresário desportivo, que o tribunal considere desproporcionada, mesmo se o seu montante não ultrapassar o *plafond* legal dos 10% do valor do contrato concluído. Contudo, esta solução tem uma excepção: os juízes não podem reduzir o montante de uma remuneração que tenha sido fixada por acordo das partes, após a realização dos serviços.

Contrariamente à lei francesa, o Regulamento da FIFA não prevê montante máximo para a remuneração do empresário, embora fixe um montante supletivo, no caso de silêncio do contrato ou desacordo entre as partes, conforme já tivemos ocasião de referir. Além disso, a remuneração do empresário difere segundo a identidade do seu contratante, o que não é o caso da lei francesa.

Regressando a esta lei, nem todas as actividades do empresário desportivo entram no seu campo de aplicação. O art. 15-2, I só se aplica às actividades de intermediação do empresário, cuja finalidade consiste na conclusão de um contrato de trabalho entre um desportista e um clube/sociedade desportiva ou um contrato de prestação de serviços entre um desportista e um organizador de um evento desportivo, como sucede, por exemplo, no atletismo. A missão do

---

[17] Neste sentido, cfr. Lamy Droit du Sport, étude 272, *Agents des Sportifs et Groupements Sportifs*, Outubro de 2003.

empresário desportivo traduz-se numa actividade de intermediação, que exclui a representação. Contudo, se as partes o desejarem, podem encarregar os empresários de os representar nas negociações e na celebração do contrato. A lei não se opõe a isso, bem pelo contrário.

Para evitar qualquer influência equívoca ou prejudicial, a lei procurou prevenir conflitos de interesses[18]. Por isso mesmo, e de acordo com a lei gaulesa, o empresário desportivo não deve exercer, directa ou indirectamente, de Direito ou de facto, gratuita ou onerosamente, funções de direcção num clube/sociedade desportiva, ou no seio de uma Federação desportiva. Esta proibição também opera se o empresário desportivo tiver exercido tal função no ano anterior. Em contrapartida, não se prevê qualquer proibição de ser sócio de uma sociedade desportiva. Este esquecimento é tanto mais lamentável quanto é certo que ser sócio maioritário pode acarretar uma possibilidade de influência maior do que a de um dirigente. A lei procura também impor certas condições de moralidade[19] e interdita o acesso a esta actividade aos autores de agressões de índole sexual, proxenetismo, tráfico de estupefacientes e abusos de confiança, bem como outras fraudes. Nos termos do art. 15.º-2, II, 3, as incompatibilidades e incapacidades previstas respeitam, não apenas às pessoas físicas, como também às pessoas colectivas e seus comissários, e ainda aos dirigentes das pessoas colectivas. O art. 15.º-2, II, 4 estabelece também que o exercício, a título ocasional, da actividade de empresário desportivo, por um cidadão oriundo de um Estado-Membro da União Europeia ou do EEE, não estabelecido no território francês, está subordinado ao respeito pelas condições de moralidade e, por

---

[18] Este é, sem dúvida, um problema central. Tais conflitos de interesses são muito variados: podem resultar, por exemplo, e para além do problema da sua remuneração, da circunstância de o mesmo empresário desportivo representar vários jogadores que pertencem ao mesmo clube ou que concorrem à mesma posição. Podem também colocar-se quando o empresário desportivo representa, simultaneamente, um jogador e o seu treinador, etc.

[19] Com o escopo de pôr fim ao tráfico de jovens jogadores saídos de centros de formação de clubes de futebol, a Lei 99-1124, de 28 de Dezembro de 1999, proíbe qualquer intervenção remunerada de um empresário desportivo, no caso de um contrato que respeite a um menor. Contudo, a lei visa apenas os contratos relativos ao exercício de uma actividade desportiva, pelo que os menores continuarão a beneficiar da assistência dos seus empresários para a conclusão dos seus contratos comerciais.

conseguinte, pelas incapacidades e incompatibilidades referidas. A propósito do valor normativo da regulamentação da FIFA a respeito dos empresários desportivos, a jurisprudência francesa tomou posição em dois acórdãos, respectivamente da *Cour d'appel* de Aix-en-Pro-vence, de 17 de Abril de 2002 e da *Cour d'appel* de Metz, de 20 de Março de 2002. No caso decidido pela *Cour d'appel* de Metz, um empresário tinha-se comprometido, em virtude de um contrato de exclusividade, a prospectar os clubes de futebol e a negociar, nas melhores condições, a transferência de um jogador profissional. A duração do contrato estava fixada em dois anos, sem possibilidade, para as partes, de solicitar a resolução desse contrato. O contrato precisava, igualmente, que, no caso de transferência do jogador, a remuneração do empresário desportivo compreenderia uma comissão de 10% sobre o valor da transferência. O empresário cumpriu adequadamente a sua tarefa e reclamou o pagamento da sua comissão; perante a recusa do jogador em efectuar tal pagamento, aquele decidiu agir judicialmente contra este. Em sua defesa, o jogador invocou que a ausência de licença de empresário, pela FIFA, implicava a invalidade do contrato. O tribunal rejeitou o pedido do empresário, por razões de prova, mas considerou que o contrato de mandato era válido, por duas razões: em primeiro lugar, o facto do empresário não possuir licença da FIFA para exercer as suas funções, não era causa de invalidade do contrato, porque o regulamento invocado pelo jogador não tinha valor legal normativo e o empresário em causa cumpria os requisitos da lei francesa. Em segundo lugar, o contrato era válido por não se ter demonstrado que as partes tivessem condicionado a validade do contrato à existência de licença da FIFA. Também a *Cour d'appel* de Aix-en-Provence adoptou uma posição idêntica: a validade do contrato depende exclusivamente do respeito pelas normas estatais de ordem pública[20]; quando muito, as partes

---

[20] Note-se, contudo, que a *cour de cassation* teve já ocasião de se pronunciar pela nulidade de um contrato de intermediação desportiva, celebrado com uma pessoa singular que não era agente acreditado pela FIFA. Tratou-se de um contrato celebrado em 1996, entre um clube de futebol tunisino, *Avenir sportif de La Marsa*, e o Sr. Bismuth, residente em França, pelo qual o Sr. Bismuth deveria negociar com o *Olympique de Marseille* a transferência de um jogador tunisino para o clube marselhês. Esta transferência veio a materializar-se, e o *La Marsa* afirmou, por escrito, a sua concordância em pagar ao

podem condicionar a validade do seu contrato às exigências de uma determinada regulamentação, designadamente a da FIFA. Em suma, não há, em França, quaisquer disposições, legais ou regulamentares, que condicionem a validade de um contrato à qualidade de empresário com licença FIFA. A situação é substancialmente distinta da nossa lei; de facto, a lei portuguesa estabelece que, sem prejuízo do disposto no art. 22.º do RJCTD, "os empresários desportivos, que pretendam exercer a actividade de intermediários, na contratação de praticantes desportivos, devem registar-se como tal, junto da federação desportiva da respectiva modalidade que, para este efeito, deve dispor de um registo organizado e actualizado", registo efectuado igualmente junto da Liga Portuguesa de Futebol Profissional e que é constituído por um modelo de identificação do empresário (números 2 e 3 do art. 23.º RJCTD). A lei prevê a *inexistência*[21] dos contratos de mandato, celebrados com empresários desportivos, bem como as cláusulas contratuais que prevejam a sua remuneração, que não se encontrem devidamente registados.

Quanto ao contrato do empresário desportivo, e nos termos do art. 1.º, n.º 1, 2.ª parte, do Regulamento FIFA, o seu objecto consiste em pôr em contacto regularmente, e mediante remuneração, um jogador e um clube/sociedade desportiva, com vista à conclusão de

---

Sr. Bismuth 1,2 milhões de francos franceses (dos 4,7 milhões de francos que representavam o valor da transacção) a título de comissão. Mais tarde, o clube tunisino veio, contudo, a invocar a circunstância de que o Sr.Bismuth não era agente acreditado pela FIFA nem detinha procuração bastante do clube francês para efectuar a transacção, razão pela qual seria nulo o contrato celebrado entre o clube tunisino e o Sr. Bismuth e não haveria obrigação de pagar qualquer comissão. Por conseguinte, o clube tunisino recusou-se a pagar tal comissão. O tribunal de 1.ª instância considerou existir, apesar de tudo, fundamento para pagar ao agente essa comissão pelos serviços prestados, mas os tribunais de recurso (tanto o cour d'appel de Aix-en-Provence, em acórdão de 28 de Maio de 1998, como a 1ère chambre civil da cour de cassation, por acórdão de 18 de Julho de 2000) vieram alterar a decisão da primeira instância, considerando que não era devido qualquer pagamento, em virtude da nulidade do contrato. Esta nulidade seria mesmo uma nulidade de ordem pública. Sobre este caso, *vide* o comentário de FABRICE RIZZO, *À propos de l'activité d'intermédiaire du sport*, Droit et Patrimoine, mars 2001, n.º 91, págs. 40 ss.

[21] Quanto a esta, refere JOÃO LEAL AMADO, *ob.cit.*, nota 794, pág. 494, que "(...) talvez inebriado pelo seu afã registrador, o art. 23/4 da nossa lei vai ao ponto de afirmar que os contratos de mandato celebrados com empresários desportivos que não se encontrem inscritos no registo federativo, são considerados... inexistentes!".

um contrato de trabalho, ou dois clubes, com vista à conclusão de uma transferência. Contudo, o Regulamento expressamente qualifica a relação contratual entre o empresário e o seu cliente como um *mandato*. Na verdade, contudo, o contrato do empresário desportivo aparenta-se, antes, a uma operação de intermediação, no quadro da qual as partes podem celebrar um ou vários mandatos, para a realização de actos jurídicos precisamente definidos. O Regulamento da FIFA apenas cobre um aspecto da actividade do empresário, qual seja a representação dos jogadores durante a negociação dos contratos e das transferências. Contudo, e muito para além desses serviços básicos, os empresários oferecem serviços mais sofisticados, que se estendem da representação em contratos comerciais (*sponsoring*, publicidade) à assistência e gestão quotidiana em matéria de finanças (investimento e fiscalidade), contabilidade e serviços jurídicos, conforme já vimos [22].

O papel desempenhado pelo empresário desportivo é multifacetado. Quando, por exemplo, um clube deseja contratar um jogador, pode pedir ao empresário desportivo que efectue uma prospecção. Este tipo de contrato compreende cláusulas específicas: a primeira diz respeito ao perfil do jogador procurado (guarda-redes, defesa, médio, avançado), o salário bruto anual (em princípio, o contrato estipulará o montante mínimo e máximo) e a duração do contrato. A decisão final de contratar este ou aquele jogador pertence exclusivamente ao clube. Assim, o contrato deve prever a obrigação do empresário de procurar o clube de forma regular e sujeitar à aprovação prévia e expressa do clube qualquer projecto de acordo que o empresário acabasse por negociar, na execução do seu mandato. Outro tipo de contratos são os contratos de gestão de imagem dos desportistas. Nestes contratos incluem-se, frequentemente, cláusulas que obrigam o trabalhador desportivo a tornar-se disponível a parceiros publicitários potenciais e que o obrigam a adoptar um comportamento conforme à ética desportiva e às regras e princípios geralmente aceites na sua disciplina desportiva.

Quanto aos contratos celebrados pelos empresários desportivos com os atletas, estes devem conter cláusulas sobre, ao menos, as

---

[22] Cfr. o nosso estudo *A profissão... cit.*, págs. 254-257.

seguintes questões: quais as partes no contrato, qual o prazo de duração do mesmo e o seu âmbito espacial (só alguns Estados, Continentes, todo o Mundo excluindo um certo país, etc.). Outras questões prendem-se com a exclusividade e extensão dos serviços a serem prestados. Pode o jogador usar os serviços de um outro empresário desportivo? Quais os serviços a serem proporcionados pelo empresário? Apenas a negociação dos contratos para jogar, ou também outros contratos, como de gestão financeira e comercial ou apenas a negociação de uma transferência determinada? Qual é o valor da comissão a ser paga? Quais são os direitos do empresário de usar o nome do seu cliente? E de representar outros jogadores? Estes contratos contêm também, frequentemente, normas sobre a sua própria cessação.

A edificação de um estatuto europeu de empresário desportivo parece uma solução interessante, na medida em que permitiria a simplificação e clarificação do acesso à profissão, e um controlo mais eficaz do seu exercício do espaço comunitário. Aderindo à tese defendida em "Lamy Droit du Sport, étude 272, *Agents des Sportifs et Groupements Sportifs*", uma tal unificação só seria possível mediante a adopção de um acto regulamentar, regulamento ou directiva. Antes de nos debruçarmos sobre esta opção, convém verificar se uma tal intervenção, por parte do legislador comunitário, é juridicamente possível. A ausência de um artigo sobre o Desporto no Tratado e a violação da livre concorrência parecem representar obstáculos ao estabelecimento de uma regulamentação comunitária. No entanto, o recurso ao art. 47.º do Tratado, relativo à liberdade de estabelecimento, pode solucionar o problema. Segundo o art. 47.º, o Conselho emite directivas visando a coordenação das disposições legislativas, regulamentares e administrativas, dos Estados-Membros, a propósito do acesso a actividades de trabalho não subordinado e ao seu exercício; ora, trata-se aqui, precisamente, de trabalho não subordinado. Por outro lado, será necessário reservar a profissão aos intermediários aptos para o seu exercício, o que, limitando o seu número, restringe a concorrência.

Seria necessária uma intervenção comunitária sob a forma de uma directiva; quer porque tal resulta do art. 47.º do Tratado, que implica o uso deste meio, quer porque a directiva vincula os Estados quanto ao resultado a atingir, mas deixa-lhes uma liberdade de acção quanto aos meios para os atingir. A escolha da directiva ofereceria a vantagem de aproximar as legislações nacionais em torno de um mínimo denominador comum, mas permitindo, em cada Estado--Membro, que as Federações nacionais procedessem à elaboração e execução do "Estatuto dos Empresários Desportivos". Contudo, o mundo do futebol profissional parece orientar-se para uma outra solução, baseada numa regulamentação privada da profissão. Nesta perspectiva, uma sociedade privada ("Bridge Asset") detida em 51% pelo Sindicato Internacional dos Jogadores, e com sede um Zurique, disporia de plenos poderes para verificar a legalidade das operações realizadas pelos empresários desportivos aderentes. Muito embora a adesão não fosse obrigatória, ela poderia, na prática, vir a tornar-se quase indispensável para permitir a colocação de jogadores em certos clubes. Para pertencer a essa sociedade, os empresários desportivos deveriam respeitar um código deontológico de certificação das suas operações e permitir a análise das suas contas. A sociedade tornaria mediáticas as actividades dos empresários desportivos e comunicaria os casos duvidosos à *Chambre de Litiges* da FIFA. O custo de funcionamento da sociedade reguladora seria suportado pelos empresários, pagando uma percentagem sobre as suas comissões, que seria de 1%.

Para concluir, não queremos deixar de aproveitar o ensejo para fazer uma alusão ao tratamento que ao empresário desportivo é dispensado pelo RJCTD. Entre nós, a Lei n.º 28/98, de 26 de Junho, pela redacção que lhe foi dada pela Lei n.º 114/99, de 3 de Agosto, define empresário desportivo, ainda que "para efeitos do presente diploma", como sendo "(...) *a pessoa singular ou colectiva que, estando devidamente credenciada, exerça a actividade de representação ou intermediação, ocasional ou permanente, mediante remuneração, na celebração de contratos desportivos*", definição que foi, de resto, retomada, *ipsis verbis*, pela Lei de Bases do Desporto, com a única diferença de que aí a definição está no plural (consideram-se empresários desportivos...) e a do RJCTD está no singular (entende-se por empresário desportivo...). Esta definição dada pela nossa lei é, em nossa opinião, demasiado restritiva, uma vez que será notório que ela não reflecte, de facto, a amplitude da missão de um empresário desportivo, que pode igualmente tratar de assuntos relacionados com a imagem ou o próprio património do atleta seu representado. Aliás, esta é, efectivamente e cada vez mais, a verdadeira missão entregue ao empresário desportivo. Complementarmente, estabelece aquele diploma legal, nos seus arts. 22.º a 25.º, que só poderão exercer esta actividade as pessoas (singulares ou colectivas) autorizadas pelas entidades desportivas competentes (nacionais e internacionais), com os limites aí vertidos. Registe-se, desde já, que a nossa lei, ao contrário da italiana, permite o exercício desta actividade, tanto a pessoas físicas, como a pessoas colectivas. No entanto, a referência do n.º 1 do art. 22.º RJCTD à necessidade de autorização, pelas entidades desportivas, nacionais ou internacionais, competentes, pode acarretar que, ao menos no futebol, só as pessoas físicas possam exercer validamente a profissão de empresário desportivo, já que o Regulamento da FIFA, relativo aos empresários desportivos dispõe expressamente, no seu art. 1.º n.º 1 que "um agente de jogadores é uma pessoa física que (...) desempenha com regularidade uma actividade remunerada (...)". Todavia, importa ter igualmente presente o art. 13.º do Regulamento em análise, que permite aos agentes "organizar e exercer a sua actividade como uma empresa", desde que os seus trabalhadores subordinados, e colaboradores, se dediquem a tarefas administrativas.

Além disso, a própria lei parece admitir que o empresário desportivo, consoante a situação concreta, tanto pode agir como representante, como pode exercer funções de intermediação, muito embora, ao mesmo tempo, se fale expressamente, no art. 23.º n.º 4 do RJCTD, de "contratos de mandato celebrados com empresários desportivos". A lei prevê, igualmente, um registo de empresários desportivos, junto da federação desportiva da respectiva modalidade (art. 23.º n.º 1). Na tentativa de limitar potenciais conflitos de interesses, estabelece-se que, por um lado, o empresário desportivo só pode agir em nome e por conta de uma das partes da relação contratual, devendo ser por esta, e só por esta, remunerado (n.º 1 do art. 24.º RJCTD). Não podemos, contudo, deixar de destacar o paradoxo que parece existir na afirmação vertida no referido n.º 1 do art. 24.º. Dispõe aí a lei que "as pessoas singulares ou colectivas que exerçam a actividade de intermediários, ocasional ou permanentemente, só podem ser remuneradas pelas partes que representam". Ora, parece-nos haver uma contradição em falar de intermediação e de representação, como se fossem realidades fungíveis.

Face a todo o exposto, entendemos que a nossa lei, embora tenha dado provas de um certo realismo, ao referir-se ao empresário desportivo, em vez de, como alguns desejavam, manter o silêncio sobre esta realidade, pecou por defeito, justificando-se uma regulamentação legal bem mais detalhada que contribuísse, tanto para proteger os desportistas, como para dignificar a profissão de empresário desportivo, frequentemente incompreendida pelo público em geral.

PAINEL V. RELAÇÃO LABORAL DESPORTIVA

João Leal Amado
As Condutas Extra-laborais do Praticante Desportivo Profissional
(Alguns Tópicos sobre as Chamadas «Saídas Nocturnas» dos Praticantes)

Albino Mendes Baptista
**Equipas "B", Cedência Temporária e Dever de Ocupação
Efectiva do Praticante Desportivo**

Miguel Cardenal Carro
Contrato de Trabajo Deportivo y Derechos de Imagen
**(Notas para una Aproximación a la Evolución
del Fenómeno en el Caso Español)**

AS CONDUTAS EXTRA-LABORAIS DO PRATICANTE DESPORTIVO PROFISSIONAL
(ALGUNS TÓPICOS SOBRE AS CHAMADAS «SAÍDAS NOCTURNAS» DOS PRATICANTES)

João Leal Amado *

«En dehors de l'exécution de sa prestation de travail, le salarié échappe à l'autorité de l'employeur et jouit donc des libertés de tout citoyen. Mais il demeure tenu d'obligations contractuelles qui viennent en fait restreindre sa liberté».

Jean Savatier, «La liberté dans le travail», *Droit Social,* 1990, n.º 1, p. 53.

1. O tema que nos propomos abordar nesta breve comunicação mostra-se, *prima facie,* algo paradoxal, isto se aceitarmos o *dogma da separação radical entre vida profissional e vida pessoal* do trabalhador: nesta óptica, o espaço-tempo profissional surge como espaço-tempo de heterodisponibilidade, como espaço-tempo de autoridade patronal, ao passo que o espaço-tempo extraprofissional surge como espaço-tempo de autodisponibilidade, como espaço--tempo de liberdade pessoal; assim sendo, entre estas duas vidas do trabalhador existiria como que um muro intransponível, pelo que as condutas adoptadas pelo trabalhador no espaço-tempo extraprofissional seriam, por definição, totalmente irrelevantes em sede jurídico-laboral.

2. O dogma da separação radical entre vida profissional e vida pessoal não pode, contudo, ser aceite, pois o homem não é um

---
* Professor da Faculdade de Direito da Universidade de Coimbra

conglomerado de ilhas (a «ilha vida pessoal», a «ilha vida conjugal», a «ilha vida profissional», etc.), não existem muros intransponíveis nesta matéria, pelo que o supramencionado corte absoluto entre vida pessoal e vida profissional é simplista, não resistindo ao confronto com a realidade – basta pensar, por exemplo, no dever de lealdade que recai sobre o trabalhador, cuja violação se verifica, amiúde, fora do espaço-tempo de heterodisponibilidade laboral.

3. Insinua-se, então, um outro dogma, o da *absorção integral da esfera pessoal do trabalhador pela sua esfera profissional:* nesta perspectiva, o trabalhador surge como um ser humano absolutamente laboralizado e a autoridade patronal confunde-se, não raro, com a autoridade paternal – registe-se, a este propósito, que a própria etimologia do termo «patrão» (*patronus/pater*) nos remete para uma visão acentuadamente paternalista das relações de trabalho.

4. Uma tal perspectiva paternalista converteria a subordinação jurídica característica do contrato de trabalho numa dependência de cunho eminentemente pessoal, revelando-se a todas as luzes inaceitável para o Direito do Trabalho, ramo do ordenamento jurídico que, desde o seu nascimento, tem procurado controlar e circunscrever o exercício dos poderes patronais sobre a pessoa do trabalhador.

5. Em jeito de síntese, dir-se-ia, pois, que não há, nesta delicada matéria, fórmulas simples e mágicas que logrem resolver todos os problemas: a verdade é que, por um lado, *o trabalhador não deixa de ser pessoa-cidadão no espaço-tempo laboral* (assinale-se, a este respeito, o expresso reconhecimento de um conjunto de direitos de personalidade do trabalhador, efectuado pelo nosso Código do Trabalho), mas é outrossim certo, por outro lado, que *a pessoa-cidadão também não deixa de ser trabalhador fora do espaço-tempo laboral.*

6. O caso paradigmático das «saídas nocturnas» e o entendimento dominante no plano da *relação laboral comum:* a liberdade pessoal do trabalhador, a reserva da sua vida privada e o seu direito a não ser controlado impõem a consagração da chamada «teoria dos efeitos reflexos» nesta matéria – destarte, o empregador poderá sancionar o trabalhador pelos reflexos negativos que os seus «excessos nocturnos» comprovadamente produzam na execução da prestação laboral (violação do dever de assiduidade ou pontualidade, quebras de rendimento motivadas pela ausência de descanso reparador na noite anterior, etc.), mas já não poderá sancioná-lo no caso de esses excessos não causarem (ou caso não se comprove que causaram) tais reflexos negativos.

7. De acordo com esta doutrina, a vida extraprofissional do trabalhador não tem, pois, *relevo autónomo* na relação entre o trabalhador e o empregador, o modo como aquele ocupa o seu tempo de repouso é uma questão a que este deve considerar-se alheio, pelo que o princípio geral não poderá deixar de ser o da irrelevância disciplinar do comportamento extraprofissional do trabalhador – apenas no caso de os excessos extra-laborais se reflectirem negativamente na vida de trabalho poderá este reflexo, e não aqueles excessos, ser objecto de valoração e eventual sanção (neste sentido, *vide* Jorge Leite, *Direito do Trabalho*, vol. II, Serviço de Textos da Universidade de Coimbra, 1999, pp. 137-138, e, mais desenvolvidamente, Teresa Coelho Moreira, *Da esfera privada do trabalhador e o controlo do empregador*, *Studia Iuridica*, n.º 78, Boletim da Faculdade de Direito de Coimbra, Coimbra Editora, 2004, pp. 381-433).

8. É sabido, porém, que a *relação laboral desportiva* adstringe o praticante a um ininterrupto (e, dir-se-ia, infernal) ciclo de preparação-competição-recuperação, sendo outrossim inegável que as particulares exigências atléticas da competição desportiva implicam que o praticante sempre esteja numa muito boa, ou mesmo numa óptima, condição física. Compreende-se, por isso, que o art. 13.º, al. *c)*, da Lei n.º 28/98, de 26 de Junho (regime jurídico do contrato de trabalho desportivo), afirme constituir dever especial do praticante desportivo, entre outros, o de «preservar as condições físicas que lhe permitam participar na competição desportiva objecto do contrato».

9. A questão que de imediato se coloca consiste em saber se, ao consagrar este específico dever de preservação das condições físicas a cargo do praticante, a nossa lei não estará, do mesmo passo, a colocar em crise a supramencionada «teoria dos efeitos reflexos» no âmbito da relação laboral desportiva. Ora, não obstante existirem

opiniões desencontradas na doutrina a este respeito (*vide*, em especial, Teresa Coelho Moreira, ob. cit., pp. 433-438, autora que se mantém fiel àquela teoria e considera inconstitucional a proibição ou restrição das saídas nocturnas dos praticantes, por violar o direito à reserva sobre a intimidade da vida privada), pela nossa parte julgamos que o critério a utilizar pelo intérprete-aplicador do direito terá aqui de ser distinto daquele que vigora no domínio da relação laboral comum (sob pena, aliás, de o art. 13.º/c) desta lei não possuir qualquer significado útil...).

10. Com efeito, o legislador parece ter ido aqui um pouco mais longe do que vai na relação laboral comum: por força deste preceito, o praticante desportivo deverá conduzir a vida extraprofissional de modo a preservar as condições físicas para a competição, abstendo-se de comportamentos que possam prejudicar o seu rendimento competitivo; o praticante violará, assim, esta obrigação, caso adopte uma conduta extra-laboral susceptível de afectar a sua condição física, deste modo fazendo perigar a qualidade da sua prestação – conforme sugestivamente se lê no art. 13.º/d) do CCT para os futebolistas profissionais, sobre o jogador de futebol recai o especial dever de «zelar por se manter a cada momento nas melhores condições físicas necessárias para a prática desportiva» (*BTE*, 1.ª série, n.º 33, de 8/9//1999).

11. Ou seja, e pelo exposto, no domínio do contrato de trabalho desportivo a vida extra-laboral parece ter *relevo autónomo* na relação laboral: puníveis aqui não são apenas os eventuais reflexos negativos daquela nesta; ainda que tais reflexos não se façam sentir, ou não se demonstrem, as condutas extra-laborais do praticante desportivo poderão ser sancionadas, caso se revelem adequadas a comprometer a sua, exige-se que muito boa, condição física. O princípio da irrelevância disciplinar do comportamento extraprofissional do trabalhador sofre aqui, portanto, um acentuado desvio, se não mesmo uma clara rejeição.

12. Em sede desportiva verifica-se, por conseguinte, um certo alargamento do poder directivo da entidade empregadora, ou, noutros termos, um maior *esbatimento de fronteiras entre a vida profissional* *e a vida extraprofissional* do praticante: há aqui, como vimos, especiais deveres de conduta recaindo sobre o trabalhador desportivo, os quais se projectam com particular intensidade para além do espaço-tempo laboral.

13. Em todo o caso, sempre haverá que rejeitar orientações extremadas nesta matéria, quer aquela que sustenta existir um *corte radical e absoluto entre a vida pessoal e a profissional,* sem qualquer interferência possível entre ambas, quer aquela – com largo curso nos meios desportivos – que conduz a uma espécie de *militarização ou presidiarização da relação laboral desportiva,* reduzindo o praticante à condição unidimensional de agente produtivo, em estado de subordinação jurídica 24 sobre 24 horas, sujeito a constante fiscalização, quando não a apertada vigilância, por parte da respectiva entidade empregadora.

14. É necessário, com efeito, fazer apelo às ideias de *equilíbrio,* de *razoabilidade,* de *justa medida,* de *proporcionalidade* (dir-se-ia: de *bom senso!)* na resolução deste tipo de questões: na *dialéctica autoridade/liberdade,* haverá que compatibilizar a consideração devida às inegáveis especificidades e exigências próprias da relação laboral desportiva com a salvaguarda do «núcleo duro» dos direitos e liberdades do praticante desportivo enquanto pessoa e enquanto cidadão.

15. Ora, não temos dúvidas de que o teste do bom senso e da proporcionalidade, se aplicado aos *regulamentos internos* em vigor em numerosos clubes e sociedades desportivas, decerto colocaria a nú a ilicitude de muitas das instruções e proibições nestes contidas (não sair de casa a partir de determinada hora, não frequentar certo tipo de estabelecimentos, deitar-se às *x* horas, etc.). Nesta matéria – convém sublinhá-lo –, apesar de tudo o princípio básico não pode deixar de ser o da *não ingerência do empregador na vida extraprofissional do praticante desportivo,* sem prejuízo, como se disse, da existência de certas limitações à liberdade pessoal deste que resultam dos compromissos contratuais por si assumidos.

EQUIPAS "B", CEDÊNCIA TEMPORÁRIA E DEVER DE OCUPAÇÃO EFECTIVA DO PRATICANTE DESPORTIVO

Albino Mendes Baptista [*][1]

Em primeiro lugar, agradeço ao Dr. Ricardo Costa e ao Dr. Nuno Barbosa o convite para estar presente neste encontro, e felicito-os pela organização deste importante evento e pelo trabalho que têm desenvolvido no sentido da **afirmação do Direito no Desporto**.

1. Dever de Ocupação Efectiva

Nos termos da alínea *a)* do artigo 12.º da LCTD[2], constitui dever da entidade empregadora desportiva proporcionar aos praticantes desportivos as condições necessárias à participação desportiva, bem como a participação efectiva nos treinos e outras actividades preparatórias ou instrumentais da competição desportiva.

---

[*] Mestre em Direito. Assistente da Faculdade de Direito da Universidade Lusíada.

[1] Remete-se para os nossos textos "Grupo normal de trabalho, equipas "B" e dever de ocupação efectiva do praticante desportivo", *Estudos em Homenagem ao Prof. Doutor Raúl Ventura*, Faculdade de Direito da Universidade de Lisboa, vol. II, Coimbra, 2003, que republicamos em *Direito Laboral Desportivo*, vol. I, Lisboa, 2003, pp. 9 e ss., e "Cedência temporária de praticantes desportivos", *Estudos de Direito do Trabalho em Homenagem ao Professor Manuel Alonso Olea*, Coimbra, 2004, pp. 13 e ss., onde esta matéria é tratada com maior desenvolvimento.

[2] Lei n.º 28/98, de 26 de Junho.

O clube não está naturalmente impedido de prescindir da utilização do jogador em provas desportivas, considerando que há melhores apostas técnicas e tácticas para o rendimento global da equipa, mas já não lhe será lícito vedar a sua participação nos treinos, ou separá-lo das demais actividades preparatórias ou instrumentais da competição desportiva. O praticante desportivo deve, assim, treinar integrado no conjunto do plantel.

Por sua vez, a alínea d) do art.º 14.º do CCT para os futebolistas[3], proíbe à entidade patronal afectar as condições de prestação do trabalho do jogador, nomeadamente, impedindo-o de o prestar inserido no normal grupo de trabalho, excepto em situações especiais por razões de natureza médica ou técnica.

2. Grupo Normal de Trabalho

Os Clubes alegam, frequentemente, razões de ordem técnica para afastar o praticante desportivo do grupo normal de trabalho. Para o efeito alude-se, como fez o Clube requerente no Proc. n.º 19//2001, que correu termos na Comissão Arbitral Paritária[4], a:

– "nova metodologia do treino"
– "alterações tácticas e estratégicas adoptadas"
– maior concentração de esforços e uma maior coesão do grupo"
– obtenção de ritmo competitivo
– diminuição dos "níveis de ansiedade"
– para a criação de um grupo mais reduzido alega-se que "foi elaborado um programa de trabalho semanal, sempre orientado por um dos elementos da equipa técnica, que é acompanhado por um elemento do departamento médico, os quais reportam ao treinador principal", podendo haver sempre chamadas ao grupo principal.

---

[3] Contrato Colectivo de Trabalho (CCT) celebrado entre a Liga Portuguesa de Futebol Profissional e o Sindicato de Jogadores Profissionais de Futebol, *Boletim do Trabalho e Emprego*, 1.ª série, n.º 33, de 8/9/1999, pp. 2778 e ss..

[4] A Comissão Arbitral Paritária encontra-se prevista no já citado CCT para os futebolistas. Sobre esta matéria remete-se para ALBINO MENDES BAPTISTA, *Direito Laboral Desportivo*, vol. I, cit., pp. 89 e ss.

É sabido, todavia, que, por vezes, o praticante desportivo é afastado do grupo de trabalho por razões disciplinares.

Como é igualmente sabido, as sanções disciplinares mais graves só podem ser aplicadas em resultado de processo disciplinar[5].

Não se exclui que muitas razões disciplinares possam ter repercussões técnicas.

Ou seja, não se contesta que o afastamento do grupo normal de trabalho possa ser uma consequência, que não um fim, do exercício da acção disciplinar. Efectivamente, determinados comportamentos do praticante desportivo podem ser relevantes do ponto de vista disciplinar e acessoriamente valerem como razões de ordem técnica. Mas, em caso algum o afastamento do grupo normal de trabalho pode constituir uma sanção disciplinar, na medida em que isso colidiria com a lei e o CCT aplicável.

Acresce que as razões de ordem técnica sendo um pressuposto constitutivo do direito de afastar o praticante desportivo do grupo normal de trabalho têm de ser demonstradas pelo Clube.

Acontece frequentemente que com as mudanças de equipa técnica são contratados novos jogadores, os novos treinadores consideram determinados jogadores dispensáveis ou, pior do que isso, são criados bodes expiatórios para os maus resultados dos clubes.

Ora, os praticantes desportivos sujeitos quase inevitavelmente a cenários assim configurados, têm de ser minimamente protegidos, o que não é compatível, em caso algum, com o afastamento do grupo normal de trabalho, que se traduz em verdadeiras violações do dever de ocupação efectiva.

Outra alegação dos Clubes para a criação de dois grupos de trabalho, é a de que a mesma é imposta pelo facto de "o plantel de jogadores disponíveis" ser elevado.

Só que um plantel elevado é algo que nunca pode ser imputado a um praticante desportivo.

A responsabilidade do plantel é inteiramente do clube, cabendo a este assegurar que o plantel seja equilibrado e não consentir na criação de condições que levam ao afastamento do praticante desportivo do grupo normal de trabalho.

Acresce que o rendimento de um jogador e o ritmo competitivo, bem como a diminuição dos "níveis de ansiedade", ao contrário do

---

[5] Art.º 16.º do CCT para os futebolistas.

que sustentam os clubes, não se obtém, normalmente, com a colocação a treinar à parte, mas com a sua inserção no grupo normal de trabalho.

Além das razões disciplinares que, nos termos expostos, podem reunir os pressupostos de uma razão de ordem técnica, admitimos que possa haver afastamento do grupo normal de trabalho em situações, necessariamente pontuais, como, por exemplo, para realização do denominado "treino específico", designadamente marcação de livres, marcação de grandes penalidades, treino de guarda-redes, marcação de cantos, treino para centrar correctamente ou para apurar a precisão de passe.

Ou seja, pela sua própria natureza, o afastamento do grupo normal de trabalho tem natureza excepcional e transitória.

É claro que se existir equipa "B", o Clube deixa de necessitar de recorrer a este expediente alegadamente técnico, e passa a gerir um "plantel elevado" integrando determinados praticantes desportivos na equipa "B" e já não num outro grupo de trabalho.

3. Equipas "B"

Como se sabe, as equipas "B" surgiram como forma de permitir aos jogadores jovens amadurecerem e ganharem ritmo competitivo.

As limitações de idade à integração nas equipas "B", impostas por regulamentação federativa, demonstram que estas se destinam a preparar o atleta para a integração na equipa principal ou a definir se essa integração algum dia se fará.

O que implica dizer que as equipas "B" não podem servir como mecanismo de gestão de um plantel numeroso.

A nossa convicção é a de que o praticante desportivo tem de ter uma estabilidade mínima, exigida pelo contrato (a termo) que celebrou. Com uma agravante. Como a carreira do futebolista é de curta duração, a integração de um jogador na equipa "B", depois do período de formação estar concluído, pode significar uma efectiva despromoção, o que é legalmente inadmissível, podendo comprometer-se a sua carreira, particularmente nos casos em que os praticantes desportivos permanecem durante anos "esquecidos" nas equipas "B".

Quando aos 18 anos se celebra um contrato de trabalho desportivo com a duração de 8 anos, o clube faz uma "aposta" no atleta, que muito naturalmente comporta riscos.

Por vezes, o risco é compensado pela recepção de exorbitantes cláusulas de rescisão, ou então pelo benefício de um elevado rendimento competitivo do praticante desportivo. Outras vezes, a aposta falha. O risco é justamente isso.

Nesta segunda situação, o Clube não pode dispor do jogador até aos 26 anos, com a sua inclusão na equipa "B" quando a aposta, afinal, se mostrou errada.

Há uma esfera do risco que no contrato de trabalho desportivo, atendendo às suas particularidades, pode ser repartida[6], mas não pode é, em caso algum, haver uma completa inversão do risco contratual, que tem de correr por conta dos clubes/ entidades empregadoras.

*

Quando um praticante desportivo é contratado por um Clube não é, em princípio, contratado para jogar na equipa "A" ou na equipa "B", mas, conhecida a razão de ser da existência de equipas "B", não nos parecem razoáveis situações como as que passamos a enunciar, e que qualificamos de legalmente inadmissíveis.

1.ª A integração na equipa "B" não pode constituir um mecanismo de gestão de plantéis elevados, ao sabor das opções técnicas de cada treinador, na medida em que o risco da contratação de um treinador tem de correr por conta do Clube, que frequentemente delega naquele a definição da política de contratações, abdicando de uma parcela do seu poder de direcção.

Nestes termos, para que a integração do praticante desportivo na equipa "B" seja admissível é necessário que continue a ser uma aposta do Clube, e não um processo de o *colocar à disposição do mercado*. Por outro lado, a equipa "B" não serve para um Clube não interessado na continuidade dos serviços do praticante desportivo não assumir os custos da desoneração contratual.

---

[6] Assim, nos termos do art. 41.º do já mencionado CCT para os futebolistas, *o contrato de trabalho desportivo caduca nos casos previstos neste CCT ou nos termos gerais de direito, nomeadamente:*
a) Verificando-se a condição resolutiva aposta ao contrato, nomeadamente se for convencionada a extinção do contrato em caso de descida de divisão do clube ou sociedade desportiva, ou na eventualidade de determinada verba ser oferecida ao clube e ao jogador por parte de outro clube interessado nos seus serviços.

2.ª As equipas "B" também não podem servir para colocar jogadores com o processo de formação concluído e que, por exemplo, foram titulares durante todo uma época desportiva, com chamadas à selecção nacional, e que, de repente, por vezes incompreensivelmente, deixaram de constituir opções técnicas.

3.ª A integração na equipa "B" não pode ser uma forma de ostracizar um jogador que não acordou com o Clube na renovação do contrato.

4.º Se um praticante desportivo é cedido a um Clube de menor dimensão, onde revela qualidades técnicas que o tornam apetecível dos grandes clubes, e o Clube cessionário manifesta interesse na prorrogação da cedência, em tal cenário não faz sentido, em princípio, que o Clube (ex-cedente) o integre na equipa "B".

*

Já aceitamos a integração na equipa "B" em situações como as que passamos a enumerar.

1.º Processo de amadurecimento e obtenção de ritmo competitivo.

2.ª Má forma, física ou psicológica, do praticante desportivo, que tem de ser necessariamente temporária (de outro modo teria de ser encontrada pelas partes uma solução desoneratória), e que, em caso de litígio, teria de ser demonstrada pelo Clube, como pressuposto constitutivo do direito.

3.ª Recuperação de lesões físicas, para que o praticante desportivo adquira o normal ritmo competitivo.

4.ª Comportamento desportivo incorrecto do atleta, como consequência do exercício da acção disciplinar.

*

Neste contexto, é fundamental apurar a vontade contratual.
Há sinais que podemos enunciar como demonstrativos da vontade contratual.

A nossa convicção é a de que um praticante desportivo, de craveira internacional, quando é contratado é apenas para jogar na equipa "A".

E isto porque a carreira passada do jogador cria expectativas que merecem tutela jurídica.

Por outro lado, há retribuições acordadas que são manifestamente inexplicáveis e infundadas quando se integra uma equipa de *recurso* como sempre é uma equipa "B".

Acresce que depois dos 23 anos o processo de formação está concluído. Como se diz no art.º 13.º do "Regulamento da FIFA relativo ao Estatuto e Transferência de Jogadores", a formação e educação de um jogador ocorre entre os 12 e os 23 anos, acrescentando-se no art.º 20.º que não será paga compensação por formação quando um jogador com 23 anos ou mais mudar de clube.

Assim, em princípio a partir desse momento, o jogador deve integrar a equipa "A" ou então terá de ser encontrada uma solução negociada para a nova situação criada, que pode passar pela cessação do contrato ou pela aceitação da condição de "B" por parte do praticante desportivo (aceitação essa que em todo o caso não se presume).

Não faz sentido que um praticante desportivo depois dessa idade seja tratado como se não fosse titular de uma nova situação jurídica para a qual terá de ser encontrada uma nova plataforma contratual. E esta é uma matéria para a qual, segundo julgamos, terá de ser criada uma nova sensibilidade, em particular por parte dos Clubes.

Acrescente-se ainda que muitas vezes se assiste à exclusão sistemática das provas desportivas, não por razões desportivas, mas como forma de condenar ao ostracismo o praticante desportivo, com todas as consequências negativas derivadas da forçada inactividade inerente a tal situação[7], o que é grave atendendo a que a carreira do futebolista é de curta duração, e a que a preservação dos índices físicos e técnicos é vital para a sua carreira profissional.

Finalmente, as equipas "B" não podem servir, sublinhe-se, como mecanismo de gestão de plantéis numerosos.

---

[7] J. SAGARDOY BENGOECHEA e J. GUERRERO OSTOLAZA, *El Contrato de Trabajo del Deportista Profesional*, Madrid, 1991, p. 70.

4. Cedência Temporária

A cedência temporária tem larga difusão na relação de trabalho desportivo e pode dizer-se que justificadamente, pois serve interesses dignos da maior tutela jurídica.

É que a cedência temporária de praticante desportivo pode satisfazer, e em regra satisfaz, interesses muito relevantes das três partes envolvidas neste negócio[8], que se assume neste ponto, com particular visibilidade, como autêntico negócio trilateral.

*

Vejamos, de forma esquemática.

1.º Interesses do clube cedente:
- redução de custos com o plantel, pois a cedência significa em muitos casos a desoneração, total ou parcial, dos salários dos praticantes cedidos;
- gestão do plantel de acordo com as opções de diferentes treinadores;
- *rodagem* do praticante desportivo para que amadureça desportivamente e ganhe ritmo competitivo, situação frequentemente ligada a processos de formação.

2.º Interesses do clube cessionário:
- obtenção dos serviços de praticantes desportivos a que de outro modo não teria acesso, nomeadamente por razões de ordem económica;
- equilíbrio da equipa com recurso a jogadores de maior valia ou para o preenchimento de necessidades do plantel;
- resposta positiva a determinadas *exigências* técnicas de certos treinadores.

---

[8] Sobre a matéria, vd., entre nós, J. LEAL AMADO, *Vinculação versus Liberdade (O Processo de Constituição e Extinção da Relação Laboral do Praticante Desportivo)*, Coimbra, 2002, p. 289, e FERNANDO XAREPE SILVEIRO, "O "Empréstimo" Internacional de Futebolistas Profissionais", em *Estudos de Direito Desportivo*, Coimbra, 2002, pp. 82-83.

Na doutrina espanhola, vd., FRANCISCO RUBIO SÁNCHEZ, *El Contrato de Trabajo de los Deportistas Profesionales*, Madrid, 2002, pp. 272-272; RICARDO FREGA NAVIA, *Contrato de Trabajo Deportivo*, Buenos Aires, 1999, p. 166; J. SAGARDOY BENGOECHEA e J. GUERRERO OSTOLAZA, *El Contrato de Trabajo del Deportista Profesional*, cit., p. 83; e MARIA JOSÉ RODRIGUEZ RAMOS, *Cesión de Deportistas Profesionales y Outras Manifestaciones Licitas de Prestamismo Laboral*, Granada, 1997, pp. 48 e ss..

3.º Interesses do praticante desportivo cedido:
- participação activa nas competições desportivas, pois de outro ver-se-ia prejudicado por um período de inactividade, com custos elevados para uma carreira que, como se sabe, é de curta duração, e carece de "exposição pública" para demonstrar as suas qualidades técnicas;
- obtenção de ritmo competitivo e amadurecimento desportivo, enquadrado num processo de formação ou integrado num "compasso de espera" na carreira.

*

Face a estes interesses tão alargados, e extensivos a todos os envolvidos, é natural que a ordem jurídica olhe para este instituto com simpatia e assuma relativamente ao mesmo uma postura muito mais aberta do que sucede em sede de relação laboral comum.

Destaque-se, em especial, os interesses relacionados com a protecção da carreira profissional do praticante desportivo, particularmente notória em ordenamentos, como o espanhol, que, em certas circunstâncias, consagram um direito à cedência, ainda que contra a vontade do clube empregador.

5. Dever de Ocupação Efectiva e Direito à Cedência

Em matéria de cedência temporária, a lei espanhola vai mais longe do que a lei portuguesa, porquanto estabelece o direito do praticante desportivo à cedência temporária a outro clube, quando ao longo de toda uma época desportiva não tenha sido utilizado em competições oficiais [9].

Assim, verificada essa condição, a cedência temporária passa a constituir um direito do trabalhador.

Pensamos que se trata de uma boa solução legal, na medida em que o afastamento por razões de ordem técnica de um praticante desportivo por período dilatado é um factor de desvalorização profissional e de eventual desgaste psicológico, bem como de hipotética

---

[9] Art.º 11.º, n.º 2, do RD 1006/85.

privação de contrapartidas económicas (v.g., prémios de jogos). Por outro lado, a participação nas competições oficiais é o fim último da actividade desportiva. Finalmente, o que está em causa na lei espanhola é o reconhecimento do direito do praticante desportivo à ocupação efectiva.

*

Entendemos que a consagração legal do direito à cedência é muito relevante e merece aplauso.

Aceita-se que a exigência de uma contrapartida económica pela cedência pode reduzir o alcance daquele preceito.

Por outro lado, a cedência pressupõe um acordo entre clubes, do qual depende o futuro do praticante desportivo, que, naturalmente, não pode impor a prestação temporária dos seus serviços a terceiros.

Finalmente, reconhece-se que a norma espanhola permite a fraude, pois basta que o praticante desportivo participe numa competição oficial (porventura como suplente) para que o direito à cedência possa ser neutralizado [10].

*

É evidente que a sugestão de uma alteração legislativa deve ser acompanhada da proposta de criação de mecanismos que obstem a que a lei seja contornada e diminuam os problemas práticos da sua aplicação.

Neste plano é com muita simpatia que olhamos para o art.º 12.º do "Regulamento de Aplicação do Regulamento relativo ao Estatuto e Transferência dos Jogadores", onde se diz que um jogador tem justa causa desportiva para rescindir o seu contrato com um clube se puder provar, no final de uma época, que participou em menos de 10% dos jogos oficiais disputados pelo seu clube.

*

Pois bem, coloco à vossa consideração a seguinte sugestão.

---

[10] Assim, MARIA JOSÉ RODRIGUEZ RAMOS, *Cesión de Deportistas Profesionales y Outras Manifestaciones Licitas de Prestamismo Laboral*, cit., p. 102, para quem seria mais coerente estabelecer o direito à cedência quando o desportista não prestasse os seus serviços em competição oficial perante o público com regularidade.

O direito à cedência temporária a outro clube deveria ser expressamente consagrado na nossa lei, mas não apenas quando ao longo de toda uma época desportiva o praticante não tivesse sido utilizado em competições oficiais. Dever-se-ia, tomando por referência o mencionado "Regulamento de Aplicação do Regulamento relativo ao Estatuto e Transferência dos Jogadores", estabelecer o direito à cedência se ao longo da época desportiva o praticante participasse em menos de 10% dos jogos oficiais disputados pelo seu clube.

Aumentar-se-iam as dificuldades de contornar a lei, e criar-se-ia um mecanismo alternativo à rescisão contratual, com vantagens para o praticante desportivo, e, julga-se ainda, o que não é despiciendo, para a estabilidade dos clubes e das competições.

Dever-se-ia, porventura, ir até um pouco mais longe. A participação em 10% dos jogos oficiais disputados pelo seu clube não seria suficiente para obstar à rescisão se essa percentagem fosse atingida nos últimos jogos da competição.

É óbvio que a concretização do direito à cedência pressupõe, como vimos, a existência de um clube terceiro interessado nos serviços do praticante desportivo, não bastando, consequentemente, a vontade do praticante desportivo. Quanto a este ponto, poder-se-ia equacionar a criação de limites às compensações económicas a pagar pela cedência.

Deixaram-se expostas algumas ideias que no período de debate podem ser enriquecidas com a vossa opinião.

Obrigado pela atenção que me dispensaram.

CONTRATO DE TRABAJO DEPORTIVO Y DERECHOS DE IMAGEN
(NOTAS PARA UNA APROXIMACIÓN A LA EVOLUCIÓN DEL FENÓMENO EN EL CASO ESPAÑOL)

Miguel Cardenal Carro *

1. La figura de los derechos de imagen ha sido poco conocida hasta hace relativamente poco tiempo. El deportista cobraba por su trabajo en la contienda deportiva, presumiéndose que cede a su club la explotación de esos derechos de imagen, ya que el espectáculo se celebra ante público, no presentándose necesidad alguna de desglosar esos ingresos en partidas que distinguieran entre la prestación laboral y la explotación de la imagen, pues ambas cuestiones aparecían profundamente ligadas: el empresario deportivo rentabilizaba de todas las maneras posibles la prestación de sus deportistas, y la retribuía globalmente.

Como es inconcebible que la prestación a que compromete el contrato de trabajo no incluya la explotación de su venta al público por todos los cauces habituales, se supone que el contrato de trabajo integra esa cesión. Así, sin especiales alardes dogmáticos, el artículo 7.3 del vigente Real Decreto 1006/1985 establece al respecto que: «En lo relativo a la participación en los beneficios que se deriven de la explotación comercial de la imagen de los deportistas se estará a lo

---

* Profesor Catedrático E.U. de Derecho del Trabajo y de la Seguridad Social de la Universidad de Extremadura (España). Colaboración de Emilio García Silvero, Asesoría Jurídica, Real Federación Española de Fútbol.

que en su caso pudiera determinarse por convenio colectivo o pacto individual, salvo en el supuesto de contratación por empresas o firmas comerciales previsto en el número 3 del artículo 1º del presente Real Decreto».

2. La trascendencia de esta figura cobró enorme importancia al generalizarse como una solución a las graves dificultades de financiación que presentaban las entidades del deporte profesional. En efecto, en la medida en que el tipo máximo impositivo del Impuesto sobre la Renta de las Personas Físicas ha sido en España recientemente del 56%, y sin embargo el tipo único del Impuesto de Sociedades era el 35%, se pergeñó el artificio de desviar una parte importante de los ingresos de los deportistas hacia esta vía, para, ahorrándose el 21% de diferencia entre ambos impuestos, conseguir retribuciones netas muy superiores. Durante la década de los 90 del siglo XX esta forma de actuar era generalizada, a cuyo efecto los deportistas constituían sociedades que eran cesionarias de sus derechos de imagen y suscribían contratos con los clubes independientes de su vínculo laboral.

Esta praxis fue desarrollándose con fórmulas aún más "ahorradoras", como la que pretendía que la sociedad del jugador contratara directamente con la entidad a la que el Club tuviera cedidos sus derechos de retransmisión audiovisual, y la generalización de sociedades radicadas en paraísos fiscales o en países Europeos que pemiten pactos con la Hacienda en las que el tipo impositivo llega a ser inferior al 10% (vid. José Pedreira Menéndez, "La doctrina del TEAC ante la cesión de derechos de imagen a sociedades holandesas", *Jurisprudencia Tributaria* nº 20, 2001).

3. La fórmula abrió la caja de Pandora de los conflictos, pues por una parte, observando que se trataba de una mera pretensión de evadir impuestos, algunos deportistas se encontraron con el problema de que ante los frecuentes impagos los Tribunales no accedieran a calificar ese crédito como laboral, derivando las reclamaciones ante la más lenta y cara Jurisdicción civil. Así, por ejemplo, entre muchas, afirma la Sentencia del Tribunal Superior de Justicia de Murcia núm. 813/1995 (Sala de lo Social), de 6 julio (*Aranzadi Social* 1995\2822): *"Declarada la validez del contrato mercantil entre el Club y la socie-*

dad limitada de cuyo capital social es propietaria el jugador – que por cierto actúa en este juicio sólo en nombre propio y no en representación de aquélla – es evidente que la compensación pactada en pago del uso de la imagen del jugador no constituye salario. La sentencia no infringe pues el art. 8.2 del Real Decreto 1006/1985, de 26 junio, porque la compensación no se paga al jugador, sino a una sociedad, y no se abona por la prestación por parte de aquél de «sus servicios profesionales», que como ya se ha dicho no incluyen el derecho a la imagen, sino en pago del uso de ese derecho. Y por tal razón no forma parte del salario". Para cobrar este crédito, el jugador ha necesitado prácticamente una década más en la Jurisdicción civil: cfr. Sentencia del Tribunal Supremo núm. 983/2004 (Sala de lo Civil, Sección 1ª), de 20 octubre (*Repertorio de Jurisprudencia* 2004\6081).

Ante la expansión de esta doctrina, claramente perjudicial para los trabajadores, la negociación colectiva reaccionó calificando explícitamente de laborales esos créditos, aunque se concertaran entre sociedades mercantiles. Aunque algunos Tribunales aceptaran ese planteamiento, la realidad es que finalmente se ha impuesto la tesis negativa sobre la competencia jurisdiccional del orden social (cfr. los comentarios a diversas resoluciones de A. Arias Domínguez en los números 11, 13 y 14 de la *Revista Jurídica del Deporte*, especialmente este último, con el título "Otra vez acerca de la configuración de los derechos de imagen de los deportistas profesionales, en este caso sobre la posibilidad de 'diseñar' la naturaleza jurídica de esta partida económica en convenio colectivo").

Por otra parte, tampoco cabe dejar de lado los graves problemas que ha generado para los deportistas que decidieron cambiar de empresario contra la voluntad de su club, cuando éste, frente a la incuestionable ruptura del pacto laboral, esgrimió la vigencia del paralelo pacto sobre derechos de imagen, siendo el caso del jugador Mijatovic que el más relevancia pública adquirió entre los acaecidos [vid. Sentencia del Audiencia Provincial Valencia núm. 63/1999 (Sección 7ª), de 29 enero, *Aranzadi Civil* 1999\102].

4. La Hacienda pública española, pese a lo permisiva que ha sido y es con el deporte profesional, finalmente ha levantado numerosas actas de inspección por estos hechos, de decenas de millones de euros, que impugnadas por los Clubes siguen recorriendo la vía judicial, pero sin que existan especiales motivos para pensar que la pretensión de las empresas vaya a triunfar. Como ejemplo de estas situaciones, que han hecho crecer la deuda del deporte profesional con el fisco a límites desconocidos, pueden traerse a colación, entre otras muchas, las Sentencias de la Audiencia Nacional, Sala de lo Contencioso-Administrativo (Sección 2ª) de 24 junio 2004 (*JUR* 2004\187583), (Sección 3ª) de 20 enero 2004 (*JUR* 2004\251465), (Sección 2ª) de 20 noviembre 2003 (*Jurisprudencia Tributaria* 2004\872), (Sección 3ª) de 18 noviembre 2003 (*JUR* 2004\131821), (Sección 2ª) de 16 octubre 2003 (*Jurisprudencia Tributaria* 2004\884).

En todo caso, también el legislador salió al paso de estas irregulares prácticas, y tras diversas vicisitudes el texto actualmente vigente para el Impuesto sobre la Renta de las Personas físicas, el Real Decreto Legislativo 3/2004, de 5 marzo, dispone en su artículo 93 (*Imputación de rentas por la cesión de derechos de imagen*) lo siguiente:

«1. Los contribuyentes imputarán en su base imponible del Impuesto sobre la Renta de las Personas Físicas la cantidad a que se refiere el apartado 3 cuando concurran las circunstancias siguientes:

a) Que hubieran cedido el derecho a la explotación de su imagen o hubiesen consentido o autorizado su utilización a otra persona o entidad, residente o no residente. A efectos de lo dispuesto en este párrafo, será indiferente que la cesión, consentimiento o autorización hubiese tenido lugar cuando la persona física no fuese contribuyente.

b) Que presten sus servicios a una persona o entidad en el ámbito de una relación laboral.

c) Que la persona o entidad con la que el contribuyente mantenga la relación laboral, o cualquier otra persona o entidad vinculada con ellas en los términos del artículo 16 del Texto Refundido de la Ley del Impuesto sobre Sociedades haya obtenido, mediante actos concertados con personas o entidades residentes o no residentes la cesión del derecho a la explotación o el consentimiento o autorización para la utilización de la imagen de la persona física.

2. La imputación a que se refiere el apartado anterior no procederá cuando los rendimientos del trabajo obtenidos en el período impositivo por la persona física a que se refiere el párrafo primero del apartado anterior en virtud de la relación laboral no sean inferiores al 85 por 100 de la suma de los citados rendimientos más la total contraprestación a cargo de la persona o entidad a que se refiere el párrafo c) del apartado anterior por los actos allí señalados.

3. La cantidad a imputar será el valor de la contraprestación que haya satisfecho con anterioridad a la contratación de los servicios laborales de la persona física o que deba satisfacer la persona o entidad a que se refiere el párrafo c) del apartado 1 por los actos allí señalados. Dicha cantidad se incrementará en el importe del ingreso a cuenta a que se refiere el apartado 8 y se minorará en el valor de la contraprestación obtenida por la persona física como consecuencia de la cesión, consentimiento o autorización a que se refiere el párrafo a) del apartado 1, siempre que la misma se hubiera obtenido en un período impositivo en el que la persona física titular de la imagen sea contribuyente por este impuesto.

4.1º Cuando proceda la imputación, será deducible de la cuota íntegra del Impuesto sobre la Renta de las Personas Físicas correspondiente a la persona a que se refiere el párrafo primero del apartado 1:

    a) El impuesto o impuestos de naturaleza idéntica o similar al Impuesto sobre la Renta de las Personas Físicas o sobre Sociedades que, satisfecho en el extranjero por la persona o entidad no residente primera cesionaria, corresponda a la parte de la renta neta derivada de la cuantía que debe incluir en su base imponible.

    b) El Impuesto sobre la Renta de las Personas Físicas o sobre Sociedades que, satisfecho en España por la persona o entidad residente primera cesionaria, corresponda a la parte de la renta neta derivada de la cuantía que debe incluir en su base imponible.

    c) El impuesto o gravamen efectivamente satisfecho en el extranjero por razón de la distribución de los dividendos o participaciones en beneficios distribuidos por la primera cesionaria, sea conforme a un convenio para evitar la doble imposición o de acuerdo con la legislación interna del país o territorio de que se trate, en la parte que corresponda a la cuantía incluida en la base imponible.

d) El impuesto satisfecho en España, cuando la persona física no sea residente, que corresponda a la contraprestación obtenida por la persona física como consecuencia de la primera cesión del derecho a la explotación de su imagen o del consentimiento o autorización para su utilización.

e) El impuesto o impuestos de naturaleza idéntica o similar al Impuesto sobre la Renta de las Personas Físicas satisfecho en el extranjero, que corresponda a la contraprestación obtenida por la persona física como consecuencia de la primera cesión del derecho a la explotación de su imagen o del consentimiento o autorización para su utilización.

2º Estas deducciones se practicarán aun cuando los impuestos correspondan a períodos impositivos distintos a aquel en el que se realizó la imputación.

En ningún caso se deducirán los impuestos satisfechos en países o territorios calificados reglamentariamente como paraísos fiscales.

Estas deducciones no podrán exceder, en su conjunto, de la cuota íntegra que corresponda satisfacer en España por la renta imputada en la base imponible.

5.1º La imputación se realizará por la persona física en el período impositivo que corresponda a la fecha en que la persona o entidad a que se refiere el párrafo c) del apartado 1 se efectúe el pago o satisfaga la contraprestación acordada, salvo que por dicho período impositivo la persona física no fuese contribuyente por este impuesto, en cuyo caso la inclusión deberá efectuarse en el primero o en el último período impositivo por el que deba tributar por este impuesto, según los casos.

2º La imputación se efectuará en la parte general de la base imponible, de acuerdo con lo previsto en el artículo 39 de esta Ley.

3º A estos efectos se utilizará el tipo de cambio vigente al día de pago o satisfacción de la contraprestación acordada por parte de la persona o entidad a que se refiere el párrafo c) del apartado 1.

6.1º No se imputarán en el impuesto personal de los socios de la primera cesionaria los dividendos o participaciones en beneficios distribuidos por ésta en la parte que corresponda a la cuantía que haya sido imputada por la persona física a que se refiere el primer párrafo del apartado 1. El mismo tratamiento se aplicará a los dividendos a cuenta.

En caso de distribución de reservas se atenderá a la designación contenida en el acuerdo social, entendiéndose aplicadas las últimas cantidades abonadas a dichas reservas.

2º Los dividendos o participaciones a que se refiere el ordinal 1º anterior no darán derecho a la deducción por doble imposición de dividendos ni a la deducción por doble imposición internacional.

3º Una misma cuantía sólo podrá ser objeto de imputación por una sola vez, cualquiera que sea la forma y la persona o entidad en que se manifieste.

7. Lo previsto en los apartados anteriores de este artículo se entenderá sin perjuicio de lo dispuesto en los tratados y convenios internacionales que hayan pasado a formar parte del ordenamiento interno y en el artículo 4 de esta Ley.

8. Cuando proceda la imputación a que se refiere el apartado 1, la persona o entidad a que se refiere el párrafo c) del mismo deberá efectuar un ingreso a cuenta de las contraprestaciones satisfechas en metálico o en especie a personas o entidades no residentes por los actos allí señalados.

Si la contraprestación fuese en especie, su valoración se efectuará de acuerdo a lo previsto en el artículo 47 de esta Ley, y se practicará el ingreso a cuenta sobre dicho valor.

La persona o entidad a que se refiere el párrafo c) del apartado 1 deberá presentar declaración del ingreso a cuenta en la forma, plazos e impresos que establezca el Ministro de Hacienda. Al tiempo de presentar la declaración deberá determinar su importe y efectuar su ingreso en el Tesoro.

Reglamentariamente se regulará el tipo de ingreso a cuenta.»

Entre la numerosa bibliografía generada al respecto, puede ver--se, por todos, I. Landa, "Los Derechos de explotación de la imagen, los deportistas y la opción de tributación en el impuesto sobre la renta de los no residentes", *Jurisprudencia Tributaria* nº 14, 2004.

La situación de reclamación por parte del Fisco no sólo atañe a las entidades deportivas. Son numerosos los futbolistas cuyos graves problemas han saltado a la opinión pública; valga como ejemplo el caso de Djalminha, cuyo patrimonio total fue embargado durante mucho tiempo por la Hacienda, o la querella criminal presentada por delito fiscal frente a Luis Enrique.

5. Esta concepción de los derechos de imagen ligada a consideraciones casi exclusivamente fiscales quiebra en los años 90. Hasta ese momento, eran muy pocos los deportistas que realmente estuviesen en condiciones de generar flujos monetarios al margen de su estricta prestación en los terrenos de juego; se podrían contar con los dedos de una mano. En estos años, sin embargo, se producen varios fenómenos simultáneamente que modifican de forma definitiva los parámetros en que venía desenvolviéndose esta cuestión.

Por un lado, un fenómeno sociológico que comportará importantes consecuencias económico-jurídicas, como fue la irrupción de una forma de publicidad de las multinacionales de prendas deportivas ligada a la personalidad de determinados atletas. La campaña de Nike con Michael Jordan crea una nueva forma de hacer publicidad, en la que la personalidad de los atletas trasciende su mero marco de la prestación. Una rápida evolución permite descubrir que los deportistas son susceptibles de generar un marco de emulación en su vida privada similar al de actores y personajes públicos, lo que abre el campo de su participación publicitaria mucho más allá de los artículos del deporte. Este fenómeno retroalimenta la posibilidad de que los clubes se financien crecientemente con ingresos atípicos, derivados de la explotación de objetos con su marca en los más variados sectores del consumo, utilizando la imagen de esos deportistas que ya son personajes públicos, cuya vida privada es seguida por la opinión pública de forma muy insistente.

Por otro lado, otro ingreso relativamente atípico, como es el derivado de las retransmisiones televisivas y en general por las nuevas tecnologías, experimenta un crecimiento exponencial, pasando de constituir una partida marginal de los ingresos de las empresas a constituir su soporte fundamental. Este proceso se produce en muy poco tiempo, como consecuencia de la apertura a la competencia del mercado televisivo y la aparición de empresas rivales en el seno de la televisión digital, y comporta que los contratos de trabajo firmados conforme a unas previsiones de ingresos por los clubes pasen a quedar "desfasados" desde el punto de vista del "reparto de rentas" que caracteriza a las relaciones laborales el deporte profesional, lo que motiva que los jugadores aspiren a reequilibrar el porcentaje que reciben de los ingresos generados por su actividad. Algo muy similar, con importantes pleitos de por medio, había ocurrido en Estados

Unidos (sobre ambas cuestiones, cfr. el detallado estudio de Irurzun Ugalde, *La negociación colectiva en el deporte profesional*, tesis doctoral, Universidad del País Vasco, 2004).

En fin, la mezcla de estos dos factores da lugar a una situación explosiva, en la que las tensiones van provocando situaciones muy novedosas que, accediendo los Tribunales, van configurando un panorama bien diferente al existente hasta ese momento.

6. Un primer gran conflicto surgió con la tensión entre la explotación individual de la imagen y la colectiva del Club. Concretamente, en el ámbito del baloncesto, donde el patrocinio constituye la fuente principal de financiación de los equipos representando un porcentaje muy alto de su presupuesto, ocurría que las empresas competidoras de la patrocinadora del equipo contrataban a sus estrellas para que las publicitaran, generando una situación muy incómoda, anticipo del *Ambush Marketing* tan bien explicado por C. Pina en el nº 13 de la *Revista Jurídica del Deporte*.

En virtud de este contencioso, el Convenio Colectivo entre la ACB y la ABP de 1994, todavía vigente en la máxima categoría del baloncesto español, recogió un Anexo tercero que pretendió clarificar esta cuestión, del siguiente tenor:

«ANEXO 3
Régimen de explotación de los derechos de imagen

Artículo 1. Principios generales y definiciones.

Debido a las divergencias surgidas entre las partes contratantes acerca de la interpretación del artículo 9 del anterior Convenio Colectivo.

Siendo firme voluntad de las partes que el régimen jurídico aplicable a la explotación comercial de los derechos de imagen se encuentre perfectamente delimitado.

Establecen de común acuerdo y con validez interpretativa en todo lo referente a este anexo las siguientes definiciones:

1.1 Contrato de patrocinio: Se entenderá por tal aquel por el que el patrocinado, a cambio de una ayuda económica para la realización de actividad deportiva, se compromete a colaborar en la publicidad del patrocinador.

A los efectos del presente Convenio, o de cualquier otro que tenga relación con él, se entenderá jurídicamente equivalente al contrato de patrocinio al contrato de esponsorización.

1.2 Patrocinador: Es aquella persona física o jurídica que mediante un contrato de patrocinio se compromete a abonar una determinada cantidad de dinero a cambio de la exhibición pública de la marca o producto de los que es propietario.

1.3 Patrocinado: Es el club o SAD o la ACB, que mediante un contrato de patrocinio se comprometen a exhibir públicamente una determinada marca o producto del patrocinador.

1.4 «Merchandising»: Se trata de una forma de explotación comercial de la imagen que mediante la conclusión de contratos de «merchandising» permite la comercialización y venta de fotografías, posters o vídeos del equipo, de sus figuras y de momentos de los partidos, así como la aparición de la imagen en colecciones de cromos, pegatinas o juegos de salón, comprendiendo asimismo toda clase de objetos que tengan una salida en el mercado: Chandals, camisetas, gorras, bufandas, banderas, pins, bolígrafos, llaveros, muñecos, ceniceros o cualquier otro objeto en el que se pueda reproducir una imagen.

Consiste en un supuesto de explotación de la imagen del equipo y sus integrantes fuera del espacio y del tiempo a los que se circunscriben los eventos deportivos, aunque sigue tratándose de explotación de la imagen captada durante el desarrollo de la actividad profesional.

1.5 Derechos colectivos: Son aquellos en los que la imagen del jugador aparece relacionada con el equipo al que pertenece en competición oficial, vistiendo la indumentaria del mismo, o cuando participe en actos públicos organizados por el club o SAD o por la ACB.

1.6 Derechos individuales: Son aquellos que se refieren directamente a la imagen del jugador como persona (su intimidad) o a su imagen como deportista en general (es decir, vistiendo deportivamente y apareciendo ante el público fuera del horario laboral, siempre y cuando no lleve los distintivos e indumentaria del club o SAD con el que tiene suscrito contrato, ni cualquier otra que pueda provocar confusión con aquéllos), y

1.7 Empresa competidora: Se entenderá por tal aquella cuyos productos sean competencia de otros similares que patrocinen a la ACB o a sus clubes o SAD o que realice una actividad que sea competencia directa de la de las empresas patrocinadoras de la ACB o de sus clubes o SAD.

Artículo 2. Cesión de la explotación comercial de los derechos colectivos de imagen.

2.1 La ACB tiene el derecho exclusivo sobre la explotación comercial de los derechos de imagen colectivos de los jugadores cuando, actuando como miembros de un club o SAD, participen en competición oficial y cuando vistan la indumentaria oficial del club o SAD, con independencia de lo establecido en contratos laborales individuales.

Asimismo, la ACB tiene el derecho exclusivo de explotación comercial de las actividades publicitarias consideradas como de «merchandising», con la excepción que se establece en el párrafo segundo del epígrafe 2.5 del presente artículo.

2.2 La ACB percibirá la totalidad de los rendimientos económicos derivados de dichas explotaciones comerciales.

2.3 La elección de la forma de explotación comercial de los derechos de imagen expresamente cedidos, será competencia exclusiva de la ACB, comprometiéndose los jugadores a colaborar en la ejecución de la forma de explotación elegida, si bien ello nunca podrá suponer menoscabo de los derechos individuales de imagen del jugador. Asimismo, se tendrá en cuenta los derechos de vacaciones y descansos que tienen reconocidos los jugadores en el presente Convenio.

2.4 Para el supuesto de que la forma de explotación comercial sea el patrocinio, los jugadores se comprometen a colaborar en la ejecución de los contratos de patrocinio suscritos por la ACB o por los clubes o SAD, tratándose dicha colaboración de una obligación de los jugadores que deriva directamente de la cesión que han realizado de sus derechos de imagen, y que debe ser compatible con el derecho individual del jugador sobre su imagen como persona y como deportista en general, y

2.5 Para el supuesto de que la forma de explotación comercial sea el «merchandising», éste comprenderá la comercialización y venta de todos los objetos enumerados, a título enunciativo, en el epígrafe 1.4 del presente anexo.

Se excluye expresamente la comercialización y venta de cromos, que corresponderá exclusivamente a la ABP, que percibirá la totalidad de los rendimientos económicos que se deriven de la misma. En la explotación de los cromos de la ABP está autorizada a utilizar los distintivos de los clubes o SAD, si bien, en tal caso procurarán exhibirse tanto el anagrama del club o SAD como el de su patrocinador.

La ACB cede a la ABP, a los exclusivos efectos de su utilización para lo previsto en este epígrafe, los derechos de imagen que pudiera ostentar sobre los jugadores no seleccionables, manifestando expresamente su no oposición al uso precitado y en las condiciones convenidas.

Artículo 3. Explotación comercial de los derechos individuales de imagen.

3.1 Corresponderá en exclusiva a cada jugador, de forma individual, la explotación de su imagen como persona (intimidad) así como la de deportista en general, siempre y cuando no lleve la indumentaria oficial del club o SAD a que pertenezca, o bien otra que pudiera confundirse con ésta.

3.2 Ello no obstante, y en consonancia con el principio de buena fe contractual consagrado en los artículos 5, a), 5, d) y 20.2 de la Ley 8/1980, de 10 de marzo, del Estatuto de los Trabajadores, los jugadores deberán abstenerse de participar en manifestaciones publicitarias de productos que sean competencia de otros similares que patrocinen a la ACB o a sus clubes o SAD, así como de promocionar empresas cuya actividad sea competencia directa de la de las empresas patrocinadoras de la ACB o de sus clubes o SAD. De lo anterior queda exceptuada la colaboración publicitaria de los jugadores con empresas fabricantes de prendas deportivas – salvo lo previsto en el epígrafe 3.3 –, cuando el contrato haya sido suscrito con anterioridad al correlativo a la ACB o de sus clubes o SAD – o se trate de una renovación del mismo – y con el patrocinador del partido anual que pudiese organizar la ABP.

A los efectos de lo previsto en el párrafo anterior la incompatibilidad se limita a los patrocinadores de la ACB que tengan vinculación directa de las competencias o eventos organizados por esta entidad.

Asimismo, si en el futuro la ACB adopta el acuerdo de unificar las prendas deportivas de los equipos, la incompatibilidad alcanzará también a la empresa que sea concesionaria de esa exclusiva.

3.3 En relación con el calzado deportivo, se estará al acuerdo que alcancen los jugadores y sus clubes o SAD según lo dispuesto en el anexo 1 del II Convenio Colectivo del sector (contrato tipo).

Artículo 4. Derechos derivados de la transmisión o retransmisión de partidos por televisión.

Todos los rendimientos económicos derivados de la transmisión o retransmisión, en directo o en diferido, total o parcial, de los partidos de baloncesto por televisión corresponderán exclusivamente a la ACB, de acuerdo con lo previsto en la Ley 10/1990, de 15 de octubre, del Deporte.»

Este esquema es comúnmente admitido hoy entre la doctrina y la jurisprudencia, respondiendo a los siguientes parámetros:

- Con el contrato de trabajo, y dada la comercialización pública de las competiciones en que consiste la actividad principal del empresario, el trabajador cede la completa explotación de sus derechos de imagen asociados a su condición de deportista.
- Por el contrario, no es inherente a la relación laboral la cesión de su imagen como persona privada, que puede explotar de forma individual con respeto a la buena fe que deriva de su contrato de trabajo, lo que implica no asociarla a programas publicitarios de productos competidores de los esponsors de su equipo o competición. No obstante, a esta distinción ha seguido una praxis relativamente habitual en algunos equipos de incrementar la retribución de los jugadores a cambio de la cesión completa de sus derechos de imagen, comprometiéndose entonces el deportista a participar también en todas aquellas campañas publicitarias que le proponga el club, aunque sean ajenas a su condición de deportista, y aparezca en ellas como persona privada, al margen de la competición en la que desarrolla su prestación.

Si bien este esquema podría considerarse bastante claro, no dejan de aparecer conflictos, como ocurrió con motivo de la reciente Eurocopa, en la que uno de los patrocinadores de la Selección nacional era una conocida marca de automóviles, rival de la patrocinadora de uno de los principales clubes, que aportaba numerosos jugadores al combinado nacional, y que se negaron a participar en las actividades de promoción de ese patrocinador.

7. Este planteamiento fue plenamente confirmado judicialmente con motivo de la controversia que enfrentó a varios jugadores del Compostela SAD contra una empresa textil que lanzó una campaña mundial de publicidad, utilizando las imágenes de un famoso gol de Ronaldo en el que regateaba a varios jugadores de ese equipo. Tal demanda no prosperó porque las imágenes utilizadas correspondían a una competición, la Liga de Fútbol, que estaban cedidas a esa multinacional por ser una de las patrocinadoras, asumiéndose que los jugadores habían procedido a idéntica cesión a su equipo con motivo de su contrato de trabajo.

Desde estas premisas, se han generalizado los conflictos por la utilización de la imagen de los deportistas en colecciones de cromos [p. ej., entre muchas, Sentencias del Tribunal Supremo núm. 344/2003 (Sala de lo Civil), de 1 abril, *RJ* 2003\2979, comentada por A. Pulido Quecedo en *Actualidad Jurídica Aranzadi* nº 576, 2003, y (Sala de lo Civil) de 9 mayo 1988, *RJ* 1988\4049]; prendas deportivas [Sentencia del Audiencia Provincial Alicante núm. 304/2001 (Sección 7ª), de 5 junio, *Aranzadi Civil* 2001\1179], para la promoción de televisiones de pago [Sentencia del Audiencia Provincial Madrid (Sección 11ª), de 18 junio 2002, *AC* 2002\1606].

8. El siguiente paso en esta polémica viene dado por la significativa mejora de las realizaciones en las retransmisiones televisivas, que introduce un factor también novedoso en el enfoque de esta problemática. En efecto, para dar una mayor espectacularidad, y consiguiente atractivo, a la competición, en buena medida se ha incrementado la elaboración, con el empleo de un número muy superior de cámaras televisivas y una realización quasiartística.

Esto lleva a que sujetos de escasa trascendencia en el espectáculo propiamente sean también objeto de atención preferente, como sucede con los jueces de competición y entrenadores, por ejemplo. En el caso de los primeros, sus gestos son reproducidos milimétricamente, grabadas las conversaciones entre ellos, y forman ya una parte importante del producto final ofrecido al público. No extraña, por ello, que también los árbitros hayan litigado frente a las empresas que retransmiten los encuentros de fútbol, aduciendo que es inexplicable que los clubes y jugadores cobren por ello y no los colegiados, que forman parte, de manera importante, de tales retransmisiones. Aunque no ha tenido éxito en primera instancia, en absoluto cabe considerar que el caso esté cerrado.

9. Por la misma consideración señalada, la cada vez más profusa elaboración de las retransmisiones televisivas, se aprecia un nuevo fenómeno, ligado a una norma emparentada con los derechos de imagen, la legislación sobre propiedad intelectual. En efecto, cada vez es más frecuente que se comercialicen auténticas creaciones audiovisuales que suponen, por la reelaboración que incorporan de las imágenes de las contiendas deportivas, productos netamente diferentes de aquellos. De esta forma, los 100 mejores goles de un determinado jugador, el vídeo de que recoge una determinada competición conjuntamente, la reposición continua de determinadas contiendas, escapan de lo que es la mera retransmisión del evento deportivo.

En este sentido, el Real Decreto Legislativo 1/1996, de 12 abril, por el que se aprueba el texto refundido de la Ley de Propiedad Intelectual, regularizando, aclarando y armonizando las disposiciones legales vigentes sobre la materia, define un marco jurídico que abre todo un espectro a reclamaciones no sólo de productores, guionistas, autores, etc., de estos materiales, sino, sobre todo, de los deportistas, que con razón podrán aducir que su venta de los derechos de imagen se refería a la normal retransmisión deportiva, y no a su reelaboración posterior para dar lugar a un producto materialmente diferente.

10. Como último epifenómeno de este vasto problema, ha surgido la pretensión de acudir a la raíz del pastel, de estos suculentos ingresos: discutir la titularidad de los derechos audiovisuales, de los que penden buena parte de esos derechos de imagen. La litigiosidad en España ha sido elevada por fenómenos como de su venta por un paquete excesivo de años a un solo proveedor, la "expropiación" parcial de determinados eventos que no pueden ser emitidos en codificado por la polémica Ley de retransmisiones deportivas de 1997, y en sede comunitaria también se ha discutido la oportunidad de su venta globalizada o individual por los equipos.

Así pues, el tema de la titularidad de los derechos de retransmisión televisiva en las competiciones deportivas (y, por extensión, Derechos de Internet, Derechos 3G/UMTS inalámbrico, Derechos de medios físicos, Derechos de radio, etc.) es, sin duda, uno de los mayores retos jurídicos que en la actualidad detentan las instituciones, asociaciones y clubs/SAD organizadoras y participantes, respectivamente, en los encuentros deportivos. Determinar a qué entidad le corresponde la titularidad de unos derechos que generan importantísimos ingresos económicos (a las que organizan, a las que participan, ...) no es, hoy en día, una cuestión baladí.

Estamos pues, en esta materia, en presencia de uno de los apartados que actualmente generan más dudas desde un punto de vista jurídico. Dudas que no son únicamente originarias y partícipes en el Ordenamiento español (donde ni la Ley 10/1990 ni la Ley 21/997, de 3 de julio, de emisiones y retransmisiones de competiciones y acontecimientos deportivos – en adelante, LR – han aclarado nada al respecto), sino que tienen presencia, como acabamos de advertir, tanto a nivel comunitario como en el ámbito de otros países de nuestro entorno y que se presentan brevemente a fin de observar la posición internacional al respecto.

En la Unión Europea, muy recientemente, la cuestión, aunque sea tangencialmente, ha sido debatida en el marco del expediente COMP/C.2-37.398 [1], en el que la UEFA solicitó a la Comisión Europea una excepción a las normas comunitarias reguladoras del Derecho de la competencia en relación con su acuerdo de venta conjunta de los derechos de retransmisión de la Liga de Campeones.

En este amplio expediente, ya la Comisión Europea introduce las siguientes reflexiones:

---

[1] *Diario Oficial de la Unión Europea*, L 291/30, de 8.11.2003.

"Por cada partido de fútbol individual jugado en la Liga de Campeones de la UEFA, los dos clubes de fútbol participantes pueden reivindicar la propiedad de los derechos comerciales. Esto es así porque sería difícil negar que un determinado club anfitrión, como usuario del campo de fútbol, tiene derecho a negar la admisión a los operadores de los medios de comunicación que desean grabar esos partidos. Igualmente, sería difícil negar que el club visitante, como participante necesario en el partido de fútbol, debe tener cierta influencia en cuanto a si el partido debe grabarse y, si es así cómo y por quién.

Considerando un torneo de fútbol en su totalidad, parece que cada club tendrá una participación en los derechos de los distintos partidos que juega, pero no puede considerarse que su propiedad vaya más allá. Por lo tanto, en un torneo de fútbol hay un gran número de conjuntos individuales de propiedad independientes entre sí. El hecho de que los clubes de fútbol jueguen un torneo de fútbol no significa que la propiedad abarque todos los partidos del mismo. Ni tampoco que la propiedad esté interrelacionada hasta tal punto que deba afirmarse que todos los clubes tienen una parte de propiedad en el conjunto de la liga como tal y en cada partido individual.";

llegando reconocer que

*"La Comisión toma nota de que **no existe ningún concepto uniforme común en los Estados miembros del EEE relativo a la propiedad de los derechos mediáticos de acontecimientos futbolísticos ni tampoco hay un concepto jurídico en la Comunidad o el EEE** sobre la base de la información presentada por ella, la UEFA puede como mucho ser considerada copropietaria de los derechos pero nunca propietaria única. La cuestión de la propiedad compete al derecho nacional y la evaluación que la Comisión haga de este aspecto en el presente asunto no prejuzga cualquier resolución de los tribunales nacionales. La Comisión por lo tanto procede partiendo de la base de que **hay copropiedad entre los clubes de fútbol y la UEFA en los partidos individuales**, pero que la copropiedad no afecta horizontalmente a todos los derechos derivados de un torneo de fútbol. A efectos del presente asunto no se considera necesario cuantificar las respectivas participaciones en la propiedad."*

En su vertiente de competición nacional, y aplicado a otros países de nuestro entorno, tales consideraciones también se han manifestado a nivel comunitario. En el también reciente expediente COMP/C.2/37.214 [2], la Liga Nacional de Fútbol alemana solicitó, de conformidad con el apartado 3 del art. 81 del Tratado de la Comunidad Europea, una declaración negativa o, en su defecto, una exención individual para la comercialización centralizada de los derechos de televisión de los partidos del campeonato nacional de fútbol de primera y segunda división (Bundesliga y 2 Bundesliga). Igualmente se reconoce aquí la *"cotitularidad de los derechos de difusión"* entre organizadores de la competición y los clubes.

En nuestro ámbito, España, son conocidas las indefiniciones de la escasísima doctrina judicial al respecto. Originariamente, el Tribunal de Defensa de la Competencia, en una resolución de 10 de julio de 1993, relacionada con la retransmisión de encuentros de fútbol, decía al respecto:

"El derecho a la explotación de la imagen es un derecho de naturaleza incierta y con escasa apoyatura jurídica para su protección, pero es un derecho que ninguna de las partes ha discutido y por tanto no corresponde a este Tribunal decidir sobre su naturaleza, su contenido ni a quien corresponde su titularidad."

Para completar esta indeterminada concepción doctrinal, e útil también acudir a la Sentencia del Juzgado de Primera Instancia de Madrid, Núm. 4, de 1 de junio de 2001, en una acción interdictal ejercitada por el CD Ourense SAD contra la RFEF.

Sobre esta compleja base se hacen, a continuación, las necesarias consideraciones jurídicas para algunas de las competiciones oficiales de ámbito estatal españolas, y en algún caso de carácter profesional, en la modalidad del fútbol.

- Titularidad

    - Campeonato Nacional de Liga de 1ª y 2ª División.

---

[2] *Diario Oficial de la Unión Europea*, C 261/13, de 30.10.2003.

En el examen de esta competición, organizada por la LFP en coordinación con la RFEF, resulta necesario, con el fin de analizar la cuestión desde nuestro ordenamiento jurídico (sin dejar a un lado las importantísimas consideraciones arriba recogidas de la Comisión Europea al respecto), hacer algo de historia, lo que nos llevará a centrar y determinar de mejor manera la problemática.

Se ha dicho ya que ni la Ley 10/1990 ni la Ley 21/1997 han supuesto un particular avance en el tema que nos ocupa. Así, la Ley 10/1990, lejos de aclarar la situación pareció despojar a la LFP de la titularidad en exclusiva de los derechos de retransmisión televisiva de las competiciones, que, en coordinación con la RFEF, debe organizar. Su Disposición Transitoria Tercera, dentro del marco del denominado Convenio de Saneamiento, dispone textualmente que:

«Durante el período de vigencia del convenio, y hasta la total extinción de la deuda, la Liga profesional percibirá y gestionará los siguientes derechos económicos:

a. Los que, por todos los conceptos, generen las retransmisiones por televisión de las competiciones organizadas por la propia Liga, por sí misma o en colaboración con otras asociaciones de clubes.»

Es decir, si el texto legal atribuye a la LFP la gestión, ello significa, en una lógica interpretación, dos cosas:

- que la titularidad no le corresponde, ya que de suponerle ésta, ninguna prerrogativa sobre la gestión tendría que atribuirle la LD, ya que la titularidad es un concepto más amplio que engloba a la propia gestión;
- que esta gestión que se le atribuye *ex lege* está limitada temporalmente, y responde a los fines y objetivos del Convenio de Saneamiento, única y exclusivamente, por lo que finalizado éste, ni titularidad ni gestión son competencia exclusiva de la LFP.

Esta interpretación es corroborada, una vez expirado el Convenio, cuando la Asamblea General de la Liga adoptó el acuerdo de que cada club gestionara autónomamente los Derechos de retransmisión. Pero, entonces, ¿son los derechos de retransmisión televisiva de los clubes y SAD que participen en la competición?

A nuestro parecer, ésta no es tampoco una interpretación correcta, y prueba de ello es la Decisión de la Comisión Europea sobre los derechos de retransmisión televisiva de la Liga de Campeones. Parece lógico deducir que los clubes, como participantes en la competición, tengan alguna proporción determinada sobre la titularidad de los derechos de retransmisión de los encuentros, pero igualmente, las entidades organizadoras han de ser sujetos activos de esa titularidad, pues el interés que despierta un determinado encuentro viene determinado por estar incurso en una competición organizada, y no en partidos aislados entre equipos.

De la misma manera que el club emplea futbolistas profesionales siendo así considerado, al menos a los efectos administrativos, una empresa, se ha predicado en repetidas ocasiones la misma naturaleza empresarial para las competiciones deportivas organizadas por entidades, ya sean ligas profesionales o Federaciones[3].

La asunción del riesgo es uno de los criterios a tomar en cuenta particularmente para decidir si se está en presencia de una empresa. Por eso, existen opiniones doctrinales que niegan la naturaleza empresarial a la entidad que únicamente contribuye a la organización de la competición con prestaciones de orden estrictamente administrativo – como el establecimiento de las reglas que la han de regir y de un régimen disciplinario al que se someten los participantes – sin asumir el riesgo y ventura típicos de la empresa.

Sean consideradas empresas todas las entidades organizadoras o sólo las que asuman el riesgo y ventura, lo cierto es que las ligas profesionales y las federaciones intentan reunir una serie de elementos que permitan la puesta en marcha de la competición. La competición genera en los aficionados – y, consecuentemente, también en los operadores de televisión interesados en la competición deportiva – un interés que trasciende al despertado por los equipos individualmente considerados, y ese interés es fruto de la actividad llevada a cabo por las entidades organizadoras.

Las competiciones tienen, además, un valor similar al de la marca ya que son auténticos signos distintivos que indican calidad y prestigio de cara a los consumidores. Así, el organizador es el titular de la competición como marca y de su logotipo, y explota su aprove-

---

[3] Interpretación acorde con las más importante y últimas resoluciones comunitarias atenientes al deporte. Entre otras, SSTJU en los asuntos, C-145/93: URBSF/Bosman; C-51/96 y C-191/97: Deliege/LFJ; o C-176/96: Lethonen/FRBSB.

chamiento comercial mediante la salida al mercado de prendas o videojuegos de carácter oficial [4].

En conclusión, se puede apreciar que hay varios intervinientes en la elaboración de ese producto – encuentros de fútbol insertados en una competición determinada. Es por eso que, habiendo distintos intervinientes, en ocasiones se ha otorgado participación directa en los beneficios obtenidos a todos los implicados: clubes y organizadores, siendo por tanto todos, cotitulares de esos supuestos derechos de retransmisión sobre los encuentros deportivos.

Esta es la solución más acorde a la que se debe llegar en la competición analizada. Los organizadores de la competición profesional del fútbol profesional español, LFP en coordinación con la RFEF, y clubs/SAD, son cotitulares de los derechos de retransmisión sobre los encuentros deportivos que se celebren en el campeonato nacional de Liga, y si determináramos un titular concreto, éste asemeja ser, en principio, la LFP.

- El Campeonato de España/Copa de S.M. el Rey y Supercopa.

El Campeonato de España/Copa de S.M. el Rey y la Supercopa son ambas competiciones oficiales de ámbito estatal y no profesional, calificadas y organizadas así por la RFEF, bajo el amparo legal de las competencias que le son delegadas por la Administración Pública y según lo que al respecto dispone el art. 33.1. a) LD [véase en el ámbito interno, art. 286.1. b) y c) RFEF] [5].

---

[4] Posición defendida por la UEFA en el marco del ya referenciado expediente COMP/C.2-37.398, puntos 64 y ss.

[5] Recientemente se ha planteado la posibilidad por parte de los representantes de la LFP de atribuirle a ésta la organización de Campeonato de España/Copa de S.M. El Rey debido a que sus clubes/SAD los que, de alguna manera, mantienen el nivel mediático, social y económico de esta competición. De acuerdo con el actual marco jurídico, y para esta particular caso concreto, se han de realizar las siguientes precisiones, siempre en el entendido, como parece lógico, de que el Campeonato de España/Copa de S.M. El Rey es una competición oficial de ámbito estatal no profesional:

1º. La LD (art. 46.3) y el propio RDF (art. 4) ampara que las Ligas Profesionales, así como cualquier otra persona física o jurídica, privada o pública, pueda organizar competiciones oficiales de ámbito estatal, por lo que, la organización de estas competiciones, no es monopolio exclusivo de la federación correspondiente.

En estas competiciones la LFP no ostenta competencia alguna, y el único nexo de unión RFEF-LFP en las mismas es la participación en ellas de algunos de los clubes que forman parte de la LFP.

Manteniendo pues la interpretación anteriormente enunciada, al menos la RFEF es cotitular (sino titular exclusivo, en virtud del art. 55 del RGRFEF[6]), junto a los clubes participantes en la competición (no en este caso la LIGA), de los derechos de retransmisión televisiva de la misma.

Para un caso similar (competición oficial de carácter nacional así calificada y organizada por la RFEF, la Segunda División "B") la Sentencia ya aludida del Juzgado de 1ª Instancia núm. 4 de Madrid, de 1 de junio de 2001, aún estimando la demanda interpuesta por el CD Ourense SAD contra la RFEF (no es una sentencia sobre el fondo, sino que únicamente declara la acción de retener la posesión por parte de la SAD demandante) recoge afirmaciones a tener en cuenta tales como

"la RFEF, como organizadora de la competición que engloba a todos los competidores... sería la depositaria de dicho derecho" (el de retransmisión televisiva),

y del resto de la compleja redacción se puede de la misma manera, afirmar, como ya se ha hecho, que una cosa es de quien sean los derechos de retransmisión televisiva (en este caso de la RFEF), y otra muy distinta quien los posea.

2º. La calificación de competiciones como "oficiales de ámbito estatal" es competencia exclusiva de las Federaciones deportivas, según dispone el art. 33.1. a) y 46.2 LD, y de acuerdo con los criterios del art. 4 RDF, por lo que la calificación de la competición, con los efectos legales que ello conlleva, si es monopolio de la Federación deportiva.

3º. Según establece el art. 286.1. b) del RGRFE el Campeonato de España/Copa de S.M. El Rey es una competición oficial de ámbito estatal cuya organización ostenta la RFEF.

4º. El hipotético requerimiento de modificación estatutaria que podría provenir de la Administración a fin de otorgarle a la LFP, una vez modificados sus Estatutos y aprobados por el CSD, la competencia en la organización del Campeonato de España/Copa de S.M. El Rey, es, desde un punto de vista, técnicamente complejo, en atención a las sentencias habidas sobre el particular (fundamentalmente, STSJ de Andalucía, de 29 de junio de 2001).

[6] «La RFEF tiene la titularidad exclusiva, y en el más amplio sentido, de los derechos para la explotación comercial de todas las competiciones que directa o indirectamente organice.»

Esta Sentencia ha sido ampliada en sus fundamentos por la reciente del Juzgado de 1ª Instancia de San Sebastián de los Reyes, de 5 de marzo de 2005, que ha venido a declarar la titularidad en exclusiva de los derechos de retransmisión televisiva de la Copa de España-Copa de S.M. El Rey a favor de la RFEF, al ser la entidad organizadora de la competición.

CONFERÊNCIA DE ENCERRAMENTO

AS RELAÇÕES ENTRE FEDERAÇÕES E LIGAS NO DESPORTO PROFISSIONAL
(Roteiro da Conferência de Encerramento do I Congresso de Direito do Desporto)

José Manuel Cardoso da Costa

I. *A opção de «base» e a concepção geral da organização do desporto em Portugal: a «autonomização» do desporto profissional*

Um ponto de partida: o reconhecimento dos "desportistas profissionais" pela Lei nº 2104, de 30 de Maio de 1960 (com tradução prática no "Regulamento das relações entre os clubes e os jogadores de futebol», aprovado por Portaria de 22 de Junho de 1965, com alterações posteriores, o qual antecedeu a «Portaria de Regulamentação do Trabalho para os futebolistas profissionais», de 9 de Julho de 1975).

A evolução subsequente: do «desportista profissional» para as «modalidades com praticantes profissionais» e para as «competições desportivas de natureza profissional». A utilização expressa desta última qualificação, caracterizando directa e objectivamente a própria actividade, não logo na redacção primitiva da Lei de Bases do Sistema Desportivo (Lei nº 1/90, de 13 de Janeiro, artigo 24º), e antes só no diploma sobre o «Regime Jurídico das Federações Desportivas» (Decreto-Lei nº 144/93, de 26 de Abril, artigos 20º e 34º, doravante RJFD); subsequente acolhimento dela na nova redacção do artigo 24º daquela Lei, dada pela Lei nº19/96, de 25 de Junho.

A manutenção do modelo e a sua acabada expressão sistemático-formal na actual Lei de Bases do Desporto (Lei nº 30/2004, de 21 de Julho, doravante LBD): v. o Capítulo VI , em particular o artigo 50º e os artigos 60º e seguintes.

A expressão institucional básica do modelo: as «ligas profissionais» e as suas atribuições e competências (LBD, artigo 24º): transferência para as ligas da gestão «directa» da actividade desportiva profissional. E ainda os «clubes e sociedades desportivas de natureza profissional» (LBD, artigo 61º).

II. *A extensão da «autonomia» do desporto profissional: uma autonomia «relativa», pois que dentro do «quadro» da actividade desportiva em geral.*

A expressão «institucional» paradigmática do carácter «relativo» da autonomia: a inserção das «ligas» nas «federações desportivas»: artigo 24º LBD. A extensão ao desporto profissional das atribuições genéricas e da competência «orientadora» ou «directiva» geral [artigos 20º e 24º, nº 4, alínea a), LBD], bem como da competência «jurisdicional» e mesmo «disciplinar» (artigos 31º, nº 3, e 32º, nº 2, RJFD) das federações e a atribuição às mesmas de competências «tutelares» específicas relativamente àquele (artigo 24º, nº 6, LBD). Consonância desta extensão de competências com o reconhecimento às federações do «estatuto de utilidade pública desportiva» (artigo 22º LBD).

A natureza jurídica *sui generis* das «ligas»: uma «pessoa jurídica» *a se* (artigo 24º, nº 1) que é simultaneamente «órgão» de outra (artigo 24º, nº 4) – e que, àquele primeiro título, participa na e condiciona a composição do próprio órgão executivo desta última (artigo 27º, nº 2, RJFD).

A expressão «prático-funcional» do carácter «relativo» da autonomia: a «articulação» (mormente, ainda que não em absoluto forçosamente, em termos de organização «integrada» ou sistema de «vasos comunicantes») das competições desportivas profissionais e não-profissionais [v., especificamente, as alíneas a) e b) do artigo 40º RJFD].

III. *A lógica e a justificação do modelo adoptado*

A evolução do fenómeno desportivo. O «direito» seguindo os «factos»: o reconhecimento, pelo direito, da «realidade» social e «económica» do profissionalismo no desporto e do seu impacto sobre as características da correspondente actividade. O desporto como actividade «económica» e a sua relevância. Daí, a «autonomização» do desporto profissional.

Todavia: a «identidade» do desporto profissional com o desporto em geral, enquanto dimensão da actividade humana e social que se individualiza e distingue das demais através de certas características expressivas próprias. A consequente «inserção» do desporto profissional na actividade desportiva em geral e, mais do que isso, a sua necessária «dependência» desta última para o respectivo desenvolvimento. A frequente «organização unitária» do desporto (profissional e não-profissional) no âmbito internacional. Reflexo particular destas condicionantes no caso português, ao que acrescem, no mesmo contexto, a expressão quantitativa e as possibilidades de expansão, necessariamente «limitadas», da actividade desportiva profissional, por um lado, bem como, por outro, a «tradição» (comum, de resto, à Europa) de uma organização «unitária», tanto no plano institucional (e, aí, no caso, com acentuados laivos publicísticos), como no plano competitivo. Daí (realisticamente e bem), a autonomização tão-só «limitada» do desporto profissional.

IV. *A definição das relações entre as «federações» e as «ligas»*

A intervenção do legislador na delimitação genérica das respectivas esferas de acção: o artigo 24º, em especial o nº 4, LBD (já citado) e o «modelo estatutário» definido pelo RJFD (artigos 20º e seguintes, cuja vigência não foi, em princípio, afectada pela nova LBD: cfr. artigo 23º desta).

A estrutural «dificuldade» desta delimitação, nos pontos marginais ou de fronteira (como em qualquer modelo de organização deste tipo). Ao que acresce o facto de a lei nem sempre ser inteiramente explícita ou imediatamente concludente (vejam-se já os n.ºs 3 do artigo 31º ou 2 do artigo 32º RJFD, ou os artigos 2º, nº 1, e 6º do

Decreto-Lei nº 303/99, de 6 de Agosto, sobre o «reconhecimento da natureza profissional das competições desportivas», considerados *infra*); ou, agora, exemplarmente, o nº 5 do artigo 24º LBD).

O «protocolo» previsto no artigo 40º RJFD como instrumento estrutural básico de articulação das relações entre as «federações» e as «ligas» e das respectivas actividades. Privilegiamento da via «consensual» pela lei, portanto, para essa articulação. Eficácia «normativa» (*hoc sensu*) e natureza jurídica do protocolo.

V. *A delimitação de fronteiras: a autonomização e a definição do âmbito das «competições profissionais»*

Um ponto propício a particulares dificuldades na articulação das relações entre «federações» e «ligas» (nomeadamente, quando organizadas as competições em sistema de «vasos comunicantes»). Os exemplos recentes ou actuais de duas modalidades (futebol e andebol).

No momento inicial: reconhecimento aos «interessados» do «direito» e da «prioridade» da iniciativa (artigo 2º, nº 2, DL nº 303/99, não posto em causa pelo artigo 61º, nº 3, LBD). Reconhecimento ao Conselho Superior de Desporto de um poder «subsidiário» de iniciativa (artigo 7º DL nº 303/99) – e, assim, da possibilidade de obviar a situações «falsas» (senão fraudatórias). A competência do presidente da federação, o «parecer» do Conselho (no primeiro caso) e a «homologação» governamental: artigos 2º, nº 1, 4º e 5º DL 303/99. Um regime, portanto, de «auto-definição» e «auto-delimitação», em princípio, do universo competitivo profissional, mas sujeita a uma intensa (e determinante) intervenção «publicística».

Subsequentemente: vinculação pelo «protocolo» referido antes, no período da sua vigência. Impossibilidade, seguramente, de tomada de decisões «unilaterais» (pelas federações ou ligas) com projecção no outro universo competitivo. Necessidade de deliberações «conjuntas» ou «convergentes». Todavia: o preceito algo enigmático do artigo 6º DL 303/99: uma competência «livre» do presidente da federação ou «condicionada» (em termos semelhantes aos dos n.ᵒˢ 1 e 2 do artigo 2º)?

A superação de impasses. O carácter enigmático (v. o ponto acabado de referir) e aparentemente lacunoso da lei. Em todo o caso, e quanto ao «estabelecimento» inicial de competições profissionais: a já aludida competência oficiosa do Conselho Superior de Desporto; dificuldade de considerar extensível esta competência às «modificações» ou à «extinção» do quadro competitivo profissional.

Viabilidade de intervenção governamental na superação de impasses? A possibilidade de intervenções «indirectas» e cominatórias, de vário tipo. Quanto, em particular, à possibilidade de «cancelamento» ou «suspensão do estatuto de utilidade pública desportiva»: maior dificuldade da medida, após a revogação do nº 2 do artigo 17º e atentos os pressupostos dos artigos 18º e 18º-A RJFD; sua insuficiência (só aplicável às federações, não às ligas) e consequente menor adequação ou proporcionalidade. Para além das intervenções «indirectas» (e da decorrente de iniciativa do Conselho Superior de Desporto, antes referida): «consonância» (se não já *de jure condito*, decerto problemática, em todo o caso, e seguramente, *de jure condendo*) com o regime legal e as competências dos artigos 4º e 5º DL 303/99 de uma possibilidade de intervenção governamental «directa», sob parecer do Conselho, também nas «alterações» ou «extinção» do universo competitivo profissional.

SESSÃO SOLENE DE ENCERRAMENTO

Hermínio Loureiro
Secretário de Estado do Desporto

Em boa hora a Livraria Almedina decidiu organizar este Congresso de Direito do Desporto, em cuja Sessão de Encerramento me encontro com muita honra, momento que igualmente aproveito para felicitar a organização científica do evento, nas pessoas dos Drs. Ricardo Costa e Nuno Barbosa.

Aproveito esta oportunidade para vos deixar aqui umas breves palavras.

Debater a temática do Direito do Desporto é, efectivamente, cada vez mais uma exigência de todos aqueles que, directa ou indirectamente, intervimos no sistema desportivo nacional.

Com efeito, a afirmação do direito do desporto em Portugal é indiscutível, defenda-se ou não a sua absoluta autonomia enquanto ramo do direito, pugne-se ou não pela "especialização em Direito do Desporto".

Para esta afirmação concorrem um conjunto variado de factores.

Desde logo, a elaboração da chamada "legislação desportiva", que é cada vez maior, sobretudo com o desenvolvimento da Lei de Bases do Sistema Desportivo no início da década de 90 até à recente regulamentação da Lei de Bases do Desporto.

Por outro lado, a investigação científica em torno do direito do desporto é crescente, seja no quadro de cursos de pós-graduação, teses de mestrado e doutoramento, seja em eventos como este Congresso ou ainda por via da produção de doutrina especializada, em jornais, revistas e livros.

Acresce que a matéria desportiva é também, e cada vez mais, objecto de análise jurisprudencial.

Cumpre ainda assinalar o contributo de Pareceres vários do Conselho Consultivo da Procuradoria Geral da República no aprofundar da matéria.

Não há, pois, forma de negar a afirmação do Direito do Desporto. Matéria que, atenta a transversalidade do desporto, exige conhecimentos transversais da ciência do Direito.

Atente-se a este respeito designadamente nos temas analisados neste Congresso.

Não se pode discutir Justiça Desportiva ou as relações entre ligas e federações alheios designadamente do Direito Administrativo ou do Direito Civil.

Por seu turno, a análise da Ética desportiva exige uma formação sólida sobretudo em sede de Direito Penal.

Por outro lado, naturalmente que estudar as sociedades desportivas exige profundos conhecimentos de Direito Comercial.

Já o empresário desportivo e a relação laboral desportiva apelam a amplos conhecimentos designadamente de Direito do Trabalho, Direito Comunitário e mesmo de deontologia profissional dos advogados.

Neste contexto, importa cada vez mais formar juristas no âmbito do Direito do Desporto. Para essa tarefa devem conjugar-se todos os agentes, numa abordagem sinérgica entre a teoria e a prática, e entre várias gerações de juristas. A quantidade e qualidade da produção científica nesta matéria em muito beneficiam o legislador.

Procuramos sempre as melhores Soluções, este nunca foi, não é nem será uma tarefa acabada, é uma responsabilidade de todos os que gostamos de Desporto, e não de alguns que por falarem mais alto ou escreverem mais grosso, só por isso não são portadores da verdade absoluta.

Foi procurando sempre as melhores soluções que nos guiámos na aprovação de alguns diplomas no quadro do XV Governo Constitucional, nomeadamente a Lei de Bases do Desporto; a nova Lei contra a Violência Associada ao Desporto; a legislação referente às condições técnicas e de segurança das balizas; a Lei dos seguros de acidentes de trabalho; e o diploma da livre entrada nos recintos desportivos.

A Legislação Desportiva não pode constituir um entrave ou embaraço ao trabalho das organizações desportivas. Pelo contrário deve sempre constituir-se como factor de desenvolvimento desportivo.

É neste mesmo propósito também qualitativo que, uma vez mais, apelamos a todos, sem excepção, para darem o seu contributo para o que resta fazer no quadro da reforma do sistema legislativo português, com particular destaque para a reformulação da Lei das SAD e o Regime Jurídico das Federações Desportivas.

Contributos feitos de uma forma pró-activa, que não apenas reactiva.

Por fim, apelo à organização científica do evento para que publiquem as intervenções e a respectiva discussão deste Congresso, que em muito ajudarão o XVI Governo Constitucional a prosseguir a reforma legislativa iniciada em 2002 bem como contribuem para a melhoria do desporto em Portugal.

É sempre importante e relevante esta reflexão em torno das questões do direito, reflexão que deve e pode ser uma reflexão critica, mas obviamente construtiva.

HERMÍNIO LOUREIRO

Comentários